U0512754

王振忠著作集

区域社会史脉络下的徽州文书研究

王振忠

——著

上海人民出版社

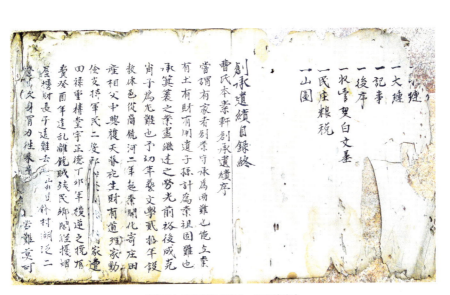

《曹氏本素轩创承遗绩》，明嘉靖稿本

重陽敬　神祝文
伏以
金爐香噴，煙騰三界之中
銀燭煌然，彩射九重之上
恭迎
聖駕稽首拜迎，上擾大清國江南徽州府祁門縣工都
一圖六甲江洧陞　一甲胡期茂　二圖方元盛
甲方陞　二圖二甲黃祿祥　八甲方民益登四姓
人等消今
乾隆三十五年九月初九日淫僭清酌牲儀特伸拜瀆

本府本縣土地正神　等神
本境祀典血食神祇四姓侍奉
長生者大令日虔空過往一切
感靈雩障者延事茲供拳言念泉姓人等素沐
神庥展叚
靈貺歇陳牲體之真少伸
湄湖之変俾四姓人等常懷同井之姓　亥以道
而援必礼永協共約之誼善相勸而過相規
日方不重尖非盡誠化千勸止惡類茨火化備儀
鑒納

《清顺治四年五月至乾隆三十五年九月祁门县赤桥约规登高约条例暨登高约置产簿》，抄本

祭神祀祖大例集記序

曾在
大清光緒二十有九年歲次癸卯新春正月是年余六
十有三歲正值歲逢正月半題敬拜
列聖尊神鑒
李玉聖尊神鑒
元宵大會靈威尊泉之神輪我
太祖德鷟公大會春社之神輪接下當明正輪音引禮敬拜
宜遵辰
本社諸君資談今歲應接下當明正輪音引禮敬拜應辦
事宜資于正月初二日簡衆
諸君降合集議欲拿泉志樂從志遵成例與不殊躍
爭乐于萬一壹制十四年一輪一事復個余懷懼
歡作之至余復念及諸于生長江蘇院文銀口于江浙普
處甚屬在家日少外貿日多里中風俗從未見潤衆
神祀祖大典成例茫然如余日是懷懼而愚道庆余
回有共下行偏依捐斂紀免筆錄祭神祀祖大例一
篇以興諸于如熟是余深之是里之初意聊其祖俗
蒭蕘幾句以為是序

音

光緒二十九年歲次癸卯仲春月　吉旦
　　古歙美北鄉賢里遲陵恩臨氏謹識

《祭神祀祖大例集記》，抄本（复印件）

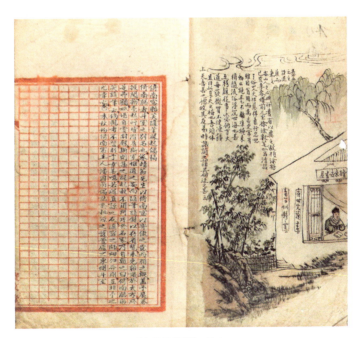

《扫愁帚笔谈》，抄本

商賈格言

士農工商各執一業後生阮不能讀書為士又不能
習農工之業則其為商也必矣然商賈之道未有不
學而能者也今特舉其旨要于左
凡後生初出門務生理即當以生理二字時存心
習學切不可于生理之外邪思妄想今立有十三件
湏要常存警省也
第一要勤謹勤是不懶惰謹是要小心如客途歇息
或進店出店上船下船俱要檢点行李恐有遺失凡
進店歇店住宿客房之中需欲携燈照着或樓上楼

士農工商各執一業後生既不能讀書為士不能習
農工之業則其為商也必矣然商賈之道未有不
不學而能知也予因兄子上仁之有志於商賈也
特舉其要如左以教之
凡後生出門務學生理二字時上習學切不可於
生理之外邪思妄想今有十要附汝湏當警省
十者謂何第一要勤謹勤是不懶情謹是小心
謹慎如客途歇息或進店出店上船下船俱要撿

又慮夫言之非艱行之維艱爾不憚苦
面諭也此

君翁老先生經世之方歲為格言於
課掌之暇時謹明而切崇之俾知
夫士商賈之不易為而不可不術真
維藏之居屬余贅數語以弁其
端云尔

　　　　　榆山居士將草
　　　清黃山謝先燈石探著

商賈格言

士農工商務軌一業後生既不能讀書為士又不能習農工之業
則其為商也必矣然商賈之道未有不學而能者也今特舉其首
要於左

凡後生初出門務生理即當以生理二字時存心習學切不可
於生理之外邪思妄想今立有十三件第一......
第一要勤謹......
上船下船俱費檢點行李攜帶細心如客遠歇息友進店出店
携帶眼有武壞上樓下記其出入路逍或房中有空無有別門戶

尤之不免墮聲名而戕身命者亦係正不獨在
飢寒飽暖間也竹山叔氏篤志行力有古君子之
風常惕然念之故平日之勗其子弟者諄懇
篤志摯錄之成帙余偶展讀見其思周密憲
則深遠言則質而切旨則淡而永誠訓世之良
箴而服賈之藥石也程子松門題曰高賈格言
不諉矣以余思之豈僅高賈言而已哉乃士君
子寰世之格言云尔

公私收藏的三种《商贾格言》

民國五年歲在丙辰陰曆七月念六日
祁西二都汪咸枝道士承三疃
寶山殿圓門應福規條開列於后
一疃內祈求遊聖苗禾醮共給米八十三筒
一資眾派　經千寸文　各家小孤　經正寸文
一閉殃行喪　經千寸早文　如皂在內　鑑灯個在內
一殃孝弟□个　乃喪孝弟□个　以外鑑灯
每灯孝弟□个　又女觀鑑灯　經□寸文
一勸月蓮灯　經千寸早文　□山拜　米三合三合
一點壽燭　經千小文
一做十保　經千寸寸文

《开检可观》，抄稿本

1928年歙县南乡东源张叙伦祠文书，稿本

反映清代徽商在石门镇活动的佚名无题抄本

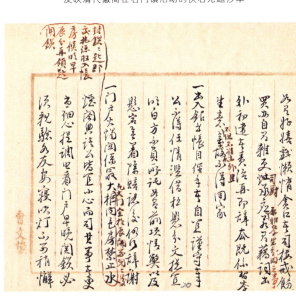

清同治歙县岩镇夏官第许氏辑录道光许惇大号典规文约簿册，抄本

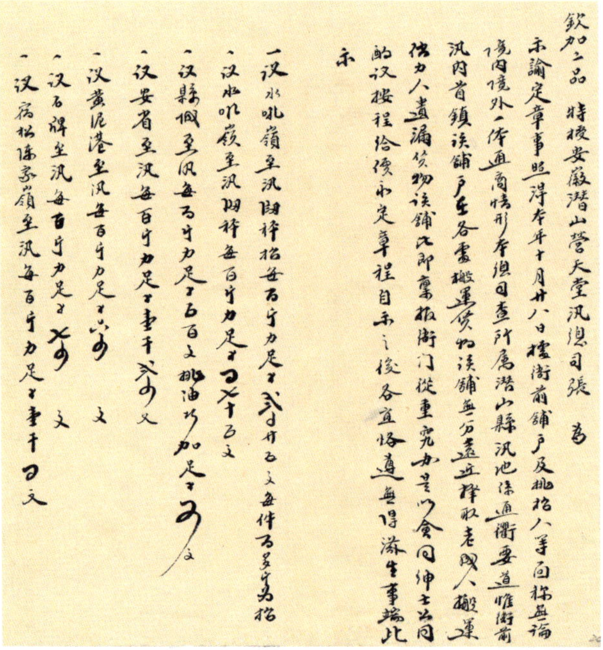

清光绪二十一年（1895 年）《照抄知单议约禀帖告示稿》，抄本

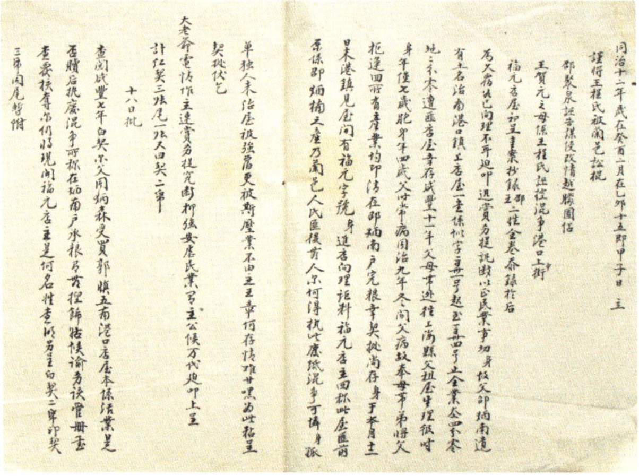

清光绪淳安县港口《福元店屋讼底抄稿》

总　序

（一）

2017 年，中西书局出版的"六〇学人文丛"，收录拙著《社会历史与人文地理：王振忠自选集》。当时，我在自序文末写道：

> ……光阴荏苒，转眼已知天命，或许应当对既往的学术研究多所反思，以便重新出发，在这个功夫多在学问之外的年代依旧摒弃杂念，"进取不忘其初"，做些自觉有趣、也更为重要的学术探索。

从那时起，流光渐过，转瞬之间又历经了六七个寒暑……梳理这六七年来的工作，或许可以对自己的学术研究看得更为清楚一些：从史料出发搜集、整理和研究，这充满挑战与乐趣的三部曲，是日常工作的主要内容。而寒来暑往去到田野乡间的访谈、寻觅，则让历史的图像与现实之场景沟通相连，带来种种史学研究者的鲜活体验。

史学研究的重要基础是文献史料。我一直认为：徽州遗存有目前所知国内为数最多的契约文书，其学术价值为同时代其他任何区域的民间文献所难以比肩。自从 1998 年我在皖南意外发现大批徽州文书之后，收集、整理和研究民间文献，便成了个人学术生活中最为重要的工作之一。在我看来，20 世纪 90 年代以来徽州文书之再度大规模发现，各类稿本、抄本及散件已由此前普通人难以企及的珍稀文献，一变而为明清史研究者案头常备的一般史料。不过，在这方面仍有大量的工作尚待展开。在那部自选集出版前后，我即着手主持编纂《徽州民间珍稀文献集成》。编纂这样一套资料丛书，是本人长久以来的夙愿。经过多年的努力，受国家出版基金项目资助，《徽州民间珍稀文献集成》30 册于 2018 年由复旦大学出版社推出。该丛书在更为广阔的学术视野中，收录日记、商书、杂录、书信尺牍、诉讼案卷、宗教科仪、日用类书和启蒙读物等，其中绝大多数都是首度向学界披露的珍稀文献，对于明清以来中国商业史、社会史、法制史、历史地理以及传统文化与遗产保护研究等方面，皆具有重要的学术价值。

迄至今日，已被发现的徽州文书总量多达百万件（册），其类型多样，内容丰富，持续时间长久。第一手新史料之收集、整理，始终是推进学术发展最为重要的基础。2017 年以前，我曾出版过《水岚村纪事：1949 年》《〈新发现的徽商小说〉我之小史》等。前者透过"站在历史和地理边缘"的一个山村少年的经历，展示了徽州地域文化之传承与嬗变，亦折射出 1949 年前后的风云变幻，为学界提供了了解徽州乃至传统中国基层民众日常生活情节的珍贵史料。后者原系来自民间未刊的两种珍稀稿本，是目前所知唯一的一部由徽商撰写、自叙家世的章回体自传，类似于此长达40余年、多达20余万字的连续记录，是民间文献的一次重要发现，对于中国的历史和文学研究具有多方面的学术价值，是当年徽州新史料发掘过程中最令人振奋的重要收获之一。此外，我对徽州日记、排日账和民间日用类书等的整理和研究，亦受到学界同行较多的关注。《明清以来徽州日记的整理与研究》一书，共整理了16部徽州日记，并从宏大历史事件的微观记录、社会实态之生动叙事、城乡景观和风俗民情的展现以及徽人性格特征的形象揭示等诸多侧面，阐述了徽州日记的学术价值。该书于2012年获国家社会科学基金项目资助，后收入"徽学文库"，于2020年底出版。《晚清一个徽州市镇的商业与社会生活——〈新旧碎锦杂录〉校订本二种之整理研究》一书，则聚焦于新安江畔一个市镇的日用类书，并加以较为细致的整理和研究。该成果此前已提交中西书局，将于近期出版。这些当然还只是一个开端，我希望将来能形成"民间历史文献整理与研究丛刊"系列，在今后数年乃至十数年内持续出版，为学界奉献一批第一手的新史料，多角度地展示鲜活的民间日常生活。

（二）

对徽州文书的收集、整理和出版，是徽学研究的基础工程，而在此基础上的进一步探索，则有助于南宋以后（特别是明清时代）中国史研究的拓展与深入。

2018 年，上海人民出版社组织出版"江南文化研究丛书"。根据总体规划，该丛书重在呈现构筑江南文化的内在因素，提炼江南文化之精神品质，希望推进学术研究系统、深入的发展，并为长三角社会文化建设提供必要的理论支持。为此，我整理、出版了《从徽州到江南：明清徽商与区域社会研究》一书。该书将皖南徽州与太湖流域的"江南"相对而言，较为深入、细致地探讨了"闭关时代三大商"——活跃在江南的典当、盐业、木业中的徽商，以及贸贩取赢的布商、徽馆业商等，并分析了徽人之居廛列肆对塑造江南社会文化的重要影响。全书在总体宏观把握的背景下，做了多侧面微观实证的具体研究。

与此差相同时，应商务印书馆之邀，旧著《徽州社会文化史探微——新发现的 16 至 20 世纪民间档案文书研究》一书，于2020 年被收入"中华当代学术著作辑要"。根据丛书的"出版说明"，这一套辑要"主要收录改革开放以来中国大陆学者、兼及港澳台地区和海外华人学者的原创名著，涵盖文学、历史、哲学、政治、经济、法律、社会学和文艺理论等众多学科。丛书选目遵循优中选精的原则，所收须为立意高远、见解独到，在相关学科领域具有重要影响的专著或论文集；须经历时间的积淀，具有定评，且侧重于首次出版十年以上的著作；须在当时具有广泛的学术影响，并至今仍富于生命力"。当然，丛书主旨之悬鹄高远，主要是揄扬同一丛书内的卓越鸿才之作，而对拙著而言想来系属过邀奖誉。不过，《徽州社会文化史探微》最早出版于2002年，于2020年得以修订再版，本人实深感荣幸！该书是"徽学"

研究领域第一部从社会文化史角度，利用新发现的一手文书史料研究明清社会文化的学术专著。在我看来，自 20 世纪八九十年代以来，散落民间的徽州文书面临着一个"再发现"的过程。除了文书实物的收集之外，另一个更为重要的"再发现"，是指对文书研究内涵多角度的重新认识——也就是随着学术视野的拓展，人们将从狭义文书（即契约）的研究转向全方位民间文书、文献的探讨，这一"再发现"，将赋予徽州文书以更为丰富的内涵，它大大拓展了"徽学"乃至明清史研究的领域，多侧面展示了中国传统社会的丰富内涵。

2018 年，应复旦大学出版社之邀，我编选了《徽学研究十讲》。这册翌年出版的小书，被列入"名家专题精讲"丛书，所收录的十篇文章中，有多篇皆是从更为广阔的历史文献学视野中关注各类徽州文书，反映了近二十多年来我在"徽学"研究领域一些较为深入的思考与探索。此外，我还应黄山市地方志办公室翟屯建研究员之邀，撰写了《新安江流域城镇》一书，作为"新安文化研究丛书"之一种。另应安徽师范大学王世华教授之约，编选个人文集《明清时期徽商与区域社会史研究》，忝列"当代徽学名家学术文库"。上述二书，将于近期出版。

在出版个人专著和选集的同时，我还主编（或合作主编）了一些研究系列，与国内外同行积极开展学术合作与交流，以期推进"徽学"与明清以来中国史研究的深入。2016 年，我与安徽师范大学刘道胜教授商议，于翌年共同发起"徽州文书与中国史研究"学术研讨会。在我们的倡议和坚持下，从 2017 年开始迄今，复旦大学、安徽大学和安徽师范大学三校合作，连续轮流举办过六届"徽州文书与中国史研究"学术研讨会(第七届将于今年9月在屯溪召开)。在过去的数年间,每年一度国内外同行皆济济一堂,相互切磋,"见识新史料,交流新见解,讨论新问题",此一主旨,成为我们共同的追求。以此为题的论文集,每辑皆收录二十篇上下的学术论文,资料、观点皆颇多新见,迄今已连续出版了4辑(第5辑近期即刊,第6辑则正在编辑)。如今,无论是此一会议还是会后出版的论文集,皆已成为"徽学"研究领域的一个学术品牌,在学界有较好的反响。

十多年前,我应法国学者劳格文教授(John Lagerwey)之邀,与他在徽州合作调查,多年间辗转奔走于山蹊野径,寻访故老通人,步履所及,音声所至,搜集了不少文献与口碑,并次第纂辑,于2011—2016年共同主编、出版了《徽州传统社会丛书》5种6册。该套丛书旨在以田野调查所获之口碑资料和地方文献,客观描述1949年以前徽州的传统经济、民俗与宗教,为人们提供一个地区较为完整的社会生活实录,"此类来自民间抢救性的调查报告,随着现代化对中国农村社会的冲击以及乡土文化的日渐瓦解,其学术价值将日益凸显"。

此外,在复旦大学中华文明国际研究中心和中国对外文化交流协会的支持下,我还与荷兰莱顿大学荣休教授包乐史(Leonard Blussé)等合作,在上海和莱顿、鹿特丹等地先后筹办了两届"莱茵河与长江历史文化比较研讨会"(River Societies:Old Problems, New Solutions:A Comparative Reflection about the Rhine and the Yangzi Rivers)。2017年的深秋和2019年的初夏,浦江之滨,莱茵河畔,中外同好聚会切磋,这些学术对话的成果，最终也以专题论文集的形式呈现，为中外学术交流留下了两份历史纪录。

（三）

除了历史地理、明清以来中国史研究之外，域外文献与东亚海域史研究，也是我着力探索的另一个学术领域。自20世纪90年代以后，我有一些机会陆续前往日本、美国、法国和西班牙等国学术交流，研学之余，也用心收集了不少珍贵的域外文献。2011年，在东京大学召开的"世界史／全球史语境中的区域史：文化史的专题研究"国际学术研讨会上，我曾发表《东亚视域中的中国区域社会研究》，就区域社会史与域外文献研究的方法及其转向作了较为系统的阐述，指出：以区域视角重新透视域外文献，将国与国之间的经济、文化交流，还原而为具体人群之间的交往，这是将事件和人物放回到历史情境中的一种方法，这将促成传统的中外关系史从政治史、贸易史以及广义的文化史转向社会史的研究。此文后作为前言，冠诸2015年出版的《袖中东海一编开：域外文献与清代社会史研究论稿》一书的卷首。该文的日译版，后亦收入羽田正教授主编的《グローバルヒストリーと東アジア史》（东京大学出版会，2016年版）。"客自长崎吞畔来，袖中东海一编开"，典出吟咏徽商汪鹏所著《袖海编》的这部同名论著，借鉴中国社会史研究的方法，在朝鲜燕行录、日本唐通事、琉球官话课本、美国传教士方言文献等方面，都有一些较具前沿性的新探讨，特别是利用了历史学界以往较少关注的语言学资料展开重点分析。有鉴于此，我还标点、整理了唐通事文献三种，作为书末附录，希望藉此能推进国内相关研究的深入。

在上述专著出版之后，我在域外文献与东亚海域史研究方面仍有一些新的探索。所撰《琉球汉文文献与中国社会研究》，通过对当年新近出版的《琉球王国汉文文献集成》提供的新史料之研究，指出：独具特色的琉球官话课本，不仅是方言研究的珍贵资料，而且对于明清时代中国城市生活史的研究，亦具有一定的史料价值。就目前所见的诸多官话课本来看，早期琉球官话课本的区域特色尚不明显。但随着时间的推移，伴随着琉球人在福州活动的日益频繁，清代官话课本中"福语"的色彩愈益显著。此文曾于2016年5月在东京召开的第61回东方学者国际会议上发表演讲，后由鹿儿岛大学琉球研究专家高津孝教授推荐，被遴选翻译成英文，刊载于日本东方学会《国际东方学者会议纪要》第61册。

2004—2014年，我受邀先后参加日本国文学研究资料馆渡边浩一教授主持的国际合作项目"历史档案的多国比较研究""9—19世紀文書資料の多元的な複眼的な比較研究"，与一些海外学者合作，比较研究东亚（中国、日本、韩国）、伊斯兰世界以及欧洲各国的历史档案。其间，曾担任该馆档案研究系古文书比较研究项目的海外合作教授，先后在土耳其伊斯坦布尔、安卡拉，法国巴黎、普罗旺斯、斯特拉斯堡，日本东京、镰仓，韩国首尔等地参与学术交流，也曾在上海牵头组织过两次相关的学术研讨会。2015年至2019年疫情之前，我又应邀参加法国国家科学中心吉普鲁（François Gipouloux）教授主持的"Eurasia Trajeco-GECEM"项目组织的国际会议，曾在意大利佛罗伦萨、葡萄牙里斯本、法国巴黎、西班牙塞维利亚和以色列耶路撒冷等地参加国际学术交流。与此同时，还多次受米盖拉（Michela Bussotti）博士、华澜（Alain Arrault）教授之邀赴法国远东学院访问、开会交流。这些场合在彼此的观点成果交流之余，也有了更多接触、阅读和收集域外汉籍的机会。

2017 年，我在法兰西学院图书馆意外发现《燕行事例》抄本 1 册，该书颇为细致地记录了清代朝鲜使者的燕行惯例，对于时下方兴未艾的《燕行录》研究以及东北亚国际交流的探讨，具有重要的史料价值。特别是该书系由 19 世纪朝鲜著名诗人李尚迪编定，对于研究李氏的燕行译官生涯，提供了一份未为人知的新史料。类似于此的收获还有相当不少，让人颇多惊喜之感，这真是史学研究者的赏心乐事！

这些对域外文献的关注，较大地扩充了东亚海域史研究的史料来源，以此为契机，在东亚视域中将各类原本看似孤立的现象加以系统分析，也为中国史研究提供了诸多新的视角。2017 年，我曾利用日本长崎历史文化博物馆庋藏的珍稀文献，由个案入手，对中日贸易中徽州海商之衰落过程作了新的细致探讨。所发表的《19 世纪中后期的长崎贸易与徽州海商之衰落——以日本收藏的程稼堂相关文书为中心》一文，从东亚海域史的宏观视野，借鉴中国区域社会史研究的方法，纠正了此前的一些谬说，在一些方面较前人研究多所推进。

域外文献除了在海外实地收集之外，利用互联网之便利，有时亦能找到颇为有趣的资料。例如,《琼浦闲谈》就是我利用"Japan Search"搜索引擎偶然收集到的一份珍稀文献。该书原藏日本东北大学附属图书馆,是一册迄今尚未受到学界关注的珍稀抄本。根据笔者的研究,《琼浦闲谈》所述具有特别的史料价值,它为我们追寻长崎诹访神事的渊源,以及"九使"信仰由中国原乡福清之荒洞蟒神演变而为东亚海域史上舍生取义的神明之轨迹,提供了重要的线索。以此为核心史料溯流寻源,志其梗概,东亚海域跨文化风俗传播的复杂性与丰富内涵遂得以充分揭示。

(四)

在过去的数十年间,在撰写纯学术论文之外,我还发表过一些随笔。1996年,"书趣文丛"第4辑,收录我的第一部学术随笔《斜晖脉脉水悠悠》。1998年,应《读书》月刊编辑赵丽雅(扬之水)之邀,我在该刊上开设了"日出而作"专栏,此后每年或多或少皆有文章刊发,迄今已达二十五年之久。其间也曾结集为同名文集,列入生活·读书·新知三联书店出版的"读书书系"。2020年,《读书》编辑部的卫纯编辑邀我结集出版《山里山外》一书,收入三联书店的"读书文丛"。该书所收文字,皆是与徽州相关的学术随笔。"山里"是指新安山水之乡的"小徽州",而"山外"则指"大徽州"——亦即徽商广泛活动的江南乃至全国甚或东亚海域世界。我在该书序文中写道:"我们时刻关注着'山外'世界，聚焦于'山里'的一府六县；希冀仁立于黄山白岳的田野乡间，更好地理解'山外'中国的大世界。"的确，数十年来我们特别关注徽州，是因为那里有美丽的自然山水，丰富的地表人文遗存，更有着独一无二的徽州文书。以徽州文献为中心的研究，绝不仅仅局限于对徽州地方史的考察，而是希望充分利用当地层出叠现的民间文献，透过具体而微的细致探索，更为生动、深入地诠释中国的大历史。也正因为如此，"徽学"研究的学术视野，绝不应局限于皖南一隅，而是要将之放在明清中国乃至近世东亚海域世界的视野中去观察、去研究。2021年，上海人民出版社的"论衡"系列，收录了我的《从黄山白岳到东亚海域：明清江南文化与域外世界》一书，书中除了探讨明清时代徽州及江南社会的文化现象，也有不少篇什涉及对域外世界的状摹与追寻。之所以取名为"从黄山白岳到东亚海域"，是因为三十多年来我个人的学术探索，是以"徽学"为起点，逐渐延伸至域外文献与东亚海域史的研究。"在我看来，历史上的繁华废兴若山情水态，遥望千山竞秀，静听百鸟争鸣。吾辈远引旁搜，质疑求是，既需近观细思，又要遥瞻远眺。既要在更为广阔的视野中瞻顾中外，还应当溯流寻源，聚焦于水云深处的黄山白岳，较近距离地细致考察江南的那一域旷野沃壤"。这些随笔的撰写，虽不能像纯学术论文那样逐一详注，但自信每篇小文皆有新见史料作为支撑，亦属率循有自。

从 2016 年起意编辑自选集到现在，转瞬之间已是寒暑迭更。回头看看这些年的研究，仍主要集中在以下三个方面：一是徽州文书与明清以来中国史的研究，二是民间文献与历史地理研究，三是域外文献与东亚海域史的研究。从论著的内容来看，经由实地考察，抢救散落田野的各类文献，从第一手的原始资料收集做起，到研究论文、专著的撰写，再到撰写散文、随笔向知识界的普及。在这些研究成果形成的过程中，既有于蠹鱼尘网间淘漉辨识的辛苦，也有多方资料研读中豁然开朗的喜悦，还有进而构思动笔、与人分享的急切……关于学术随笔之写作，2017年我的自选集出版后，《学术月刊》曾刊出一篇《社会历史与人文地理——王振忠教授访谈》，在那篇专访中我曾提到："……史料绝不是冷冰冰的一堆文字，熟练驾驭史料的历史学者，可以透过不少看似枯燥的资料，理解乡土中国的人事沧桑，认识传统时代的浮云变幻。通过仔细阅读历史文献，我们可以尽最大程度地感受当事人的心曲隐微和感物叹时，这常会给研究者带来诸多的感动，而后者则可以透过轻松的笔调和独特的写法，将历史学前沿成果转化而为知识界的常识，从而将这份感动传达给普通读者，这也是作为历史学者的一种社会责任。"我一直认为，作为历史学者，我们有责任将博大精深的传统文化之美传达给世人。在这方面，希望能有独特的表述方式，叙事写情，意到笔随，将读书与行走之间的感悟，在更大范围内传达给知识界的广大读者。

（五）

此次出版的学术著作系列，最早收入的《明清徽商与淮扬社会变迁》初刊于1996年，该书将制度史与区域社会史研究相结合，是国内第一部有关徽商与区域研究的专著，曾收入"三联·哈佛燕京学术丛书"第三辑，并于2014年再版；《明清以来徽州村落社会史研究——以新发现的民间珍稀文献为中心》一书，于2010年获选收入首届"国家哲学社会科学成果文库"；而《从徽州到江南：明清徽商与区域社会研究》则如前所述，收入"江南文化研究丛书"。上述诸书先后皆蒙学界耆宿之考语奖荐，内心颇为感激。除此之外，目前所见者还有一部新的文集《区域社会史脉络中的徽州文书研究》，其中收录了本人最新的学术成果。除了书中各章节实证性的探索之外，该书前言还逐一讨论了来自旧书市场的文书之学术价值、文书的"归户性"与"史料环境"、民间文献研究中历史学者的角色等问题，条分缕析，回应了近年来滋蔓不休的一些质疑与误解，特别强调徽州"史料环境"之独特性与重要性。此一讨论澄泾辨渭，或许有助于今后包括徽州文书在内的民间历史文献之收集、整理与研究。

上述四部专著述旧增新，成书先后历时近三十年，皆聚焦于这些年来着力最深的徽州区域研究，从一般传世文献的利用到田野新见的一手文书之研究，在某种程度上或许也反映了近数十年来中国学术的发展走向。

时当大暑，追述往迹，不禁惭感交集。迄今为止，本人出版过论著十数种，受学力所限，这些小书恐难言高深。不过，我始终认为，学术研究当随缘自适、花开果结，而不应奔命于各类考核之匆促应对。我自1982年考入复旦大学，仰止心向于前辈斯文，芸窗十年苦读，将勤补拙。毕业留校后，逐渐于学术稍识径途，读书学问，略窥斑豹，一向颇多自得其乐。而今光阴瞬息岁月如流，将部分新著、旧作陆续结集、修订，既是对个人既往学术研究的一个小结，亦便于藉此求教于学界同好师友。

烦言絮嘱，敬书缘起。不忘所自，是为了看清前行的方向，以便更好地再出发……

癸卯盛夏于新江湾

前言
徽州文书收集、整理与研究的方法及实践

　　2021 年 10 月，在安徽黄山市召开的第二届"徽学学术大会"上，厦门大学陈支平教授以《徽学文化振兴的两个基本点》为题发表了主旨演讲，其中指出："自从上世纪八十年代以来，中国的区域史或者说是地域史研究，得到人们的高度重视，从而涌现出不少关于开展建构地域学、区域学诸如泉州学、潮学、晋学、巴蜀学、湖湘学的倡议，但是时过四十年之后，中国各地关于建构地域学或者区域学的倡议及其尝试与努力，并没有达到人们预期的目标。迄今为止，地域学或区域学的建构最终站住脚并且得到学界与社会的广泛认可，可能仅有'徽学'一花独放了。……迄今为止，'徽学'可以说是自上一世纪八十年代以来各地建构地域学的惟一的一花独放的地域学标杆。"若结合二十多年前教育部设立"徽学研究中心"来看，"徽学"应当是得到了学界较为广泛的认可。当然，此前也有学者对此不以为然，他们提出质疑，认为自己涉足的某一区域亦有相当丰富的研究内涵，在学术成果上也比较突出，为什么就不可以号称为"某某学"？其实，

在我看来，"学"不"学"并无多大关系，只要学有渊源、业久功深，任何人都可以自张一帜。届时，彼此大可互动共处，毋需心存芥蒂趋名忘实。对于"徽学"一词，亦当以此平常心视之。

徽州何以成"学"？裁宜酌例，大概和敦煌学相似，主要是与其约 100 万件（册）之巨量文书遗存密切相关[①]。近数十年来，有关民间文献的研究愈来愈受到学界的关注。在此热潮中，各地都陆续发掘出不少契约文书，也出版了大批印制精美的民间文献汇编，这与 20 世纪 90 年代以前的情形已迥然有别。不过，面对着愈益庞杂、层出叠现的民间文献，究竟应当如何去处理与研究？不少人还是颇感棘手，一时间亦多所讨论，其中一些看似高屋建瓴畅谈方法论的文章，拜读之后，也总让初入门径的年轻人多少觉得有些疑惑。而在此前的日常授课及指导研究生从事相关研究时，也时常碰到与此相关的执卷问难。有鉴于此，这里拟以徽州文书研究为例，谈谈与此相关的几个问题，管窥所及，是否有当，尚祈学界同好是正。

（一）关于来自旧书市场的文书之学术价值

对新出文献史料价值之判断，不少人存在着诸多误解。近数

---

① 关于徽州文书与徽学的关系，周绍泉先生最早作有专文论述，见周绍泉、赵华富主编：《'98 国际徽学学术讨论会论文集》，安徽大学出版社 2000 年版。

十年来，国内各地民间文献大批发现，但毋庸讳言，同质化的资料（尤其是买田、卖地之土地契约）仍占绝大多数。在这方面，就史料之多样性、内容的丰富性而言，徽州文书可以说是无出其右。现在有的学者颇为在意文书之真伪，他们想当然地以为，由于徽州文书有不少是从市场上辗转而来，造假情况异常严重。其实，这完全是凭虚逗臆的误解。根据笔者二十多年的闻见所及，至少在徽州，抄本、稿本绝无作伪的可能，因为没有人有本事凭空造出一部内容完全没有破绽的文本。至于普通契约之赝品当然存在，但绝不像时下有的学者说的那么严重。因为徽州民间文献的巨量遗存，从成本与收益来看，一般情况下造假并无厚利可图。退一步说，即使是赝品，也并不是完全没有研究价值，应当具体问题具体分析。我们在此前举办的"徽州文书与中国史研究"会议上，就有学者指出：婺源《清华东园胡氏勋贤总谱》中收录了大批诉讼案卷，其中有一份《一图津贴二图约迎接办公合墨（禀案批附）》之合同，据称是明朝洪武九年（1376年）所订立，这是迄今所见唯一的明初赋役合同，但其中疑点颇多。根据我的学生黄忠鑫副教授的综合分析，无论从图甲和用银等细节推断，还是结合赋役制度的背景，这份所谓洪武九年合同当属明清之际的伪造品，只是它在清初成功地成为了地方家族维护自身利益的工具而已，不能视作明初合同的抄件[1]。此一研究表明，即使是在传世的族谱中，造假的资料亦不罕见。而这，端赖于学

----

① 黄忠鑫:《明代徽州民间赋役合同的形成》，第三届"徽州文书与中国史研究"学术研讨会论文，2019年9月27—28日，安徽合肥。

者的眼光与辨识能力，也有赖于学者辩证地认识文书之真伪，并从中发现各种现象的学术价值所在。类似于此的辨伪之作，在近年来的徽州文书研究中还有一些例子①，这些都说明——纸品传述之是非，并不构成困扰专业研究者的大问题，因为辨伪求真本来就是历史学者的基本功之一。当代市面上流出的低劣赝品，如果真能逃过专业研究者的眼光，那后者恐怕需要从自身寻找原因。

除了真赝之外，还有学者想当然地夸大了徽州文书的缺陷。从文献的传承来源来看，现在有的学者总喜欢提及，徽州文书大多是从旧书市场上购得的，因目前的收藏单位众多，其文献脉络被打乱，所以难以做深入的研究，等等。其实，这通常是出自那些对徽州文书了解甚少的学者之口。特别是在有的区域，刚刚发掘到当地的一些文书，兴奋之余，为了凸显本地文书之重要性，就迫不及待地谈及该区域文书之"独特"的学术价值。有鉴于敦煌文书、徽州文书最为著名，为了提高本区域文书之知名度，他们首先便要将之与徽州文书等类比，然后再藉着夸大后者之缺陷以凸显自身的价值——他们常常会提及，徽州文书很多是通过市场辗转而来，打乱了文书的原有系统，缺乏"归户性"等等，然后话锋一转，便开始强调本地文书较之徽州文书更为重要的优点，似乎只有他们那个区域的文书脉络清楚，具有更高的研究价值。其实，如果不是存心视而不见，那也说明此类的错觉完全还

---

① 王裕明：《〈永乐四年祁门李务本卖田地赤契〉真伪考论——徽州文书辨伪之一》，载王振忠、刘道胜主编：《徽州文书与中国史研究》第一辑，中西书局2019年版。

停留在 20 世纪 80 年代以前，他们基本上不了解此后徽州文书之收集、利用与研究状况。事实上，在 20 世纪 90 年代以后，许多新见的成规模之徽州文书，皆有着清晰的传承脉络，具有极高的研究价值。毫不夸张地说，徽州文书是迄今所知南宋以来所有地域文书中学术质量最高的一类文书。

我们做学术研究，当然希望穷尽史料，希望能看到一批资料的全貌，对于各类文献之制作、流传过程有着清晰的了解。不过，我们也应当理性地面对客观现实：从文献记载来看，至迟从晚清光绪年间起，徽州就有出售文献史料的记载，这种传统此后也一直延续下来。著名画家黄宾虹即曾说过，在他的家族中，就有人将家族文献出售给外人。1945 年抗战胜利以后，著名历史学家方豪在南京地摊上就收购了一些徽州文书，这些也是从皖南流散出来的。及至 20 世纪 50 年代，在郑振铎的倡议下，散落民间的徽州文献受到了重视。此后，屯溪古籍书店定期给上海、北京的一些书店邮送书单以求收购。直到不久前，黄山市的几位书商，仍在定期给国内的部分收藏家寄送书单。有鉴于此，我们应当重视这样的商业传统，并正视此类文献流转的现实。

事实上，来自市场的各类文书，有不少是经过收藏家精心挑选，具有极高的史料价值。例如，婺源人程任卿的《丝绢全书》，是有关明末徽州府丝绢分担纷争的文献汇编，对于此一文献，日本京都大学夫马进教授认为，该书反映的明末丝绢分担纷争，无论是从明清社会史、经济史还是法制史或政治史的角度来看，都是一个十分重要的历史事件。《丝绢全书》目前庋藏于国家图书馆，该书已被收入 1988 年出版的《北京图书馆古籍珍本丛刊》。种种迹象表明，此一文献应是郑振铎通过书商从徽州收集而来的。类似于此的例子，还有徽州乡土史家许承尧的诸多旧藏，其中有一些便是从黟县书商、著名学者王立中手中收购而来。这批资料，后入藏歙县博物馆和安徽博物院等，其中颇多罕见的文献精品。此外，2018 年由我主编的《徽州民间珍稀文献集成》30 册，其中亦收录了不少稀见文献，也都具有相当重要的研究价值。这一套资料从出版到现在仅只三年多，但利用其中文书所做研究并已发表的论文多达十数篇。之所以如此，是因为收入丛书的资料，虽然绝大多数是从市场而来，但都经过收藏家和编纂者的严格挑选，具有较高的史料价值，几乎每一份文书，都可以做具体而微的深入探讨，并或多或少地解决一个具体问题。

揆诸实际，来自市场的文书当然会有损耗，一些相关的信息也会流失，这固然难以避免，但与此同时也应当看到，历史文献的流转，本身就是个不断淘汰、流失的过程。全面、完整地接受相关文献的所有信息，当然求之不得。但历史上也曾留下许多被讥为"断烂朝报"的文献，其中有不少也仍然具有极高的研究价值。同样，面对层出叠现的民间文献，如何处理是历史学者的责任，而不应整日抱怨资料的先天缺陷。否则，需要我们这些历史学者做什么？历史学者的本事之一，就是将哪怕是断续的碎片，也要利用个人的理论素养与知识储备，考其源流，叙其本末，尽力拼合出完整的图像。而这，虽然不是史学研究的终极目标，但却是一种必备的基本功。

（二）文书的"归户性"与"史料环境"

学术界对契约文书的收集由来已久，特别是在 20 世纪 80 年代，一些学者疾声力呼重视民间文献。不过在当时，民间文献的数量相对较少，在不少人眼中，文书是一种极为珍稀的历史资料。但在近二十年来，随着田野调查的展开，各地民间文献如雨后春笋，特别是狭义的文书（即土地买卖契约）更是为数可观。在这种背景下，民间文献也逐渐成为历史研究（特别是明清史研究）工作者案头常见的必备史料。应当看到，在民间文献研究成为显学的同时，相关探讨也面临着一个重大转折，亦即对文书的收集、整理和研究都提出了更高的要求。

就目前公开出版的各地文书来看，其中的相当多数还主要是土地契约文书。这些土地契约，对于土地关系等方面的研究当然颇具价值，但由于土地契约文书反映的内容通常比较单一，在格式上有些千篇一律，故而尽管迄今学界所能见到的文书数量极为可观，但能够多侧面反映民间社会的史料仍不多见，这与明清以来传统中国社会文化之丰富内涵极不相称。

明清以来的社会生活相当纷繁复杂，土地关系只是其中的一个侧面。以往备受学界关注的土地契约文书，只是狭义的文书。就广义的文书而言，民间文献尚有其他许多不同的类别。如何从社会文化史的角度，重视区域社会的个性，从区域比较的视野重新审视这些文书，透过各种地理环境和不同区域社会经济背景下的契约关系，凸显区域的个性特色，仍然亟待深入。只有这样，才能更好地理解明清以来的中国社会，把握传统中国的发展脉络。

现在不少学者一谈到民间文献，就马上想到"归户性"。所谓归户性，来自传统时代《归户清册》之启发，简而言之，也就是一批文书是否归于一家一户。强调文书的"归户性"，这本身当然具有一定的合理性①，而这一点似乎也愈来愈受到民间文献研究者的认同。不过，倘若我们回到首倡者的角度，他之所以提出"归户性"，是因为需要为收集而来的大批文献做一个合理的处置——由于所收集、出版的文书，绝大多数都是土地契约，这些土地契约一旦被打乱，东鳞西爪，自然难以做进一步的研究。所以从这个角度来看，强调"归户性"理所当然。与此同时，也正因为目前各地收集到的民间文献，也以买田卖地之土地契约最占多数，故而这一点也始终啧啧于众人之口。不过，与此同时也应当看到，不同类型的民间文献，实际上有着不同的处理方法。徽州文书中当然有汗牛充栋的土地契约，但徽州文书却不只有这些土地契约。我本人一直强调，土地契约只是狭义的"文书"，在20世纪90年代以后，从社会文化史的角度来看，徽州文书研究已经从狭义文书转向全方位民间文献的探讨。揆诸实际，早些年国内研究"徽学"最负盛名的几个学术机构，如中国社会科学院历史研究所、经济研究所和安徽师范大学历史系等，都收藏了不

---

① 周晓光：《徽州文书的归户整理与宗族史研究》，载《安徽史学》2015年第6期。

少徽州文书。但在此前，学界对于该三个收藏单位庋藏的资料之了解实际上并不十分全面而充分。早年出版的《徽州千年契约文书》等，所披露的资料绝大多数还是土地契约。直到近年，随着各类资料的出版和部分学者之调查，我们才真正对该三个单位收藏的文书有了一些进一步的了解。从中可见，其实这些机构所收藏的文书类型相当多样，只是以往很少有学者去处理土地、诉讼及商业之外的其他资料而已。

另外，不同类型的文书，对于史料文献脉络之要求并不完全相同。最为常见的土地契约、山林契约，自然以"归户"的资料为佳，而杂乱的散契则大大降低了它们的学术质量。不过，对于不少抄本、稿本（特别是一些商业文书、日记等）而言，即便是单一的文本，因其涉及面广、内容丰富，单就文本自身的研究，即能解决一个（较为）重大的问题，在这种情况下，实际上对于"归户"的要求并不太高。现在有的学者存在一种误解，以为"归户性"的文书价值就高，否则就相反。其实，此一看法对于制式化的一批土地契约，可能具有一定的合理性，但对于类型多样的其他文书而言却并不完全成立。无论是从形式还是内容上看，徽州文书的门类极为庞杂，有的文书并没有严格的"归户性"要求。譬如，有的商业书和商人书，一册抄本（稿本）的信息量就已足够，本身就可以解决一个比较重要的问题。在这方面，我不妨举一个自己曾处理过的案例。十多年前，本人比较关注徽州木商研究的相关问题，其间收集到一册商业书《西河木业纂要》，该书是清代婺源商人以江西赣州为中心编纂、有关木业经营的商业书抄本，书中所载，既有木业经营的规范、商编路程，又有徽州木商订立的契约、诉讼案卷等，其内容相当丰富。透过书中反映的内容，可以比较确切地了解该书作者的区域背景，特别是可以将商编路程放在具体的营商环境中去认识。而绝不像以前通常所见到的商编路程，从中只能看到一些作为交通地理研究的诸多枯燥地名之简单串连。因此，单单是这样一册抄本，就可以画出相当详细的数张地图，将太平天国前后徽商在江西的木材运输、木业经营状况等勾勒得颇为清晰①。又如，另外的两种木商抄本，将徽州文书与清水江文书这两大地域性的文书连在一起，据此，我们可以探讨长江中下游各地徽商在木业经营活动中的诸多细节，分析徽商与临清帮（即江西临江府清江县商人）在木业运销方面的竞争与合作。这些抄本本身，皆因其内容之丰富、翔实，足以自成一体，根本就与是否"归户"没有必然联系。换言之，对于此类高质量的抄本（稿本），它本身并没有"归户性"的严格要求，完全可以独立于一群文书之外。而内容信息丰富的抄本（稿本），较之"归户性"哪怕再好的一批契约，其价值不啻有天壤之别。可以说，一些珍稀文献本身所具备的丰富信息，远比那些"归户"但却内容单一的史料来得有趣且重要。

　　一般说来，民间文献研究要采用多种资料的互证，其中最大的关键是要找到文献之间的相互联系。当然，我并不是说"归户性"完全不重要，资料没有被打乱、遭分割、分散收藏当然很

---

① 王振忠：《太平天国前后徽商在江西的木业经营——新发现的〈西河木业纂要〉抄本研究》，载《历史地理》第28辑，上海人民出版社2013年版，后收入拙著《社会历史与人文地理：王振忠自选集》，中西书局2017年版。

好。而在实际上，80年代以后，学术同仁在徽州找到过不少成规模（或许也可以称之为"归户性"很好）的文书，而且其主体内容是极为丰富的商业文书。譬如，80年代中叶，在歙县芳坑最早发现一批非常重要的文书，是长达数百年一户徽商的珍稀文献，直到数年前仍然有三千三百多件（册）遗存——我一直认为，这是迄今所发现最好的一批徽州文书。这些资料，对于商业史、历史地理、中外交流史和社会文化史的研究，有着多方面的学术价值。对此，学术界虽然已有初步的利用，但显然还远远不够。境外一位知名学者，在80年代这批资料发现之初就获得了全部复印件，但将近四十年过去了，却并没有发表过任何研究成果。幸运的是，不久前几经周折，我基本上见识到这批资料的全貌，其中最占多数的是书信和账册（这也是民间文献中最难处理的两类文书），内容极为丰富。我在兴奋之余，内心不禁感慨：这么好的一批资料，三十多年来没有得到应有的利用，真是可惜了！在我看来，这不是资料的"归户性"不好，而是相关学者自身的问题，关键在于我们是否有能力处理数量庞大、内容繁杂的民间文献。

我以为，对于徽州文书的解读，首先应是对所涉文字之正确识读，其次是要解释清楚与文本直接相关的制度、风俗和文化，尽可能熟悉民间文献的整体"史料环境"，明了所见文献在徽州乃至明清史史料坐标体系中的位置，在此基础上，才不至于悬空踏落，也才谈得上更为宏观的阐发。在这里，我反复强调的"史料环境"，是指对文书所属区域以及同时代其他种类的历史文献总体上应有较为清晰的把握。徽州的"史料环境"极佳，它除了遗存有大批的契约文书之外，还有众多的文集、族谱、碑刻和方志等。端赖于这些丰富的史料，我们在民间收集到的任何文书，都可以很快找到这些文书与其他历史文献之间的相互关系，从而将其置诸整体"史料环境"中的恰当位置，治丝理棼，在区域社会史的学术脉络中加以较好的解读。

（三）民间文献研究中历史学者的角色

　　徽州是个文献之邦，传世文献和民间文书浩繁无数。特别是在明清时代，当地频繁的商业活动和社会流动，培养出徽州人强烈的契约意识，再加上根深蒂固敬惜字纸的传统，使得徽州民间留存有目前所知国内为数最多的契约文书，在这一点上，没有其他任何一个区域可以与之相媲美。自 20 世纪 50 年代迄至今日，徽州文书历经数度大规模的发现，迄今仍层出叠现。在充分重视历史文献的同时，亦应访求遐僻，开展田野调查以广拓见闻，并藉此搜读遗简断篇，咨询于故老通人，唯有如此，方能更好地理解民间社会的基本面貌。

　　当然，我们也应当看到，徽州的现状与其他区域并不完全相同。徽州文书的多样性，大概也是其他地域的民间文献所难以比拟的。在此背景下，坚持历史文献学的学科本位，读懂文献才是我们真正的目的。为此，应以各类文书为基本线索，从事实地调查，藉助田野考察所获的感性认识，进一步收集其他文献，加深对文本的理解，在制度史的观照下，溯流寻源，质疑求是，对区域社会之嬗变做出合理的阐释。

学术研究不能急于求成，收集资料亦同样如此。前些年，有的机构因经费充足，花费巨资购买民间文献。很多资料买来之后，却发愁如何去处理这批文献——不少人纠结于资料是否"归户"，不是"归户"又如何展开研究，如此等等，相关的讨论相当不少。其实，资料的出现是随机的，但学者的研究工作却是有选择的，学术收藏与学术研究若能融为一体当然很好，但收藏与研究的处理方法毕竟仍有所不同。我以为，学术研究亦当随缘自适、有感而发——难以做研究的资料不必去收集，而做不了的研究也不必勉强。在民间文献的收集与整理方面，历史学者与图书馆员之角色毕竟有所不同。有鉴于此，对于民间文献研究方法之讨论，也应分清不同状况，不可笼统地一概而论。从某种意义上说，历史研究其实是一门手艺，而绝不应当变成一种技术。我们绝不能以技术代替学术，至少在我看来，那样会相当无趣。将各种碎片拼合成一个尽量完整的图案，讲出一段鲜活如生的完整故事，并加以很好的诠释，这是历史学的一门手艺，它需要良好的知识储备和无微不至的耐心。历史学者不应当对史料百般挑剔，一件历史作品的好坏，在于历史学者对史料的挑选眼光与其个人的手艺高低，关键在于我们能否收集到高质量的文献，并对文书的"史料环境"有着比较清晰的把握，以便据此做出恰如其分的分析与思考。

较之其他区域的民间文献，徽州文书所独具的优势在于——种类多样，内容丰富、翔实，且具有相当规模的同类文书前后接续、自成体系，而且，各类文书与其他文献又可彼此补充、相互印证。徽州文书的大批发现，不仅可以深化以往的一些探讨，而且还为人们开启了明清以来中国史研究中的许多新课题，使得以往让人心余力绌的诸多领域，一时间平添了不少内容翔实且生动的新史料。具体说来，徽州文书最为独特的学术价值主要集中在三个方面：一是商业史的研究价值，二是有关经济制度与地方社会应对，三是日常生活史的细致探讨。先以商业史为例，徽商是明清时代的商界巨擘，大批徽人以贾代耕，利逐蝇头，在全国范围乃至东亚海域世界都有着相当频繁的活动，这一点一向备受学界瞩目。近年来，利用新发现的档案文书从事徽商研究，愈益得到学界的关注。特别是在宏观描述几近饱和的情况下，新史料之开掘和细致的深度探讨，显然是推进相关研究的重要途径。除了徽商研究之外，在黄山白岳之间，因精英文化与通俗文化同生共荣，徽州文书涉及的领域亦遂雅俗同观，且极为广泛。徽州文书中有大批商书（商业书和商人书）、商业合同、徽商书信、分家阄书和诉讼案卷等，反映了传统时代商贾权算之巧悟天授，涉及徽州人奔走天涯、觅利四方的诸多情态，自然都是我们研究徽商的重要资料。而大批黄册、鱼鳞图册、赋役合同等，细致展现了草茅市井之民生财用、挪缓济急，这些，更是探讨明清经济制度与地方社会应对的绝佳史料。在这方面，已出现了一批重要的学术成果，此类研究，都利用了不少以往鲜为人知的民间文献，涉及经济史上最为核心的问题，对明清制度史之研究都有重要的推进，这在学界已是众口有碑，无论如何皆不当视而不见。此外，徽商计觅锱铢，捆载归来，使得徽州的一些地方渐臻富厚，从而极大地重塑了水云深处的乡土社会:在传统时代,士习诗书,农勤耕织,百工商贾,各务本业。乡塾里闾之间,一般民众记善恶而重劝诫,吉凶庆吊,忧戚相勖,春秋祭扫,衣冠相聚……数百年间,风以时移俗随世变,由此也留下了纷繁复杂的各类文书。这些年湮代远的落英碎锦,事涉冠婚丧祭家弦户诵,其内容无微不至,有时虽未免纤微琐屑,但对于时下方兴未艾之日常生活史研究,实在是取之不尽的史料宝藏[①]。

明清以来,因徽商活动以及徽州文化巨大的辐射能力,决定了有关徽州文书的研究,其所关注的并不完全是区域性的局部问题。在过去的数年中,我曾利用新见的徽州文书,研究晚清的盐政制度和货币改革等[②],希望对明清时代制度史之嬗变做出新的探讨,从一些方面揭示明代以来中国政商关系的新变化。这些研究是否确当,当然还有待于学界同仁今后的严格检证。不过,有一点可以肯定,我们以徽州文书为核心史料的探微索隐,绝非仅仅着眼于徽州地方史,而是为了透过徽州研究,深入了解明清以来的中国社会,立足于区域研究提供的丰富内涵,深化对整体中国的认识,阐释中国的大历史。

---

① 关于这一点,可参见常建华撰《徽州文书的日常生活史价值》一文,载《安徽史学》2015年第6期,该文后收入氏著《日常生活的历史学:中国社会史研究三探》(北京师范大学出版社2021年版)。

② 王振忠:《从民间文献看晚清的两淮盐政史——以歙县程桓生家族文献为中心》,载《安徽大学学报》2016年第4期;王振忠:《日常生活与货币思想——从王茂荫未刊信稿看十九世纪中叶的币制改革》,载《文汇学人》2016年9月9日。

目 录

徽州文书与区域社会研究

明代徽州分家书《曹氏本素轩创承遗绩》研究

分家文书是研究传统时代人群活动、家庭状况与社会生活的重要史料。就目前所见，徽州现存的分家文书数量庞大，从南宋（1127—1279 年）迄至 20 世纪 50 年代以后皆有遗存。近年来，在徽州民间的实地调查中，分家文书仍时有发现。其中，明代的分家文书虽然较少，特别是 16 世纪以前的稿本、抄本更是极为罕见。不过，仅笔者所见，就有婺源游震得的《震得公兄弟分书》[①]，以及本文介绍的《曹氏本素轩创承遗绩》稿本——这是两种颇具学术价值的明代珍稀文献。本文即以后者为例，考述徽州分家文书及其所反映的相关问题。

---

① 明嘉靖四十二年（1563 年）十月《震得公兄弟分书》，隆庆四年（1570 年）重抄本。关于游震得的生平，《中国历代人名大辞典》根据《万姓统谱》卷 62 的记载加以撰写：游震得字汝潜，"嘉靖十七年进士。授行人。擢监察御史。……有《让溪甲乙集》"。（上海古籍出版社 1999 年版，第 2366 页）其中并未提及其生卒年。今据新近所见《让溪游先生年谱》（刊本 1 册，此书发现于婺源，现由歙县某收藏家收藏）的部分内容，可知游震得系婺源济溪人，生卒年应为 1505—1574 年。

一、稿本《曹氏本素轩创承遗绩》介绍

《曹氏本素轩创承遗绩》，明嘉靖十九年（1540年）稿本，私人收藏。该书内容比较丰富，卷首有目录：

一、文序；

一、支派；

一、祖坟；

一、军产；

一、祭扫；

一、生员灯油；

一、众田地山；

一、阄分；

一、本村团子（？）；

一、……；

一、……；

一、□（小）琏；

一、大琏；

一、记事；

一、后序；

一、收管契白文基；

一、民庄粮税；

一、山图。

上述的目录，与稿本内的实际内容并不完全一致。全书首
列"曹氏本素轩创承遗绩序"，亦即目录中的"文序"。接着的
是"世祖坟墓山场"，即目录中的"祖坟"。此后包括"军庄壹
所""清明祭扫""众存田地山""众存地""天、地、人三号承分
田地山塘条段数目""风水图形""本村社坛后图形""田地山塘
卷""抄白原批帐""天字号承分山场段落""本素轩古器""记事附
增于后""创承遗绩后跋"和"条段数目"等。

该书虽为分家书，但却经过较为系统的整理，稿本前有《曹
氏本素轩创承遗绩序》，后有《创承遗绩后跋》。特别是"后跋"，
在分家书中较为少见。以下分别考述。

1. 从序文看分家文书之当事人及其地望

《曹氏本素轩创承遗绩序》曰：

尝谓有家者创业、守承为两难也，能立业，有土、有
财、有用，遗子孙计为业，祖固难也。承箕裘之业，尽继述
之劳，光前裕后，（长）成克肖，子为尤难也。

予幼年艺文学，贰拾年设教休邑，从商饶河二年，起业
开化，寄庄田产，相父中兴，获天眷庇，生财有道，理家勤
俭，支持军、民二役。□□〔弘治？〕□□□□□，家遭回
禄，重构堂宇。正德丁卯年，横逆之挠有费。癸酉年遭乱离，
饶贼残民，乡间经扰，烟屋掳财，长子遘难，去□□□俞村、

湖泛二营□久，身冒刃往来，费□□□苦难，莫可胜言！开化、大容、本村各□□□无存，小埏、石耳山下二庄幸存，□□□济。嘉靖甲申二年，充三区粮长，因荒旱，上纳倍费浩大，身历艰险，虽非克肖，维持、创业、继志、述事，诚亦传家者也。父炜□□□□□七十有四，正德己卯年正月初一日寿享考终。予只守身家，承创薄［薄］田数顷，以慰先人，无愧于我矣。幸有三子，长曰世麟，娶詹氏，再程氏，有三子一女，有二孙。次曰翰麟，娶江氏，再汪氏，有三子二女。次曰祥麟，娶汪氏，三子二女。异爨一十余年，权将产业各与祖四伯［百］，以视其理家志趣，俾知勤俭节用之方。其余田产，自知老当益壮，不怠前功。今则行年七十有四，偶膺血气少顺，自冬至今久恙，举趾莫宁。所摄田产，令三子延舅氏叶洪为证，开条段，并日前瓜分产业，一概书写端详，立阄书一样三本，拈阄分单已定，排世麟天号，翰麟地号，祥麟人号，各执一据，中间众存田产、祖宗坟墓。切缘本户六世祖佑五公讳仲佑，从戎湖广柳州五开卫。五世祖安六公讳宗□，□□湖广宝磬［庆］卫。一户二军，不能分拆，二卫□□□贴盘缠□不能缺少，祖存有军产□□□。今将土名石耳山下武农庄田□□□述四至计租，以备二军公私支给，以偿祖存军装，祀守祖宗坟墓，子孙永远无得生情异议。枝下间有不守，后开众存□□［规格］□□□□者，举首赍此闻官，以不孝论。仍守规格，以垂永久举行者，每壹人，公堂给银壹两，以劳贤肖念祖之意也。其余瓜分田地、山塘，逐一并照开单条段管业，毋得占吝。立身扬名，以显父母，在子孙也。创业守承，继志述事，在子孙也。我念父之勤劳存善，不敢忽昧，将继述产业，付诸三子。三子俱体念，亦不忽昧，其必创继，有光前烈，继继承承，殆必如今日之告戒也。予日望之百世，予亦慰焉。自祖宗来积德百余年，子也孙也，存心制行，不忮不求，无愧无怍可也。横心不可留也，善可久也，昌大厥后之家，皆于此而得焉。予嘱笔而纪之，文簿三扇，请给印信，立关书壹样，永远通公为照。

天运己亥岁嘉靖拾八年□□□谷旦

本素轩婺东上容七十四岁翁

曹……

主……

……

知见……

……

……

　　曹玄相

　　这是嘉靖十八年（1539年）形成的一份分家文书，序文是以婺源东乡上容一位七十四岁的曹姓老翁之口吻表述。不过，根据后跋，此序文应最后完成于老翁身后。从稿本中的其他部分可见，此老翁也被称为"仲十六翁"，名"仲杰"，字汉臣[1]。

---

① 见《曹氏本素轩创承遗绩》中的"世祖坟墓山场"，其中提及，曹仲杰"身宫在石耳山下吴家住后狮形地"。他的妻子为"孺人叶氏俊娘"，这与序文中提及的"舅氏叶洪"恰相吻合。

从序文可见，曹仲杰是位儒商，早年读书习学，曾到休宁县充当私塾先生，并前往饶州景德镇一带从商两年，后来在邻近的浙江开化置办产业，协助父亲中兴家业。根据序文的记载，曹仲杰曾于嘉靖二年（1523年）充任三区粮长。他生有三个儿子，长曰世麟，有三子一女二孙。次曰翰麟，有三子二女。三曰祥麟，有三子二女。可见，这是一个由十数人组成的联合家庭。从文中"异爨一十余年，权将产业各与租四伯［百］"可知，早在嘉靖初年，此一家庭就曾首度分家析产。曹仲杰将部分产业分给三个儿子，给予每家租额400秤①，让他们自行经营，以考察各个儿子的"理家志趣"，希望他们能懂得勤俭节用的方法。此外，其余的田产则亲自管理，希望自己能老当益壮，通过兢兢业业的努力，继续保持先前增殖的态势。因此，嘉靖十八年（1539年）的这份分家文书，是第二次分家形成的文本。当时，曹仲杰老翁已七十四岁，为人日渐衰老，且已有一段时期身体违和。因此，他将自己保有的田产，令三子延请舅舅叶洪作为中见，详列各类产业，分立阄书一样三本，以天号、地号、人号三册，分别由世麟、翰麟和祥麟三人各执一据。另外，还有一些众存田产、祖宗坟墓等，也一概详细列明。该序之后署作"地号翰麟收执为据"，可见，此册分家文书当为二子曹翰麟所有。

从《曹氏本素轩创承遗绩》稿本来看，曹氏父子居住在婺源

---

① 文中有"嘉靖六年，仲十六翁已曾将田地山塘分扒管业，天、地、人三号，计开于后"，从中可见，首次分家的时间是在1527年。其中，人字号承分田段34块，计409秤。

东乡的上容。"上容"亦即上鳙，应在原晓鳙公社一带，今属江湾镇。揆情度理，上鳙之"鳙"，读作"yóng"，故民间因音近多简写为"容"，如大鳙山亦写作"大容山"或"大容岭"。今查《江西省婺源县地名志》，婺源县境东部有晓鳙和下晓鳙，下晓鳙在晓鳙溪下游的山谷中[1]，故可推测——今晓鳙实即"上（晓）鳙"。据说，朱熹曾途经此地，并于淳熙丙申（1176年）三月为这一带的《曹氏族谱》做序[2]。此外，由戴廷明所编、程尚宽增补的《新安名族志》后卷"曹"姓条，也有婺源上鳙一带曹姓的资料。关于婺源曹氏，书中列有"谢坑""大鳙""小鳙"三派：

> 谢坑村，名清源，在邑北七十里，出大鳙派。唐僖宗时曰全政，任江西招讨使，遣子七伯岩将曰翊、八伯承节曰翔，同诛巢于歙黄墩。翊阵亡，翔痛之，庐墓建祠，遂家焉。七世曰仲纲，迁大鳙[3]。

《新安名族志》最早刊行于嘉靖二十九年（1550年），其后续有增补，它所反映的徽州大族之分布状态，与《曹氏本素轩创承遗绩》的年代差相同时。

---

[1] 婺源县地名委员会办公室编印：《江西省婺源县地名志》，1985年版，第103页。

[2] 《曹氏族谱》序提及："予归展墓道，历开阳，跻鳙岭，过晓川，宿于门士曹子晋书舍。讲论之余，晋之《曹氏族谱》，请予为言。"（转引自毕新丁《新发现的两篇朱熹佚文》，载《朱子学刊》总第13辑《朱子学与当代社会》，黄山书社2003年版，第460页）

[3] （明）戴廷明、程尚宽等：《新安名族志》，朱万曙等点校，黄山书社2004年版，第566页。

在《曹氏本素轩创承遗绩》中，多处出现"本村大容山"的字眼，"大容山"即大鳙山（亦称大鳙岭），可见曹氏父子所居离大鳙山近在咫尺。正德九年（1530年），官方曾在大鳙附近设立巡检司。据乾隆《婺源县志》记载，大鳙巡检司署在县东八都。清代抄本《大容巡检司申民人侵占官地详词誊底簿》更详细指出①：大鳙巡检司位于县东八都的一图十排。据《婺邑户口都图》②抄本记载，婺源八都一图十排甲如下：

　　一甲曹元震，二甲曹齐显，三甲曹有功，四甲江同春，五甲黄承曹，六甲汪文选，七甲曹大兴，八甲曹允功，九甲曹万钟，十甲曹大成。

　　虽然此一抄本与前述文献反映的时段皆在盛清时代，但考虑到基层社会组织的稳定性，故而仍然可以在一定程度上反映当地的实态。而由《婺邑户口都图》可见，八都一图十甲中有八个甲皆为曹姓，这与稿本涉及的曹仲杰之基本状况也相吻合③。

　　另外，《曹氏本素轩创承遗绩》"目录"以及正文中时常提及的"小琏""大琏"，也在今晓鳙一带。"琏"读作"liǎn"，与

---

① 抄本1册，是有关乾隆二十六年（1761年）围绕着大容［鳙］巡检司的诉讼案卷。

② 据《婺源户口都图》：抄本1册，安徽黄山学院藏复印件。文中有"康熙十五年"字样，故当为1676年之后文本。从中可见，七都、八都属万安乡大鳙里。

③ 另据康熙《徽州府志》卷1《厢隅乡都》，八都辖下的村落，包括大畈、济溪、上鳙、篁岭和田坑。（成文出版社1975年版，第286页）其中，上鳙和篁岭，皆有曹氏祠堂，可见这一带以曹姓居多。

"潋"（liàn）音近，故"小琏""大琏"，应即今晓鳙西面与西南的大潋、小潋两地。

综上所述，《曹氏本素轩创承遗绩》反映的地域，应在婺源东乡的八都一带，与现在的旅游胜地篁岭颇相接近。

2.《创承遗绩后跋》及"记事"等

除了前序之外，《曹氏本素轩创承遗绩》一书中还有一篇后跋：

> 余年半伯［百］，承严训，不能书绅，尝以谆谆日省而未忘也。愧所存者，未达继述之绪，增益书记，创承遗绩，敢忘所自而不详录规式，以垂于永久也。高堂正乐，子姓欲聚庭阶，惟愿受天之庆。膺气少顺，日久弗痊，承命延舅氏，证立关书三本，一样书写，敢不精详？
>
> 书其首序，则见祖、父创业继述之劳、裕后之德，如高厚之莫报也。
>
> 书祖先、支派、坟墓，则父之面默，子孙念祖思宗，知本追源，以示子孙知孝敬也。
>
> 存军产。父守先人遗命，津贴之需，军役支用，世守不兑，为后人解纷，以给子孙于公役也。
>
> 立祭扫。父为远近坆茔，子若孙但知清明饮酒、食肉，标挂倦步而不临，坆域崩坏而不理，以劳子孙相承之守坆墓也。
>
> 存灯油。父欲子姓力学成才，为祖之光，有志于道者，能入学，则贴备于三年，以示子孙知读而知学也。

存众产。父为各庄坐落不一，势力可以守成。或有生基吉穴，有对换，随时审处，不听嘱取，以示子孙，公其利，而同受祖宗之惠也。各分产，父将条段数目备载，各能依旧整新，勿使遗落界限，以示子孙，而叨祖宗之饱暖也。

收文墨。父为创承，自缕而寸，历年契券非一，各处又非一人，誊契白，立纂要、纲目，分掌握，以示子孙，易检阅而便览也。税粮国课也，父为置买开垦，对换税粮，多寡不一，不可以粮实产，亦不可以产算粮，开述总数，示子孙，知目今产业之粮数也。

记往事。余所见祯祥妖孽之兆，以附于后，闲则览焉，而亦有规于后。

嘉靖十八年三月，父严命立书，已讫，五月二十五日考终已。今十九年五月周期日，订完《创承遗绩》附卷，有感于□，去春非严命端详，莫能克备……

从上揭末段的说明文字来看，根据曹仲杰之吩咐，分家文书应制成于嘉靖十八年三月，而此稿本则最终于嘉靖十九年（1540年）五月修订完成。其中提及，老翁曹仲杰于嘉靖十八年五月二十五日去世，可见，此次分家文书制作后的两个月，曹仲杰就去世了。文中对《曹氏本素轩创承遗绩》中各个部分的内容，皆作了简要的说明。特别是其中的"收文墨"一条，涉及家庭文书之管理，相当值得关注。关于这一点，稿本在记录了"田地山塘"之后写道："天、地、人三号，各收承祖文墨、契白、簿籍，日后凡有照看，检阅是谁收掌，即令检出查看，不可执匿误事。谨记。"天、地、人三号分别收掌的家庭文书，详见下表：

天、地、人三号分别收掌的家庭文书

字号	收掌人	文书名称	册数	所涉地点
天字号	世麟	《地契白便览》	1本	本村大容山下地
		《田段纲目》	1本（未全）	本村大容山下
		《山场总类》	1本	
		《田段契白》	1本	
		《地山契白》	1本	
		《田契基源》	1本	
		《田地山便览》	1本	大珬、小珬条段
		《石耳山下火人地文簿》		
		《公役式》	1本	
		《本村大容山下契书》	1宗（未全，秋收冬藏字号）	
地字号	翰麟	《田地山契》	2宗	开化等处
		《田地山契》	1宗	大珬、小珬
		《山契》	1宗	大容、山下、王汉、刘坑、本木、核充坞、高刀坞、毫［豪?］猪咙
		《地契》	1宗	大容、本村、王汉、山下，律字号
人字号	祥麟	《田地山民庄田段四至纲目便览》		开化文簿
		《民庄田地山塘条段易见》	1本	

字号	收掌人	文书名称	册数	所涉地点
人字号	祥麟	《生业备考》	1本	
		《代纳粮簿》		
		《民庄历年收税底册》		
		《大珵、小珵契白》		
		《开化田地山契白备考》		
		《枫木林文墨》		
		《上祖大众文墨》		

由此可见，在此一文本中，除将田产搭配阄分之外，还将有关家庭财产的契约文书，由三个儿子分别收掌。家庭财产文书中，有"便览""纲目""总类"等名目，这说明该家庭不仅对财产的登记极为细致，而且，对于与之相关的契约文书之管理也井井有条。此虽属个案，但也从一个侧面反映出徽州文书巨量遗存的原因所在。

除此之外，《曹氏本素轩创承遗绩》一书中还有"记事"部分，根据跋文中"记往事"条所言，应是曹仲杰二子曹翰麟亲身经历的"祯祥妖孽之兆"，这是该册分家文书中比较特别的内容。

《曹氏本素轩创承遗绩》中有"记事附增于后"，其下注曰"存养堂附录"。"本素轩"无疑是曹仲杰的号，而从情理上看，"存养堂"显然属于其子曹翰麟。此一时事记载，内容颇为丰富，大致说来可以分为三个方面，第一是物候、灾害以及与之相关的物价等方面的内容：

正德元年地震，桃李秋花。

……

其年（正德九年）大荒，谷价一钱籴一箢。

……落星如雨，如雪花，如拳大，落地不见其形，天□□□个时辰，嘉靖十一年十月初八夜五庚时分。

水灾。加［嘉］靖十捌年六月初六日辰时，各处山崩□去，滔损田禾，本村滔去二土库、三片楼房、四所仓屋，泗洲桥两傍［旁］石墁、道路、渔［鱼］塘、水碓，一概无存，幸未伤人。水灾后各处痛疾，本村大小去卅七人。

大坂、济溪、浯村滔损基地、房屋，伤人。溪西三保桥狼狈，伤人数多。王田滔了廿人，湖山、汪口亦损人财、房屋。七、八都水灾之甚，西、南、北无虞。

水灾后所存田禾，又生虫蛆，秋又大旱，以致荒乱，开化水灾尤甚。松阳十一都人掳谷扰乱，至高田坑、毕家湾、下坞、坑口，沿门挑去，幸开化县安民赈恤，方得安生。婺源惊惶亦甚。

……

荒年为水灾后，秋收每田一亩，总扣止得二分，仓廪虚亏，本家被灾，损田一伯［百］亩，告府、县，全无优恤。

……

饥荒。加［嘉］靖十九年正月至三月，挖蕨根度日。四月、六月，买籴者，饶河已尽，官民俱阻不放，舡只径至湖广、江西买来贩来。五、六月谷一箢价纹一钱一分五厘，米一石价八钱五分，粒食极艰，村村挑籴米粮。

水灾□。本年五月廿一、二，祁门滔损伤人，浮梁县滔去一半，景德镇滔去太半，盗贼纷纷，扰攘不安，东乡微水得安靖。

蝗虫蔽天而来，食竹松叶，尽食田禾，各村祝神禳去，亦来数日，民□忧惶，于加［嘉］靖甲午年忽然而来，忽然而去。

洪水之兆，其年若二三月之间，有大风折树拔木。六月初旬，断有水灾，必虽预防，前人有验矣。

此处提及正德元年（1506年）以后婺源和浙江、江西各地的物候以及灾荒状况，特别是对嘉靖十八、十九年（1539—1540年）的灾荒记录尤其详细。关于嘉靖十八年的灾荒，由休宁范涞编修、刊行于明万历二十八年（1600年）的《休宁范氏族谱》[1]，也有相关的记载："（嘉靖）十八年六月，婺源及我南乡大水，婺源山崩，漂庐舍二千余所，溺死者三百余人。"对此，乾隆《婺源县志》中亦载："己亥夏六月，大水山崩，水高三丈余，淹死男妇计三百余人，漂民庐舍二千余所。"[2] 较之明代的《休宁范氏族谱》和清代的《婺源县志》，《曹氏本素轩创承遗绩》之记录更为细致。另外，作者除了提及婺源之外，还特别关注邻近的开化，这当然是因为曹家在开化有不少山林田产。文中提及当时发

---

① 《休宁范氏族谱》，安徽省图书馆收藏，2：3643—2：3650，8册，不分卷。
② 乾隆《婺源县志》卷38《通考五·禨祥》，清乾隆二十五年（1760年）尊经阁二十二年（1757年）改正定本，成文出版社1985年版，第2472页。

生饥荒，人们试图通过饶河从附近地区运米进入婺源，但却遭邻境遏籴，所以一些船只不得不直接前往湖广、江西等地买米接济。此一现象，反映了明清时代徽州社会应对灾荒的常态。

《曹氏本素轩创承遗绩》"记事"部分第二方面的内容是有关社会治安与地方行政建制：

> 正德七年饶源洞盗贼生发，出洞掳掠余干、乐平、德兴，官军驱迫。十一月，至玉山过冬，正月来开化烟□，杀掳人民，不可胜计。
>
> 正德八年二月十二日辰时，盗贼□过大容岭寨，一片穿红，七、八都村落俱被烟屋，杀人掳财；九都、十都俱未到。休宁至黄茆止，盗之男妇不可计数。其年八月初一日未时，天忽然暗黑如夜，一个时辰方可天明，记之。
>
> 本家遇难，在石耳山下武农庄，因自避不量趋近而被盗掳。身去开化余村寨内，半夜与盗去，至羁系在彼，父来赎三次，银数未足，又带去湖泛营内。父三月初一日，幸荷盗中之盗引至，冒刃艰险，得赎身回，费银八拾刃〔两〕。本村屋被火，幸存仓所，谷被村内人挑去。各庄大容仓火了，并〔开？〕化仓地方挑去，小琏山下仓幸存租谷，接济年荒，苦莫胜言！不能详记。
>
> 官军把守。张指挥只（？）指挥□千百户军人，黟县丞管休、歙民快，起营大容岭脚金家墩，立四门，移文不准。又营大容岭头。只（？）指挥把卅里降，朱指挥守梨木岭，同知守济岭，萧、张指挥大容岭，王都堂在府。

正德九年二月，散营。三月，行敕书大容岭脚，起巡检司一所。（巡检已过五人）

嘉靖十四年，汪宏吏部天官，凡衙门非旧制，革除，巡司因而废弛。

盗贼生发。州人以挖银、铜为由，被本都人引来大坂。七月廿九夜迫晚，至鸣锣吓声，入村尚书府，掳去财物。贼计一伯[百]余，不得食，疲倦而退。次早，又转大容岭，本村各乡一惊非小。盗至下坞沙滩，开化十一都赶斗，杀了四人，一路前去，陆续杀了，送官亦数十，打死一伯[百]数，俱尽矣。

文中提及几处重要的地点，其中，石耳山今为赣、浙两省界山，因悬崖峭壁上长有石耳，故名。此处原属晓镛公社，今属江湾镇。与石耳山相连的就是大鳙山，原先也在晓鳙公社境内，今亦属于江湾镇。大鳙山南接浙江开化县界，此处属于深山地区，鳙水由此流出，东至衢州，过兰溪入浙江，婺州水源出于此。根据当代的调查，从婺源县东往浙江省开化县的古道，在旧三梧镇（今镇头村）一分为二，其中之一就是由大鳙岭抵达开化县河滩。正是因为这个原因，婺源人多由此道前往开化一带开荒经营。曹氏的家族成员，甚至也有一些就埋葬在开化十八都[①]。

---

① 《曹氏本素轩创承遗绩》"世祖坟墓山场"中载："端一公，四子，墓开化十八都外咙岭，艮山坤向，猛虎土墙形；孺人吴氏，墓同处里咙岭，亥山巳向。其寄庄田产，原被叔度支下易了。"《曹氏本素轩创承遗绩》"世祖坟墓山场"："媳妇坟一所三星，土名开化江东源呈庄段下山，蛇形，三寸穴。"

近十年来，笔者曾数度由婺源途经开化前往衢州，沿途所见，皆属崇山峻岭。由于大鱅山为赣、浙两省界山，确切地说，在明代应为徽、浙界山，属于僻野荒陬，故此处社会治安相当不佳。据万历时人范涞编修的《休宁范氏族谱》，正德"八年春，江西姚源洞贼王浩八逾婺源大鱅岭，杀掠都民"。而乾隆《婺源县志》亦载：正德"癸酉春，饶姚源洞寇王浩八，由开化逾大鱅岭，突入本县东、西、南乡，杀掠无算，火民居"①。"癸酉"亦即正德八年（1513年），类似的记载，也见于书中的另一处②，与"记事"中的记载可以比照而观，只是后者的记录更为翔实和细致。关于这一点，《曹氏本素轩创承遗绩》序中亦提及："癸酉年遭乱离，饶贼残民，乡间经扰，烟屋掳财，长子遭难，去□□□俞村、湖泛二营□久，身冒刃往来，费□□□苦难，莫可胜言！"另外，"记事"中的嘉靖十四年（1535年）条，提及发生在当地的盗贼事件，未见于方志的记载。不过，在乾隆《婺源县志》中，记载了"丙寅二月，矿贼入城，烧县堂署舍"③。"丙寅"为嘉靖末年（1566年），当然是在《曹氏本素轩创承遗绩》"记事"部分记录之后，但若与嘉靖十四年条的记录相对照，可以看出，当时因"矿贼"引发的社会动荡，持续的时间相当不短。这也就

① 乾隆《婺源县志》卷38《通考五·机祥》，清乾隆二十五年（1760年）尊经阁二十二年（1757年）改正定本，第2469页。
② 乾隆《婺源县志》卷2《疆域二·沿革表》："江西姚源洞盗王浩八，遣其渠魁王銮二，从大鱅岭突入县境，杀民兵程楚等三十余人，掳杀男妇，以不受辱投崖溺水死者，相继于道。"（清乾隆二十五年（1760年）尊经阁二十二年（1757年）改正定本，第235页。）
③ 乾隆《婺源县志》卷38《通考五·機祥》，清乾隆二十五年（1760年）尊经阁二十二年（1757年）改正定本，第2470—2471页。

是婺源县大鳙巡检司设置的一个历史背景。

据乾隆《婺源县志》记载："大鳙巡检司,在县东八都,其地当闽、浙之冲,地僻山邃,盗贼出没不常,万历八年特建。"[①]此处提到大鳙巡检司之设置,与当地的治安形势密切相关。不过,对于巡检司的设置年代,与实际情况有不小的出入。上述这条史料见该志的卷8《建置二·公署》,但在同书卷10《官司三·杂职》中,另有记载:"明大鳙巡检司,正德九年设,后裁,万历元年复设。"[②]结合《曹氏本素轩创承遗绩》"记事"部分的记载可见,乾隆《婺源县志》卷8的记载有误。事实上,正德九年(1514年)设置的大鳙巡检,显然是为了因应正德八年饶姚源洞寇王浩八之乱。县志还引府志云:"寇之自衢来者,警先婺,大鳙岭为正道,白际、连岭为间道。大鳙岭界南三十里为衢黄冈,又四十里为云雾山,寻流合河为尤溪口,寻河合官道为华埠,由华埠顺流一百三十里为西安之铜山。铜山者,矿山也,是故华埠者,盗之集也。尤溪口者,盗之窝也。云雾山者,盗之大巢穴也。昔尝建巡司于鳙岭,盗颇为衰。"[③]这段描述,反映了大鳙巡检司设立的历史背景。而从大鳙巡检司设而后裁、裁而复设的过程来看,此处的社会治安一直未曾好转过。

---

① 乾隆《婺源县志》卷8《建置二·公署》,清乾隆二十五年(1760年)尊经阁二十二年(1757年)改正定本,第611页。

② 乾隆《婺源县志》卷10《官司三·杂职》,清乾隆二十五年(1760年)尊经阁二十二年(1757年)改正定本,第784页。

③ 乾隆《婺源县志》卷13《兵防志·防守》,清乾隆二十五年(1760年)尊经阁二十二年(1757年)改正定本,第996页。

此外,《曹氏本素轩创承遗绩》"记事"中第三个方面的内容则与赋役有关:

> 催征。点皇夫,劝殷实接梓宫。至(嘉靖)十八年十一月,又点本户殷实,买办皇木,湖广承天府起造陵宫。户下每粮一石,科银五刃[两]充价,其余支费欠少,应役买办人揭借,苦不可言。买鹰架木五根,计五丈长,尺五径;平头木一伯[百]廿六根,三丈五长,尺二径;杉条木九十四根,一尺径;槁木四十三根,围一尺四寸。共二伯[百]六十八根,买至饶河,交纳解户,共成价并供利息,成四伯刃[百两]之数,加[嘉]靖十九年六月冬交。

在明代,婺源的岁供之目分成三类:一是岁办之供,二是额外坐派,三是不时坐派之供。乾隆《婺源县志》曾引旧志称:"自明嘉靖后,南北多故,土木繁兴,岁赋军需之外,多不时科派,自工部四司裁为定额,余派出不时者,事已停罢。嗣行一条编法,一切军需,四司总称物料,如新例,采矿、采木诸色,犹系曰不时,遵旧典也。"[①] 可见,上述金点富户买办皇木兴修梓宫的做法,属于当时的"不时坐派之供"。

在明代,官府金点徽州富户买办皇木的记载并不罕见。万历时人范涞所编的《休宁范氏族谱》中,就有多处相关的记录:

---

① 乾隆《婺源县志》卷11《食货二·杂税》,清乾隆二十五年(1760年)尊经阁二十二年(1757年)改正定本,第896—897页。

（正德十年）工部征我府杉木二万章。

（嘉靖二年）工部征我材木，知府郑玉奏蠲罢之。

（嘉靖六年）工部征我竹木。

因徽州盛产竹木，故正、嘉年间官府屡次对徽州府各县坐派杉木、材木。而《曹氏本素轩创承遗绩》中的记载，则涉及嘉靖年间在湖北的营造。承天府原为湖广安陆州，是明世宗继承皇位之前的藩王府所在地（此地即今湖北省钟祥市）。世宗继位后，于嘉靖十年（1531年），升安陆州为承天府，其附郭县城改名为"钟祥"，寓意为"钟聚祥瑞"，割荆州之荆门州，当阳、潜江二县，以及沔阳州、景陵县隶之。嘉靖十八年（1539年）三月，明世宗南巡，实地查看其生父原兴献王朱祐杬的陵寝（明显陵），最后决定将其生母梓宫南运显陵合葬，并扩建明显陵。上文中"点皇夫，劝殷实接梓宫。至十八年十一月，又点本户殷实，买办皇木，湖广承天府起造陵宫"，也就与嘉靖生母南运显陵合葬及扩建明显陵有关。文中提及的"鹰架木"是一种绳牵的木架，用于上下挽取重物，它与平头木、杉条木、槁木合计共268根。作为婺源富户的曹氏，为此共花费了白银400两。《曹氏本素轩创承遗绩》的记载，反映了显陵扩建给婺源民众带来的沉重负担以及对于徽州社会的影响。

在以上三个方面中，以有关灾荒的条目为数最多，其次是地方治安方面的记载，这反映了明代中后期地方社会的实态与基层民众之关切。

二、从《曹氏本素轩创承遗绩》看曹氏家族与经营状况

根据《曹氏本素轩创承遗绩》序的记载："切缘本户六世祖佑五公讳仲佑，从戎湖广柳州五开卫。五世祖安六公讳宗□，□□湖广宝磬〔庆〕卫。一户二军，不能分拆，二卫□□□贴盘缠□不能缺少，祖存有军产□□□。今将土名石耳山下武农田□□述四至计租，以备二军公私支给，以偿祖存军装，祀守祖宗坟墓，子孙永远无得生情异议。枝下间有不守，后开众存□□□□□者举首责此闻官，以不孝论。仍守规格，以垂永久举行者，每壹人，公堂给银壹两，以劳贤肖念祖之意也。"文中的"宝磬卫"，亦即宝庆卫。明洪武五年（1372年），置宝庆卫于宝庆府（治今湖南省邵阳市）。洪武十八年（1383年），置五开卫于思州宣慰司南（后为黎平府，治今贵州黎平县）。二者皆属于当时的湖广都指挥使司。由于充当军户，婺源曹氏家族成员有的就葬在从军之卫所附近。例如，《曹氏本素轩创承遗绩》"世祖坟墓山场"中就记载："安六公，宗茂五子，墓湖广宝庆流水口。"

婺源曹氏为军户。在明代，军户是一种强制性的差役，从永乐年间开始，就出现了"重役"的现象，亦即强令一个军户出一丁以上或三五丁充当正军的现象。举凡一军起解，户下需要供给军装和盘费[1]。这对于一般的军户是很大的负担，以至于出

---

[1] 参见：王毓铨著《明代的军屯》下编，中华书局2009年版，第231—258页。

身歙县的官僚汪道昆甚至认为："一军出则一家敝，一伍出则一里敝。"① 汪氏为明代中晚期人，他的描述与《曹氏本素轩创承遗迹》的时代背景基本吻合。作为大户之家，为了应对军户差役，曹氏就专门设有固定的产业，供给军装和盘费。在稿本中，有"军庄壹所"的记载：

> 存军装田产一庄，土名石耳山下，名号"武农庄"，大四至：东至大容岭大路，西至溪直下，南至苦李坳坑直下通降大路，北至水坑，外抵吴春山，上至本户墩丘田基为界。于内山场竹木并众公取获利，以应门庭支给，各房毋许私取，许住庄人首实，毋得破例，责令管顾。
>
> 计开租额，庄所山场计十四亩五分（山场总类，上开明白）

这个军装田产一庄，位于石耳山下，山场计有 14 亩 5 分，其上主要种植竹木②，由"住庄人"负责看管、经营，而山林经济的收入，则用以"门庭支给"的消费。书中还详细记载了军庄的具体租额，共计 124.5 秤，其后注曰："前田租迭年收贮庄，所以备五开、宝庆二卫盘缠等项，毋使临期催迫措办，亦先人之遗式也。右项田、山来历，查看契白，至内并无外人存留。"

---

① （明）汪道昆：《辽东善后事宜疏》，见《汪司马太函集一》，载《皇明经世文编》卷 337，中华书局 1962 年版，第 5 册，第 3616 页。
② 书中的"石耳山下条段"记载："右项栏杆田内塝上，有棕木、杉木、柿木，并竹及枧，碣溪边柿木、柜木，并众存留管业"。

除了与军户相关的开支之外，家庭内部还有其他的应酬与开支。关于这一点，《曹氏本素轩创承遗绩》中有"众存地"的记录：

《曹氏本素轩创承遗绩》中的"众存地"

分类	地点	来源及用途	数量单位	备注
正基地	泗洲桥里	大六房安奉祖先		
	泗洲桥头	六房承分地	一片	
	仝处上基地	买本户各人		
	桥外新基地		一片，下上计四基，计伯[百]步	
	上园承分地			花房共
	仝处地	买户下□□天租等		
	上边该分军仓地	廿四分，该一分，大六房共买，买仲宁		
	见住基前下基园地	买户下仲相、天育等，分扒		
	石耳山下	火人地		
	上村	杨亮所住火人地		
	水口	合村祠堂地		
上村地	前山脚地一号	买曹		
	株十二前	仓地并仓一号，买曹		
	株十二前	地屋，买曹□（父祥生）	一号，四步	
	坞头溪边	塘地，买曹乌兴	一半	
大容众地	上塘坞	仓地并仓屋	二座	
	仝处	仓墙外地		

分类	地点	来源及用途	数量单位	备注
大容众地	仝处西边进门地	买江细毛	一方	
	仝处正基地	买江士众等		
	大容岭下地	买浯村①汪培	十五步	本房一分，长林房一分
石耳山下地		仓地，火人地	一片	
小琏地		洪细犬住右仓楼地并屋一间，买洪伯远	地四步	
	仝处	仓后空地，买曹天荣	四步	
	住前右边	仓一间，地四步，买洪伯志		
		洪德兴地屋一半，见汪祥住		无租，花共买，系二分，本家买一分，买洪德兴
		黄祥住左塝下地仓一间，祖墙六步半，天祥二步，厕在上，买黄祖祥、黄天祥		
	前山脚	菜坦	一所	买陈□
开化地	坳脚并坳头	店屋		俱系田亩
	坳头	仓地，买	一片山开	
	上潘	住地	一片，三分之一	买伕生兄弟
	下潘	地	四十八步	买潘舟右
	木李坑上下	地基	四分之一	买曹仲、曹铖

---

① 浯村在大畈西南 2.5 公里的浯溪北岸。

上述的众存地，广泛分布于上鳙、大鳙山、石耳山、小琏以及开化等地。对"众存地"的记录之后，文中注明："右项各庄所地，如有对换移易，并三房公同，毋许私行殉意，以伤其义。"从中可见，与曹仲杰、曹翰麟父子相关的曹氏家族支派，属于"大六房"。其中，除了"本房"之外，至少还有其他的一房为"花房"。另外，"长林房"是否亦属其中不得而知。在分家时，仓地、祠堂存众。当时，曹氏在合村的水口处建有社坛、祠堂。

由上表可见，在石耳山下有多处的"火人地"。另外，《石耳山下吴家住后图形》中还出现了"火人屋"和"火人地"。《泗洲桥头承分并买地》图中，亦见有"火人陈旺住歇"。这些都说明，在日常家居及山地开发中，曹氏广泛使用了庄仆经营。

在上表对"开化地"的记载中，开首便曰："坳脚并坳头店屋，俱系田亩。"可见，曹仲杰等应在开化开店设铺。而从稿本的其他记载来看，无论是仓地、

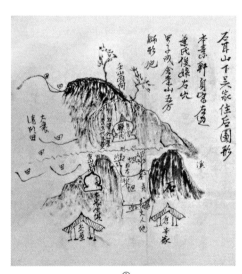

"本素轩身宫"[①]及周遭示意图

① "身宫"即坟茔，在徽州府的其他县份，亦作"生宫"。

住地还是其他的地，都是通过出资陆续购买而得。关于这一点，还可以从书中提及的"寄庄"加以证实。《曹氏本素轩创承遗绩》序中提到曹仲杰"起业开化，寄庄田产"。所谓寄庄，是指其人在本籍以外置备土地，设庄收租。石耳山一带地近开化，一向就有婺源人在当地置产。在《曹氏本素轩创承遗绩》中，有"成化十四年种山老合同开数"的字眼，成化十四年为1478年，可见曹氏在开化的活动已将近百年。在稿本，还特别列出嘉靖十一年至十八年（1532—1539年）曹氏在开化购买山场的记录。此外，另有"江东坑桃树坦田早晚租"的记载：

> 买程景六租四十四秤；
>
> 对买曹珪十六秤；
>
> 买上汪崇福四秤；
>
> 买方世保四秤；
>
> 买方世高十四秤（小名菜地坞）；
>
> 买对方世云十三秤（小名金竹岭）；
>
> 开佐约十秤；
>
> 买方世金西边十秤。

上揭的"江东坑"位于开化，以上共计115秤。此外，"大坑田租额"有22秤，"下潘租额"有26秤，"上潘门前"有7秤，坳头横坑山脚6秤，横坑吟家坞5秤。这些，应当也都在开化。如果确实的话，则合计也有66秤。加上前述江东坑桃树坦田的早晚租，共计181秤。这些收入，都来自对开化的山地开发。在上述的租额之后，有一段说明："右前项桃树坦、达坑、下潘、上潘、横坑五处田亩租谷，迭年作平谷，称付种山人，量其工力，执一占咨，亦不可徒费钱谷，互众收贮，不可推捱徇私（？），能存公正，后人效之。"可见，对山地的开发，利用"作山人"代为经营。当时，曹氏在开化的经营活动，除了前述的开店设铺之外，主要就是种山植树。"种山田亩条段租额，计开开化栽种杉苗，或拈山，或掘山，以备各山支给，勿使荒芜，花搭迭年，依时称付作山人食用，拈作无间，自然获利，不必当差。迭年须要掘开火路为先务，亲自行看点检"。由此看来，明代婺源人前往开化的经营活动，也是栽种杉苗。至于开发的方式，最先是"掘开火路"，亦即在荒山野岭，通过放火烧荒烧出一条路来 ①。

三、曹氏家族的社会生活

《曹氏本素轩创承遗绩》中，还有一些反映家族社会生活的内容。从家族的开销来看，除了供军户的部分开销之外，还有其他的几项开支：

---

① 在皖浙山区，此种开垦模式颇为常见。乾隆《婺源县志》卷4《疆域七·地产》中就引旧府志："祁门知县桂天祥议曰：本县山多田少，民间日用，咸赖山木，小民佃户烧山以便种殖，烈焰四溃……。"编者按语称："婺邑山木之利弊，正与祁同。"（清乾隆五十二年刊本，第370页）

1. 门庭应酬

曹氏的各类应酬

用途	支出	具体做法
清明祭拜	家庭取军庄内浮租5秤	"三房轮流支谷,买办三牲酒礼,公取公用,三分均分,庶子孙知有其本而不忘也"
读书子孙入学	每年与平谷20秤	"不拘人员,每人贴灯油,三年为述""平取军庄浮租谷给付,奖其勤读显科,以慰吾心之愿望也"
众门庭送往迎来		"各项支应,于军庄内或生(?)财有道,及竹木获利(?),取而用之,枝下毋得猥吝,贤□[智]举而行之,毋许私愿,武农庄……"

曹氏因是大户之家,备有专门的军庄因应军户差役,军庄所入,显然足以因应差役并有结余,故而得以利用这些结余开销其他的应酬,这些应酬主要包括清明祭祀、子孙入学和乡族间的迎来送往。

《曹氏本素轩创承遗绩》中有"祖居正地"图,其上有"奉先"楼屋。"众存地"中,则有"正基地泗洲桥里大六房安奉祖先",契白上另有合同。《曹氏本素轩创承遗绩》"世祖坟墓山场"中提及:"存坟面前段路边田四秤,标挂去者祭坟食用,不论分范,去者同用。"开化江东源呈庄段下山的媳妇坟,"坟左臂外存田三秤,以作迭年祭墓标挂者之用"[①]。另外,书中还指出,"众存田地山"的田产,也作为墓祭的开支:

---

① 书中有一图,为"开化江东源呈庄段图形/下山蛇形,媳妇坟"。

田四秤，石耳山下门前路边，存去山下坟：

迭年挂纸祭祀，去者食用，计开：鸡一斤半；亥，二斤半；鸭，……；豆，……；饭，……；粿；油灯；纸；酒；内十斤，与……

田三秤，开化江东源呈庄段坋畔存去，迭年挂纸祭祀，去者食用，计开，坋墓开前：

肉，一斤半，计一秤；干鱼半斤，计五升；豆伏［腐］三升；

饭，四斤；果，二斤；酒，四壶，计八斤；

纸，三斤，计一伯［佰］张；油盐，二斤；鸭子十介，计七斤；

仍余谷十斤，与支应佃田之家，以劳其工。

大□清明该一名半。

每名熟肉，豆伏［腐］，酒。

上揭记录了清明挂纸时的相关食物，开列得井井有条。类似的记载，也见于明代的《窦山公家议》。此外，"读书子孙入学"主要是为了培养子弟读书，一定程度上反映了徽州人"贾而好儒"的特色。而"众门庭送往迎来各项支应"，则是应对各类应酬。

2. 古玩收藏

《曹氏本素轩创承遗绩》中，记录有"本素轩古器"，反映了这个大户人家的收藏：

曹家的收藏

古器	件数	价格	备注
大古铜香炉（并花瓶）	1 付	10 两	
次大古铜香炉	1 付	5 两	
古铜宝鸭	1 个	5 钱	
古铜八角鹿	1 对	8 钱	
古铜香孩	4 个	5 钱	
古铜小香炉花瓶	1 付	8 钱	
铜投壶	1 只	8 钱	
银相竹酒红盏	1 付 12 个	4 两 8 钱	
银相筋	2 巴 [把]	1 两	
银相螺奠 [钿] 六角钟	2 个	2 两 5 钱	
银相钟	2 个		
海螺杯	1 个		
雕漆碗	1 个		
雕漆盏盘	1 个		
度 [镀] 银相盏	1 个		（玳瑁）
大食箱	1 个		
大满堂红	1 对		
小满堂红	1 对		
暖轿	1 乘		花房相共
凉轿	1 乘		
祭盒	1 担		

此外，文中还提及："漆椅凳棹轿浮家火不开""锡器分开"，

应当是指还有一些器物未曾列出。

上列的"本素轩古器",前十项皆标注有价格,属于较为珍贵的古玩。在明清时代,徽人之家购置古玩,有着一些实用性的目的,亦即在祭祀、修谱等重要的场合,通常需要陈设古玩。与此同时,"雅俗之分,在于古玩之有无"[1]的观念可能由来已久,在这种背景下,古玩也是区隔雅俗品位的一种标志。[2]

此外,以上所列物品中有"暖轿"和"凉轿"两种。一般认为,明代正德、嘉靖以后,乘轿逐渐成了流行社会的一种时尚[3]。上鳙一带虽僻处婺源东乡的崇山之中,但曹氏家中还是备有两乘轿子,这当然也从一个侧面反映出作为"炫耀性消费"的轿子,在明代社会普及的程度[4]。

---

[1] (清) 吴其贞:《书画记》卷 2 "黄山谷《行草残缺诗》一卷"条,辽宁教育出版社 2000 年版,第 62 页。

[2] 巫仁恕在《品味奢华:晚明的消费社会与士大夫》(台湾"中央研究院"、联经出版公司,2007 年版)第五章第二节中,曾以徽州为例,讨论"大众的家具消费",其中,利用了上海图书馆皮藏的《吴氏分家书》《吴尚贤分家书》以及《徽州千年契约文书》收录的《孙时立阄书》《休宁程虚宇立分书》《余廷枢等分单阄书》五例。不过,关于这方面的讨论,因其所据样本有限,故仍有待于进一步收集相关文献。

[3] 巫仁恕:《品味奢华:晚明的消费社会与士大夫》第二章《消费与权力象征——以乘轿文化为例》,第 67—118 页。婺源人余定广(1411—1473)"输赋金陵,买妾还,后竟归之母家,而不责其妻。性趹弛,跨一骑往来族里中,博弈终日,居前有上马石,乡人犹曰马石云"。无论是"好驰马"还是对乘轿的爱好,都与明代前、中期的社会风气密切相关。

[4] 婺源济溪游震得的《震得公兄弟分书》中提及:"戊字阄门路外空地壹步,为便轿出入。"可见,到十六世纪中叶,婺源一带绅商建造房屋时,轿子出入就成为必须考虑的一个重要因素。

四、余　论

1.《曹氏本素轩创承遗绩》一书，是内容比较丰富的一种明代分家书。从序文来看，《曹氏本素轩创承遗绩》中的"创承"，是指"创业守承"，而其渊源，应来自《孟子·梁惠王下》之"君子创业垂统，为可继也"。继者，承也。"创业垂统"，意为创建功业、流传于后世，此一说法，在徽州的分家书中时常可见，毋须像以往的思想史研究者那样过度解读。

老朝奉曹仲杰曾是一位私塾先生，这是婺源读书人的一种常见职业。同时，他也在开化、景德镇等地经过商，本人颇具成就感，亦具"儒商"的特色。因其积累了相当不少的资产，故而被推为三区粮长。虽然及至嘉靖年间，徽州的粮长已由明初的永充制向朋充制过渡[①]，但书中的"时事"部分，提及嘉靖十八年（1539 年）因水灾后的荒年，"本家被灾，损田一伯［百］亩"，可见，此一粮长之家拥有的土地要超过一百亩，这从一个侧面反映了曹氏一家的财产规模。

《曹氏本素轩创承遗绩》中的"记事"部分[②]，涉及赣、皖、

---

① 关于粮长，参见梁方仲：《明代粮长制度》，上海人民出版社 2001 年版；汪庆元：《明代粮长制度在徽州的实施》，载《中国经济史研究》2005 年第 2 期。

② 揆情度理，分家书的前言，需要对家族产业的由来脉络作一概述，为此，主持者在日常会留心对个人一生作简要记录，以便作为未来撰写分家书前言时的基本资料。例如，此前发现于徽州歙县的《德润公遗嘱》（见抄本《丹阳谱》），就有有关元末明初史事的大事年表。

浙边境地区在十六世纪中叶的社会治安状况，特别是有关大鳙巡检司设立的背景资料，具有重要的学术价值。书中有关婺源大户之家社会生活方面的内容，也从一个侧面反映了正德、嘉靖年间徽州社会的变迁①。此外，其中涉及的军户问题，也颇值得进一步探讨。

2. 作为一种分家书，《曹氏本素轩创承遗绩》也为我们探讨明代分家文书体例的变化，提供了一个较好的例子。

16 世纪是徽州社会发生重要变化的时期，万历《歙志》曾将当地的风俗变迁比喻成一年四季的变化，在作者眼中，16 世纪前、中期的正德、嘉靖年间，被他形容为春分以后、夏至之前的季节，"出贾既多，土田不重，操资交捷，起落不常，能者方成，拙者乃毁，东家已富，西家自贫，高下失均，锱铢共竞，互相凌夺，各自张皇，于是诈伪萌矣，讦争起矣，芬华染矣，靡汰臻矣"。这种描述，虽然是指徽州核心地区社会状况的剧烈变化，但也在一定程度上反映了婺源一带的变化。此一时期迄至明末，徽州社会始终处于一个变动不居的状态，族谱、宗教科仪②、分家文书的体例等也呈现出动态的调整趋势。

以分家文书为例，在徽州，目前所见最早的分家书文本见

---

① 稍早的婺源人余定广（1411—1473），亦曾担任粮长，其人"所居室必涂以漆，几席什器，必求精备"（《十二世祖爱竹公小传》）、"室宇有序，器用精备"（《追述曾祖良二府君行迹》）。但未有更为具体的描述。在这方面，《曹氏本素轩创承遗绩》提供了一个具体而微的例证。

② 参见王振忠：《明清徽州的祭祀礼俗与社会生活——以〈祈神奏格〉展示的民众信仰世界为例》，中山大学历史人类学研究中心、香港科技大学华南研究中心主办《历史人类学刊》第 1 卷第 2 期，2003 年 10 月。

于南宋 ①，是哈佛燕京图书馆所藏的沱川余氏之分家书，这当然反映了徽州分家书的早期形态。此一分家书保留下的序文，也讨论了"创业"与"守成"的关系 ②，这与《曹氏本素轩创承遗绩》颇为相似。此一现象亦说明，"创业垂统"之类的表述，与明代中叶以后徽商之崛起并无直接的联系，不能做过度的诠释。

现存的明代分家文书较之前的时代在数量上更多，这些文书，受到了学界较多的关注 ③。综观这些明代的分家文

---

① 美国哈佛大学燕京图书馆藏有"《婺源沱川余氏族谱》"（T2252.8/1389）1册。对此，笔者认为，此书并非严格意义上的族谱，而是沱川余氏家族文书之辑录，故在征引时，加上引号表示不同看法。参见拙文《明以前徽州余氏家族史管窥——哈佛燕京图书馆所藏〈婺源沱川余氏族谱〉》及其史料价值》（载《徽学》第 6 卷，安徽大学出版社 2010 年版）。

② 《千九上舍公兄弟关帐序》曰："……且德忱尝闻先辈有言：创业难，守成亦难。创业之所以难者，以其备历险阻，躬履勤俭，而后得此业也；守成之所以难者，亦必熟知前人险阻之状，恪守勤俭之规，而后业可保耳。……若夫创业之难，前人已履之矣；至守成之难，方当与二弟从事于此，幸望仰体前人辛勤起家之意，各谋所以报亲之道，庶无愧于善继志、善述事之孝云。宋咸淳七年庚午七月　日承分仲字号关帐。"（见哈佛燕京图书馆藏"《婺源沱川余氏族谱》"）

③ 有关明代分家书的研究，参见栾成显：《中国封建社会诸子均分制述论——以徽州文书所见为中心》，见《'98 国际徽学学术讨论会论文集》，安徽大学出版社 2000 年版；栾成显：《〈成化二十三年休宁李氏阄书〉研究》，载《明清论丛》2001 年第 2 期；［日］臼井佐知子：《徽州的家产分割》，载氏著《徽州商人の研究》，汲古书院 2005 年版；［日］中岛乐章：《明代中期徽州农民的家产分割》，载《徽学》第 5 卷，安徽大学出版社 2008 年版；冯剑辉：《明代中期徽州盐商个案研究——〈尚贤公分书〉剖析》，载《中国史研究》2012 年第 3 期；范金民：《从分家书看明清徽商培育子弟之道》，载《安徽师范大学学报》2013 年第 1 期；康健：《分家书所见明代中期徽州山场析分实态》，载《农业考古》2016 年第 4 期。

书，与《曹氏本素轩创承遗绩》(成书于 1540 年) 最为相似的是近一百年后形成的《崇祯二年程虚宇阄书》(成书于 1629年)。后者由自叙、先世坟茔、各房分授产业、众存产业和后记组成，二者各部分的构成颇为相似，特别是自叙的部分分量较重，当事人都详细概述了个人的一生经历以及产业之由来脉络 [①]。

不过，就现存的其他分家文书来看，在明代前、中期，分家书的书写较为自由，并无固定的格式，特别是序言[②] 往往可有可无，各个部分的排列也比较随意。而从后代的情况来看，清代的分家文书则通常更为程式化 [③]。这种程式化的分家书，与晚明以

[①] 此一分家书，引起多位学者的关注如栾成显:《明末典业徽商一例: 崇祯二年休宁程虚宇立分书研究》，载《徽州社会科学》1996 年第 3 期；汪崇筼:《徽州典当资本的增殖: 以家庭为例》，载《中国社会经济史研究》2004 年第 4 期；郑小娟:《尝试性分业与阶段性继业——以〈崇祯二年休宁程虚宇立分书〉所见典当资本继承方式研究》，载《安徽史学》2008 年第 2 期；王裕明:《明清商人分家中的分产不分业与商业经营——以明代程虚宇兄弟分家为例》，载《学海》2008 年第 6 期。

[②] 管见所及，最早的明代分家书为洪武年间婺源的《仁斋公阄书序》:"初吾成立，早失汝大父。值乡俗薄恶，所承基业，几罢于讼。继而连历兵革，陵谷变迁，吾本分守己，辛勤积累，克完旧毡，所增倍蓰，皆由吾祖宗积德所致。今年登耄耋，理宜立帐匀分，各自供解，庶无偏狗。汝兄弟虽见成立，当念连枝之同气，持九矢以为心，尤宜知河海之起于细流，太华之积于培塿，扩充前业，视吾有光，是至望也。汝曹勉之!"(见哈佛燕京图书馆藏"《婺源沱川余氏族谱》")

[③] 明万历二十五年 (1597 年) 福建建阳宝善堂刊行的《新锲全补天下四民利用便观五车拔锦》中，即有"分关体式"，计有"代人分关""为人作分关"和"兄弟分关"三种。参见张研:《19 世纪中期中国家庭的社会经济透视》，中国人民大学出版社 2003 年版，第 71—82 页。

后万宝全书在全国的流行 ①，以及参酌万宝全书形成的徽州村落日用类书之普及密切相关 ②。关于这一点，也有待于今后进一步的深入探讨。

---

① 《五车拔锦》卷 24《体式门》，见日本酒井忠夫监修《中国日用类书集成》第二卷，汲古书院，平成十一年（1999 年）九月发行，第 402—406 页。

② 参见王振忠：《清代前期徽州民间的日常生活——以婺源民间日用类书〈目录十六条〉为例》，载陈锋主编：《明清以来长江流域社会发展史论》，武汉大学出版社 2006 年版，第 675—726 页。

区域社会史脉络下的徽州文书研究

"立会补约"：清代前期一个徽州乡约的运作实态

  乡约是北宋以后被普遍推广实施的一种民众组织，一直受到学术界的高度关注。早在 1935 年，王兰荫就撰有《明代乡约与民众教育》一文，对乡约之法，乡约与社学、保甲、社仓之关系，以及乡约之流弊、与民众教育的关系等，都做了初步的探讨[①]。1937 年，杨开道著有《中国乡约制度》一书，颇为全面、系统地探讨了传统的乡约制度。在他看来，传统中国乡治理论之发展，大致经历了四个阶段，即乡约、保甲、社仓、社学单独发展的理论，乡约、保甲、社仓、社学分工合作的理论，以乡约保甲为主、社仓社学为辅的理论，乡约为纲而虚、保甲社仓社学为目而实的理论[②]。此后，专门研究乡约的著作主要有牛铭实的《中国历代乡约》(中国社会出版社 2005 年版)、董建辉的《明清乡约：理论演进与实践发展》(厦门大学出版社 2008 年版) 等。

---

① 《师大月刊》第 21 期，中国科学院国家科学图书馆藏抽印本。
② 杨开道：《中国乡约制度》，"乡村服务参考资料"，山东省乡村服务人员训练处，1937 年版，第 250 页。

这些著作，也都梳理了乡约发展的历史脉络。概括说来，他们大都认为：乡约具有教化、救助、行政和司法等职能。明代是乡约发展的鼎盛时期，当时，乡约从理论和实践两个层面都有所发展。在理论上，明代的黄佐、章潢、吕坤、刘宗周和陆世仪等人，在吸收前期乡约发展成果的基础上，提出了乡约与保甲、社仓、社学相结合的新构想。而在实践上，明代乡约完成了从区域性到全国性、从民间性到官方性的转变，此一转变，使得乡约由一种自发性的民间组织蜕变而为官治的工具。及至清代，乡约从总体上发生倒退，以圣谕宣讲为中心，缺乏必要的物质生活基础。①

　　而关于徽州乡约，早在 1990 年，陈柯云和日本学者铃木博之不约而同地发表了研究徽州乡约的学术论文②，分别分析了徽州乡约之出现及其特点。此后，卞利在《明清时期徽州的乡约简论》③一文中，更为细致地考察了徽州乡约的形成与发展、徽州乡约之基本类型及其运作形式、徽州乡约的功能与作用等。关于徽州乡约的基本类型，他指出：从参加者的身份上看，徽州乡约

---

① 厦门大学出版社 2008 年版，第 1 页。此外，还有一些研究民间社会与乡村组织的论著，亦曾涉及此类研究。如王日根：《明清民间社会的秩序》，岳麓书社 2003 年版。萧公权：《中国乡村：19 世纪的帝国控制》，联经出版事业公司 2014 年版。另有博士学位论文亦涉及于此，如马馨：《明清时期乡约运行机制研究》，南开大学 2015 年博士学位论文。具体的研究动态，尚可参见朱鸿林：《二十世纪的明清乡约研究》一文，载《历史人类学学刊》第 2 卷，2004 年 4 月第 1 卷。

② 陈柯云：《略论明清徽州的乡约》，载《中国史研究》1990 年第 4 期；［日］铃木博之：《明代徽州府の郷約について》，载《山根幸夫教授退休記念明代史論叢》下卷，汲古书院 1990 年版。

③ 载《安徽大学学报》2002 年第 6 期。

可分为地缘性和宗族血缘性两大类型；从乡约的功能与作用方面考察，徽州乡约可分为以劝善惩恶为主的道德教化型和弭盗防贼为主的军事治安型。而就成立宗旨而言，既有应付差徭、互助互济和发展经济为宗旨的经济型乡约，也有以保护山林、维护生态平衡、保护居住地人群利益的环保型乡约，还有以讲学和支持教育文化事业为宗旨的教育文化型乡约。这几类乡约，与会社组织有着相同或相近的性质与功能，此类乡约是会社组织的一种变异。

　　稍后，韩国学者洪性鸠发表《明代中期徽州的乡约与宗族的关系——以祁门县文堂陈氏乡约为例》[①]，文章通过分析隆庆六年（1572年）徽州祁门县《文堂陈氏乡约家法》，探讨了乡约与宗族之间的复杂关系。常建华在《明代徽州的宗族乡约化》一文中则指出：明代后期宗族借助乡约实现组织化的过程，他认为，宋以后中国宗族组织化之关键就在于明代宗族的乡约化[②]。对此，董建辉认为，"宗族的乡约化和组织化"，事实上就是建立在以宗族为单位推行乡约的基础之上，徽州地区早在南宋时期就有推行宗族乡约的案例。他也重点考察了祁门县文堂陈氏乡约，指出："它既有一定的官方背景，又借助乡村原有的宗族组织，把官方的制度和民间的力量有机结合起来。"[③]此外，黄忠鑫的《明清婺源乡村行政组织的空间组合机制》一文指出："婺源乡村行政组织以"图"为顶点，将图甲（里甲）与保甲、乡约有机结合起

---

① 载《上海师范大学学报》2005年第2期。
② 载《中国史研究》2003年第3期。
③ 董建辉：《明清乡约：理论演进与实践发展》，第210—223页。

来，构成了多种空间组合形式。"①2017 年，廖华生也发表《明清时期婺源的乡约与基层组织》一文，以民间文献与口述资料为基础，考察了明清婺源乡约与里（图）甲、村落、宗族等不同基层组织的复杂关系及其嬗变轨迹，希望藉此推进对城乡基层管理模式差异的深入探讨②。

综上所述，以往研究徽州乡约者，主要集中在乡约的功能上，聚焦于乡约与保甲、乡约与宗族之关系，而对乡约与里社（会社）组织关系之实态则较少涉及。在这方面，新近披露的《赤桥约规》③，对于清代前期徽州乡约之研究，具有颇为重要的学术价值。

一、祁门赤桥方氏与赤桥乡约

1. 赤桥方氏

祁门赤桥距高岭脚东北 7.1 公里，为祁门、黟县和休宁三县交界处，因村中建有红石桥而得名④。在明代，此处隶属祁东

① 载《中国历史地理论丛》2018 年第 3 期。
② 《安徽史学》2017 年第 6 期。另可参见廖华生：《清代蜱城的约保》，载《安徽史学》2006 年第 5 期。
③ 《清顺治四年五月至乾隆三十五年九月祁门县赤桥约规登高约条例暨登高约置产簿》，见封越健主编：《中国社会科学院经济研究所藏徽州文书类编·置产簿》第 11 册，社会科学文献出版社 2020 年版，第 175—259 页。
④ 祁门县地名委员会办公室编：《安徽省祁门县地名志》，1987 年版，第 24 页。

十一都。该处迄今仍有赤桥宝塔，建于明嘉靖年间，塔身七层，造型美观，属县级文物保护单位。

赤桥方氏为徽州著名的家族，在《新安名族志》前卷中就有赤桥方氏一支：

> 在邑东五十里。唐臣之孙曰智咏，由歙黄墩迁此。咏三世曰圭，唐仁（？）宗朝任都昌县令，里有银河赤岸，后归于水口，建亭号曰"赤桥"，官至太常礼院秘书、太常丞兼尚书事，别号"竹溪先生"。圭有三子，曰迪，曰游，曰道。八世曰孟，有隐德。十一世曰叔名，邑宰以齿德，举乡射宾。十五世曰景云。十六世曰谷仁、谷让，有孝友行，府判汪仁峰为赠《仁让堂记》。……十九世曰敬义，并输粟冠带；曰植，为肃引礼舍人；曰洪，尝御寇保乡里……①

上揭文字提及赤桥方氏的主要事迹，从中可见，方氏祖先曾为簪缨望族，因"齿德"（年高德劭）而被举为"乡射宾"，由输粟而得赐"冠带"。这些，在南京大学历史系收藏的明代《祁门赤桥方氏阄书》抄本中，有着更为详尽的描述。《祁门赤桥方氏阄书》大约形成于万历年间，其中有一份分家书之序言这样写道：

---

① （明）戴廷明、程尚宽等撰：《新安名族志》，黄山书社 2004 年版，第 129—130 页。

始祖方叔明公迁居实 [是] 地，奕世相承，传至吾父茂新公、母孺人孚溪李氏，创守基业，家声丕振，于前尤有光矣。二亲享膺高寿，吾兄弟二人生事死葬，颇尽子职，庶报劬劳之万一耳。吾配李氏，乃休阳双溪李公尚敬之女，生有五男二女。吾夫妇以子孙繁多，勤俭自持，增置产业，鼎构基宇，以为子孙资身之计。本户向蒙本府佥充粮长，是身总收两税，运解京府。继蒙劝济，输粟赈边，给帖冠带荣身。后躬解草南几 [畿]，以助南幸军饷。门户家务，悉难校举，此特大概耳。但巨细俱系亲历，艰辛 [辛] 万状，肯喜自道，无非使后人知创业之艰难，永致守成之不易矣。夫朝廷乡饮之设，所以尊齿德也，蒙县正尹洪父母老大人不次发书下召，自愧匪才，有辱荐举……

　　这份资料源自"屯溪市古籍书店"，编号为屯溪2252，显然购藏于20世纪50年代后期，或许与《清顺治四年五月至乾隆三十五年九月祁门县赤桥约规登高约条例暨登高约置产簿》来自同一地点[①]。上揭序言作于嘉靖十二年（1533年）夏月二十六日，写作者为方浩。根据其后附录的小传，其人"性敏不仕，曾输粟以助王家，钦赐冠带"。综合上述的两段史料，从其"佥充粮长"[②]、荐举"乡饮"和"钦赐冠带"来看，赤桥方氏在十一都当地属于极具势力的家族。

---

① 此一文书也来自祁门，只可惜之前的标签未见编号。
② 上海图书馆藏有明代抄本《方氏分家合同》1册，从中可见，早在弘治十九年（1506年），赤桥方氏就"见充粮长，议作三大房均管"。

在赤桥方氏阄书中，还收录了嘉靖三十二年（1553年）九月二十二日的一份合同，其中有"造店"一词；另外，万历六年（1578年）十一月初四日摽分阄单中，提及"近年续置田地店屋"，包括"七保土名申明亭南边店屋五间，见店客歙县毕孟常开四间，休宁方六十客开一间，与毕孟常相连"，可见该家族在祁门当地置有店屋，出租与他人从事商业经营。

据说，方智咏始迁祁门赤桥之后，方氏宗族的子孙繁衍甚多，从宋代开始就兴修族谱。明代中叶以来，祁门赤桥方氏宗族于嘉靖、万历、乾隆、光绪先后纂修过4次族谱。与此同时，其子孙又从赤桥分迁到徽州及邻近各地，如徽之休宁、婺源、歙县、祁门、黟县，饶之浮梁、鄱阳、乐平，池之建德、青阳、石埭，以及广信、弋阳和蒲阳等处，皆有赤桥方氏之足迹，这使得方氏宗族形成了众多的支派①。此外，分家书内还有不少佃仆活动的记载。由以上种种描述可见，赤桥方氏在当时属名门望族，具有相当的实力，这也正是在赤桥约中方氏始终居于重要地位的原因所在。

2. 赤桥约之由来及其发展

《赤桥约规》卷首有"小引"，是清初顺治四年（1747年）端阳月里人方继美所撰：

---

① 黄山市文化和旅游局编、陈琪主编：《徽州百祠》，黄山书社第557页。上海图书馆收藏的万历《赤桥方氏孟宗族谱》中，有一篇南宋淳熙十年（1183年）赤桥方友行拜序，其中提及方氏在休宁、歙县、婺源、浮梁、饶城、鄱阳和建德等地有近30支派。

古者圣人在上，民皆顺则，俗称淳庞，何道之隆欤，亦风化使然耳。夫世所慕而为善，无所愧而不为善，大率中材以上，俊秀之资也。下此而田野山泽之氓，不知善之可为而必为，不善之不可为而不为也。必使之所有〔有所〕慕且有所劝，而后善心生。善者，盖自勉于善，尤必使之有所愧且有所畏，而后不善之念沮。不善者，盖所以自安于不善。然而风俗之成也，下之人收其效。教化之行也，上之人闻其先。圣人知其然，是以内而国都，外而乡鄙，莫不时以木铎询于道路，胥训告，胥教诲，时而比觥挞记，以示劝激，后世因之。乡有约，约有所，择正、副以主其事，而又有常贮以供其费，所以广教化，励风俗，甚盛典也！所从来旧矣。

撰写小引的"端阳月"，亦即农历五月。这一段文字首先提到教化对于民间风俗的重要性，并指出：乡约设正、副主事，有常贮以提供经费。这些，对于风俗、人心皆具有重要的意义。《赤桥约规》小引接着指出赤桥一带乡约之构成及其演变：

吾乡方、胡、汪三姓，实共为约，主约事者，向有其人，咸兢兢以善乡劝行为务，故其民秀者习诗书，朴者力田亩，莫不欣为之，慕怀不善之愧。约之为功于乡者，亦既有其效。

再接着，《赤桥约规》追溯了祁门县推行乡约的历史：万历年间，祁门县"刘侯雅志扶俗，深念约无常贮，给银九两，买谷三十石，贮约生息，冀备不时讲约、赈饥之需"。及至崇祯年间，应当是因为其时国家财政捉襟见肘，县令"樊侯查提先年刘侯所给银两，解部国用"。根据小引的记载，当时，"士民相率慕义，各出者尚存稻谷四十二石，半为贫户贷欠逃亡，半为因兵搬散，仅存虚数"。由此可见，从最早官府出银9两买谷30石，到此时的42石，除了因为贮约生息而增加的谷数，同时也与士民的"各出"有关。但这些谷子，却因明末的动乱而损失殆尽。

《赤桥约规》小引接着说，明清鼎革之后，经过数年的休养生息，官府"慨然以广励风俗为己任，进各乡父老，申明乡约，约正、副有缺者，选士民之耆老而行谊者补之"。于是，公举数人为约正、约副，又随力乐助约谷20石作为常贮，并请申严条例，"自今以往，有善约举之，举使知慕也，勿汝隐；有不善约书之，书使之愧也，勿汝怒。然则人怀有自爱之心，家鲜不肖之行，重廉耻而畏犯法，敦长厚而远浮薄，古道之隆，未必不由于此。"这些文字，仍着眼于道德教化。

清初在祁门推行乡约的时间应在顺治四年（1647年）。关于这一点，抄本《祁门誉契簿》①中，有一份文书也有类似的说法：

> 三四都一二图汾溪约七排立合同文人康自新、余安序、余嘉训、谢廷光、金尚仁、谢汝善、王大用，原万历廿六年，共领前任刘爷社仓□□□□六两正，递节查取，仅存原银六两，于崇祯十一年，县主宋□□□□□约银取回助饷。

---

① 抄本1册，私人收藏。

彼时，七排眼同，将前银六两当官交兑大□库经手，库收吏余廷用及户房挂号明白，其库收令七排转付一图八甲余君胜店收贮。今奉清朝顺治四年四月，蒙县主王爷委司爷范邦佐查刷仓稻具结，本约悉照原情呈结已讫，中见并无存留等情。日后倘有再查刷，不无费用，俱系七排赔贴支使，不得独累经手之人，各无生奸、推延、躲拗等情。如临事不遵者，听守文人甘罚银一两公用，仍依此文为准。再：七排住居星散，难以聚齐。于是七排面议，各出银四钱三分，共撞三两，仍只取利二分算，拈阄收领，俱于递年端午日齐临领银之家，将利息取义，倘不足，均派、均补毋词。如有侵尅，公罚理论，神明鉴察。今恐无凭，立此合同七纸，各收存炤！

　　顺治四年四月廿六日　　立合同文约七排乡约

　　　　　　　谢廷光　号　　余安序　号　　余嘉训　号

　　　　　　　　　　　康自新　号　　金尚仁　号

　　　　　　　　　　　王大用　号　　谢汝善　号

　　此份文书较《赤桥约规》所述更为具体和细致，其中明确提到万历二十六年（1598 年）领取社仓银 6 两。根据该份文书后的"附誊"所示，"买稻备赈当结，以旧换新，并不生利，送取助饷煮粥，备赈济饥"。并提到崇祯十一年（1638 年）县令取回银两助饷，此后，"仓内即无余贮。每遇查刷，系乡约苦赔"。及至顺治四年（1647 年），三四都一二图七排各出银 4 钱 3 分，这应当也是为了购买约谷，以为常贮。此种情形，与《赤桥约规》小引提到的情况基本吻合。

二、从《赤桥约规》看祁门乡约的具体运作

《赤桥约规》中有一份文书：

> 高登约今奉县主新颁约簿，今各约签报约正、副等役，本约已报在官，共议约规，同心插［歃］血，各宜遵守，俱要奉公守法。如有怠慢致误公事及狗私等情，量事轻重议罚。倘执拗不服，众呈官理论，不致坏规，以成永远约议，庶不负新立约会之意也，谨立条款为照。

此文书落款于顺治四年（1647年）五月初一日，这也从一个侧面反映了清初在祁门重建乡约的具体时间。兹将其后的署名列表如下：

高登约的组成

族姓 角色	方	胡	汪	其他
约正	方知谊			
约副		胡渊	汪于洋	
会正	方志翔			黄
约赞	方世显、方志庆、方廷对、方登云、方有则、方有声	胡奇		
约讲	方	胡		
纠约	方仪	胡岩明	汪、汪	黄、黄文潮

由上表可见，"高登约"计由四姓组成。其中，方、胡、汪是主姓，个中方姓又占绝对优势，这当然与方姓在赤桥当地的实力密切相关。此外，黄姓应出自赤桥西北的黄村一带，当地的黄氏原籍徽州，后迁江北的潜山县，再又迁回祁门当地。因此，在身份认同上，黄姓有时被视作"祁门人"，有时则被当地人认为是"江北人"（来自安庆府）[①]。可能正是因为这个原因，该家族在地方社会中的话语权多少受到一些影响。值得注意的是，在上表中，除了乡约内的各个角色之外，还有"会正"（亦作"会证"）。这一点，应当反映了乡约与当地同时存在的"社""会"组织之关系相当密切。

上述文书之后还列有一些"条例"，主要涉及几个方面的内容。如乡约的功能，《赤桥约规》记载："凡词讼，约内须当解纷，争劝向善，不得生事需索及狗私护党，致启衅端。如有不公以坏约规，公罚无词。"该条例规定，举凡民间发生纠纷，在打官司之前，首先要经过乡约内部的调解，这涉及词讼及其调解，也是乡约的一大职能。再如讲约，《赤桥约规》记载："凡朔望宣讲圣谕，执事之人供给酒饭，听讲之人各给茶饼一双，执木铎加茶饼一双。"此外，抄本还较为全面地规定了乡约的具体运作，以下分别加以论述：

1. 约谷储备

《赤桥约规》记载：

---

① 刘伯山：《徽州谱牒的遗存与整理》，载王振忠、刘道胜主编：《徽州文书与中国史研究》第二辑，中西书局2021年版，第200页。

约内原于万历年间奉县主刘爷着令各约议立常贮社仓，蒙发官银九两，是方、胡、汪三姓朋领。后因崇祯十二年间奉县主樊爷票，提原领官银，本约上讫所有库收印票二纸，胡、汪共票一纸，现存为照。方姓库收印票一纸，因遭兵变失落，今方姓愿输银四两五，银付众公贮，以备本县行查使用无词。

该段文字是在追溯前明乡约与社仓的历史，其中提及官银 9 两，虽然是方、胡、汪三姓朋领，但从方姓"库收一纸"（银 4 两 5 钱）来看，另外一半当由胡、汪二姓认领，这一点，显然也折射出方姓在赤桥约中居于主导地位。《赤桥约规》接着指出：

约内众姓乐输民稻，已曾支出济饥，又已支出讲约费用，除支之外，仍存稻四十二石，于明季边爷还过结状，告有印簿为据。其谷且系人上借贷，屡年兵荒未还，存者亦因时变搬散，以致颗粒无存。又于清朝顺治三年，奉县主王爷票查各约余稻，本约不敢抗拒，只得遵前任边爷还过结数，又还结状，在官告有照批为凭。此项如本县行查取用，各姓照原领数目清理，不在新议帐内。

此处指出，社仓稻谷主要用于赈济饥荒，以及支付讲约费用。当时，除了上述开支之外，还存有稻谷 42 石。不过，后来因明清鼎革之际的诸多变故，最后是颗粒无存。及至顺治三年（1646 年），县令开始清查祁门各约的余稻。为了应对此一查核，赤桥约内四姓决定共同捐输稻谷：

> 约内毫无所有，或蒙上台清前仓稻，或蒙县主按临讲
> 约，或本约朔望宣讲，支费浩繁，又兼时事多艰，无所措
> 取，难以支撑。今四姓合议，共输田租一百秤，将谷利以为
> 递年支费。除支外，余剩贮匣积蓄，续产无词。

当时，四姓合议，共同输田租 100 秤，并决定将这 100 秤出
粜产生的"谷利"，作为逐年讲约之开支费用。

2. 捐输田租

乡约要求约众乐输田租。对此，《赤桥约规》"条例"中，就
记录了有关田租的来源：

> 乐输田租，方姓公议输田租四十秤，胡姓输田租二十秤，
> 汪姓输田租二十秤，黄姓输田租二十秤，共计实租一百秤，入
> 约以备约事。俱要腴美之田，倘有瘠瘦，佃户交不足数，望出
> 田之家补足无词。其田租，各姓着令佃户送至管年之家交纳。

方姓乐输的田租最多，是其他三姓的一倍。田租逐年"眼同
经收，不得任田户拖欠，倘遇大歉之年，听众议监让，不得狗
情"。"条例"还规定："租四姓轮收，方收两年，胡、汪、黄各收一年，
其谷照时价，七月中元预兑价银一半，余至九月重阳日算帐［账］
兑完，分毫不许借欠物抵押，等情。如违，罚银一两公用。"从书
中收入的卖契，可以看出乡约田产之来源及其购置状况：

乡约田产之来源及其购置状况

契名	年代	事主	土名	租额	受主	备注
输契	顺治四年七月	汪传耀	住后坞	硬租 3 秤	登高约	
卖契	顺治六年七月初八	朱得孙	角园	硬租 15 大秤	登高会	
			六亩丘	硬租 10 秤 18 斤 +12 秤 20 斤		
文契	顺治七年九月十四	方志翔	里坞口	硬租 4 小秤	高登会	
卖契	顺治九年八月十二	方有祯	黄进坑	租 6 大秤	高登会	
卖契	顺治十年七月廿九	方阿汪	叶九坞	硬租 4 大秤	登高约	
卖契	顺治十二年三月初三	胡岩明	塘源	硬租 14 秤	高登会	
卖契	顺治十二年九月初九	汪汝庆	坑儿上	6 大秤	高登会	
卖契	顺治十二年十二月初四	方廷佐	塘源	租 14 秤	高登会	
			六亩丘	6 秤 19 斤 +20 秤 19 斤		
卖契	顺治十四年九月会日	汪舟	塘坞	硬租 3 大秤 10 斤，原租 5 秤	高登会	
卖契	顺治十六年九月初九	胡国望	下弯斗里	租 4 大秤	高登会	
卖契	顺治十六年九月初九	方志法	麻榨前	硬租 4 大秤	高登会	
			胡头塥	硬租 15 大坪		
			高干	硬租 3 大秤		
卖契	康熙元年十一月初九	方永教	榧树坞上	1 大秤	登高会	
			高干	4 大秤		
			漆树坞吕仙坑			

契名	年代	事主	土名	租额	受主	备注
卖契	康熙二年七月初九	胡洵	鸟儿坞	7秤	高登约会	
卖契	康熙二年七月初九	胡岩明	粉壁段	2秤	高登会	
卖契	康熙二年八月	黄元檄	稠木岭	硬租7大秤	高登会	
卖契	康熙二年八月廿一	胡有仁	黄进岸	硬租12大秤	高登会	
			茶弯	硬租4大秤		
卖契	康熙二年九月初九	方永教	呈祥坑	4大秤	登高会	黟田
卖契	康熙三年九月初九	胡洵	耳躲坞口	硬租3秤	高登会	
			苎弯	硬租6秤		
卖契	康熙三年九月初九	胡洵	庄坞口	硬租18秤	登高会	
卖契	康熙三年十一月十六	许得荣	许村口楼钱丘	5秤	登高约会	
卖契	康熙三年十二月十一	许阿杨	许村口楼钱丘	5大秤	赤桥约	
卖契	康熙八年七月初七	汪鼎新	塘坞	硬租3秤10斤	登高会	
卖契	康熙十年七月初七	汪阿韩	高干	2大秤	登高会	
卖契	康熙十年七月初七	黄文澧	石柜段	硬租4砠	登高会	
典约	康熙十三年十一月廿五	胡士仪	淡竹弯	硬租2大秤半	登高会	
卖契	康熙十七年七月	方金伦	交池坞、干田段	11秤半	登高会	

契名	年代	事主	土名	租额	受主	备注
卖契	康熙二十三年七月初七	方时扬	杏东坑	4 大秤	登高会	
卖契	康熙三十年七月初七	方本固	官路上、中乂路下	16 大秤 5 斤	登高会	
卖契	康熙三十九年九月初九	方吉臣	高岭□	硬租 8 大秤 11 斤	登高会	
卖契	康熙四十年九月初九	方润如	和尚坞	硬租 9 大秤	登高会	
卖契	康熙四十三年四月初一	方又中	石岭坞	硬租 17 大秤	登高会	
卖契	康熙四十五年七月初七	方焕文	栅树坞	6 大秤	登高会	
卖契	康熙四十六年七月廿一	方华生	黄充	硬租 10 大秤	登高会	
卖契	康熙四十九年七月初七	汪富年	黄家段	田租 6 大秤	登高会	
卖契	康熙五十年九月初九	方元肇	古楼段	硬租 6 大秤	登高会	
			叶长坑中坞口	2 秤		
			和尚坞口	6 大秤		
卖契	康熙五十二年闰五月	方鹏万	插田塝	14 大秤	登高会	坐落黟邑
卖契	康熙五十五年七月	黄耀千	箬管坞	硬租 6 大秤	登高约会	
卖契	康熙五十八年九月	方元肇	斗里看山下	硬租 7 大秤	登高会	
卖契	康熙六十一年七月	方元肇	高塘口	硬租 7 大秤半	登高	
			管坑	硬租 4 大秤		

契名	年代	事主	土名	租额	受主	备注
卖契	雍正四年七月初七	方毓生	柿木充	硬租7大秤	登高会	
卖契	雍正四年九月	汪从远	粉壁段	硬租3秤5斤	登高会	
			五亩丘	正租3秤16斤半		
卖契	雍正六年七月初七	方含五	上言坑	4大秤	登高会	
			黄充	30斤		
卖契	雍正十一年九月初九	方德辉	松合田	10大秤	登高会	
卖契	雍正十三年九月	汪友兰	七亩丘	4秤14斤	登高会	
卖契	雍正十三年九月初九	方子乔	古楼段	硬租11大秤半	登高会	
卖契	乾隆元年九月	黄雄三	下角	硬租5大秤	登高会	
批契	乾隆二年八月	黄禄祥户	石匮段箬笠坞	6大秤	登高会	
卖契	乾隆三年二月	黄相六	麻榨下	20砠	登高会	
卖契	乾隆五年九月	方际华	管坑	硬租16大秤6斤半	登高会	
卖契	乾隆二十四年二月	胡启周	麻榨前	硬租4大秤	约会	
卖契	乾隆二十六年七月	汪文辉	狭垄	硬租4大秤	登高会	
卖契	乾隆二十六年九月	胡启周	虎坑碣	硬租6大秤	登高	
卖契	乾隆三十一年十一月	张景众	里坞口	八小秤	登高会	休宁人

由上表可见，从顺治四年（1647年）七月到乾隆三十一年（1766年）十一月，赤桥约一直在购入土地，时间多集中在七月和九月，有相当不少是在七月初七、九月九日（或称会日）时购入土地。当时的受主，除了"高登会"之外，亦作"登高""登高会""登高约""赤桥约""约会""登高约会"和"高登约会"等①。从中可见，"会""约"的确是二位一体的。雍正四年（1726年）七月初七的卖契中，方毓生自称为"弟子"。此一自称颇具信众意味，这也从一个侧面反映了会约一体的性质。另外，由于赤桥位于祁门、黟县和休宁三县交界处，故当地人也到黟县境内置田，与此同时，亦有休宁人前来祁门县内买田。有些买卖具有专项用途，如乾隆二年（1737年）八月批契中卖给登高会所得之4两8钱，"系付本邑修儒学乐输公用"②。

3. 经费管理与开支

《赤桥约规》规定："本约置匣一个，锁匙三把，管年之家管匣，三姓管钥，黄姓遥远，听其央托自便。"由此描述可知，赤桥约与一般的会组织相似，置有约匣。举凡支用，必须四姓公议，不可乱动分毫。如有私相授受及滥用等情况，除不为众姓认可之外，还要公同罚银1两。当时规定，每年七月十五的"兑银日"以及九月初九的"算帐〔账〕"日子，管年之家要备办猪

① "登高会"在祁门、黟县一带并非个案，《清康熙五十二年九月至嘉庆六年四月〔黟县〕舒氏置产簿》中，就有乾隆十九年（1754年）前后的"登高会"。（见封越健主编：《中国社会科学院经济研究所藏徽州文书类编·置产簿》第13册，第20页）

② 封越健主编：《中国社会科学院经济研究所藏徽州文书类编·置产簿》第11册，第242页。

肉 2 斤、牛肉 2 斤、豆腐 2 斤、酒 4 壶以及每人米饭 1 小升。其余约内公议约事，会首之家只备一看一菜供给，"茶饭俱系约认，不得过费"。

《赤桥约规》对于约银之使用还作了具体说明：

> 今时值多故，匣不可贮银，恐致有误。每年轮该管匣之人，务要浼中，访定的实卖主，至九月九日清兑谷银，已及除公务用外余银，即日照时价买田，取契入匣。如不能即觅卖主，必要管匣之人，将自己的实田骨，照时价立契，出卖入匣，将银领出，容后觅有得田，再买有田，许其□出己田。如过丰年，永不许换。所有东道约内人众，不能作东，不论价目多少，每十秤价可拨银五钱，与中人三钱，卖主二钱，以作酒食、中人之用。如有田低数目不足，及有重复交易等情，管匣经手之人赔补无词。其法只行五年，后再议。其谷价银若原银不动，免利。如不系原银付众，按日照例申息。

约银应随时购买田地，这主要是为了置产增值。如果一时找不到合适的田地，管匣之人要将自家名下的田产，按照时价立契出卖，将卖契归入约匣，领出之银随时再买田地。并规定："今初立约事，恐用浩繁，不能立常贮，自顺治四年起至五年九月止，遇公使用，仍是四姓照股朋出，不得支动新立约银。"

三、赤桥乡约运作的成效

关于赤桥乡约的运作成效,《赤桥约规》中有后续的记录:

立交盘赤桥约正方知谊、约副胡渊、汪舟,自清朝革命以来,时事多艰,未遑举行乡约,其明季约正、副悉皆故老。考约内所存士民乐输备赈之需,半为贫户拖欠逃亡,半为兵火搬散,约内常贮毫无。所有顺治五年县主王爷着各乡主报约正、副申明讲约,本约斯文父老举谊等为约正、副,特以约内空乏,不能作无米之炊,随率方、胡、汪、黄四姓,共乐输田租一百秤,以五年为的,将五年内所收之租,除约事费用外,买产以为常贮,定期九月九日清算,因名"高登会"。谊命不辰,既遭土贼叛乱,又值春、戴二将军统兵住扎本境,历尽艰俭〔险〕,兢兢支撑,不敢妄动毫厘。幸逢一周,□逢县主张爷讲约化民,名清、齿德兼优者任之,以广励风俗。今斯文父老,公举约正方继美,约副胡渊、汪继春,各将所输本各归还各姓,而所置之田及各姓典租并人上欠帐,清盘与新约正管理,以作约内常贮。后之执事者,协力营运而扩充之,毋负立会补约之盛举也。惟实望之,立此交盘约簿二本,新、旧约正各执一本存照。

由文中可见，清初的讲约始于顺治五年（1648年），约正、约副管理乡约事务，以五年为一个周期。他们组织了方、胡、汪、黄四姓，共捐输田租100秤，用于开支约事费用，并购买田产，每年于九月九日重阳节时清算账目，故称"登高会"。及至顺治十年（1653年），约内斯文父老共同推举了新的约正、约副。因前此五年运作良好，故将四姓各家所输本钱归还后，还对当时的约内财产做了全面的盘点。交盘簿册一样两本，"新、旧约正各执一本存照"。

旧约与新约之交盘是在顺治十年（1653年）七月廿四，在契约上画押的有旧约正方知谊，旧约副胡渊、汪舟、黄钟，新约正方继美，新约副胡渊、汪继春，新约纠方继纶、胡岩明。此外，还有"会证旧约纠"方仪。在这里，旧约纠之所以冠以"会证"一名，显然反映了约、会一体的本质。值得注意的是，这里提及的"立会补约"，画龙点睛地指出了登高约会的性质，亦即由乡约置产为登高会，以会组织的收入支持乡约之运作。

事实上，在乡约运作中，登高会也是以民间会、社组织中各姓入股朋充的方式，以应对诸多的外部兴作。例如《赤桥约规》中提及：

> （乾隆）卅五年二月廿四日，出县，廿八日本县高老爷发社仓谷。
>
> 社正十东都土坑、洪宅、胡宅、茶坑口、兔溪口五姓分领，系串名洪裕浩。
>
> 社副登高约，因无姓，官不允，是以添一"方"字。

此仓谷人计五百二十。

因方、胡、黄三姓人未齐到，是以方绍周、汪云青、方士钦、胡文齐四人先领谷三百一十八石，共具领状一纸，仍有分领数目粘单一张。

"登高约"所属的祁门县十一都一图六甲、一甲、二甲、四甲，二图一甲、八甲四姓串名"方登高"，与十东都土坑、洪宅、胡宅、茶坑口、凫溪口五姓串名"洪裕浩"，共同组成为一个更大的"社"，合建有一个社仓。从上揭文字来看，当时的县令拟发放给"方登高"约的社仓谷为318石。不过，由此后"方登高"所立的"领状底"来看，祁门县令发下的实际上是社谷银：

具领状社副方登高，今领到大县台下社谷银三百十八两正，是身等承领出生息，遵造五年例满，请禀另召，于中不敢冒领，所具领状是实。

乾隆三十五年二月　日具领状社副方登高

粘单底，社谷银分领数目于后，保领人方绍周押

方绍周，领银一百两正，汪云青押

方律文，领银一百两正，方律文押

汪云升、汪青芳，共领银八十两正，贡生胡文学

　　　　　　　　　　　　　生员方士钦押

胡文学　领银三十八两正，此宗文学未到，系胡潘臣代，是以胡潘臣写有领约一纸，在方士钦处。

可见，当时发下的是社谷银，其标准是一石谷子发放一两银子。为此，"用手本面禀底"：

> 具禀生员方士钦、子民、方绍周、汪云升、汪青芳等，禀为禀明事。蒙谕承领仓谷，但所发银两，斯时新陈不接，兼之谷价高昂，且生等住居乡间，无从采买，今岁不能出放，莫由生息，前曾禀明宪天，蒙谕明春出放生息，为此，伏乞宪天批示遵行，上禀。
>
> 因仓谷未发，请候发清批出。

此一禀底指出，因官府发下银两的二月间，适逢青黄不接之时，再加上赤桥一带地处乡间，无从采购谷子，所以没有办法马上采买仓谷，并进而贷出生息。根据前引顺治十年（1653年）的记载，一两银子可以典到两秤谷子①，一秤为20斤②，二秤不过

---

① 《清顺治四年五月至乾隆三十五年九月祁门县赤桥约规登高约条例暨登高约置产簿》载："一、典黄淑和租十六秤，本银八两，赎讫；一、典方上之租二十七秤，本银十三两五钱；一、典胡明卿租八秤，本银四两。"（封越健主编：《中国社会科学院经济研究所藏徽州文书类编·置产簿》第11册，第190页）

② 雍正四年九月汪从远卖契曰："立卖契人汪从远，今有田二备，坐落六保土名粉壁段，系用字　号，……计硬租三秤零五斤。又取四保土名五亩丘，……计正租三秤十六斤半。共计硬租七秤零一斤半……"（封越健主编：《中国社会科学院经济研究所藏徽州文书类编·置产簿》第11册，第236页）可见，在赤桥当地，1秤相当于20斤。在当地，除了"秤"外，还有"小秤""大秤"之称，顺治六年（1649年）七月初八日的卖契中，有"十二秤二十斤"的表述，（第194页）可见此"秤"可能为"大秤"，大秤则当不只20斤。

40斤。由于我手头并无乾隆三十五年（1770年）二月当地的谷价数据，但据前述推测，从市场上一两银子应当并不能买到一石（100斤）的谷子，因此，登高约需要预先将仓谷买来，然后粜出生息，以维持收支平衡或稍有赢利。

四、余　论

中国最早的成文乡约，是公元十一世纪陕西蓝田人吕大钧的《吕氏乡约》(亦称《蓝田乡约》)，其核心思想是"德业相劝，过失相规，礼俗相交，患难相恤"。及至明代，乡约无论是在理论还是实践上，相较之前都有了空前的发展。在理论上，举凡社会治安（保甲）、日常生活（社仓、乡礼）、婚丧嫁娶、乡村教育（社学）和意识形态宣讲（讲约）等，都被纳入乡约的互助、互劝范围，并以乡约来解决国家与地方的诸多现实问题。[①] 而在实践上，就表现为各地纷繁复杂的乡约形态及其活动。

2000年7月，安徽文史学者陈琪和章望南在祁门彭龙村田野考察中访得一通《申明乡约碑》。管见所及，卞利在《明清时期徽州的乡约简论》一文中首度引证了该通碑文，但他的论述聚焦于"乡约之劝善惩恶、道德教化与治安防御等功能与作用"。此前，笔者重读原碑，发现该碑文还提及：根据洪武礼制，"每

---

① 　牛铭实：《中国历代乡约》，第5页。

里建里社坛场一场，就查本处淫祠寺观毁改为之，不必劳民伤财。仍行令各该当年里□□嘉靖五年二月起，每遇春秋二社，出办猪羊祭品，依式书写祭文，率领一里人户，致祭五土五谷之神。务在诚敬丰洁，用急祈报。祭毕，就行会饮，并读抑强扶弱之词，成祀而退。"与此同时，推举约正、约副，"照依乡约事宜，置立簿籍二扇，或善或恶者，各书一籍。每月朔一会，务在劝善惩恶、兴礼恤患，以厚风俗"。接着还提及建立社学和社仓。如所周知，嘉靖五年（1526 年）是徽州大规模推行乡约的年份，当时的立意，事实上反映了明代乡约最原初的动机和性质。从中可见，乡约与里社、乡社、会社，本来就存在着密切的联系。只是后人在研究乡约时，往往多从宋代的劝善戒恶以期风俗淳厚之理想谈起，而于明代乡约与洪武礼制之重要渊源的关注[1] 还远远不够。

祁门的《赤桥约规》，涉及明清时代徽州乡约长时段的前后相承，反映了清代前期一个徽州乡约的具体运作实态，特别是反映了民间会社与礼俗教化的复杂关系。赤桥约是以地名命名的，亦作"登高约"，这是与"登高会"相关的一种组织，有时也写作"高登会"。可见，此一乡约与当地的会组织实际上是二位一体，所以也有"约会"之称。正是因为如此，赤桥约亦有相关的祭祀文本——《重阳敬神祝文》：

---

[1] 杨开道曾指出：洪武里社礼制"偏重农业宗教，自然宗教，以祀五土五谷之神，为祈祷雨旸之用"。（《中国乡约制度》，第 151 页）

伏以金炉香喷，烟腾三界之中；银台烛燃，影射九重之上。恭迓圣驳，稽首拜迎。今据大清国江南徽州府祁门县十一都一图六甲会首汪法隆、一甲胡期发、二甲方元盛、四甲方陞，二图一甲黄禄祥、八甲方良益暨四姓人等，涓今乾隆三十五年九月初九日，谨备清酌牲仪，特伸拜请本府本县土地正神、本境祀典血食神祇，四姓侍奉长生香火，今日虚空过往一切威灵，望降香筵，享兹供奉。言念众姓人等素沐神庥，屡邀灵贶，敬陈牲醴之奠，少伸涓滴之虔，俾四姓人等，常怀同井之好，交以道而接以礼；永协共约之谊，善相劝而过相规。口舌不生，灾非尽灭，凡干动止，悉赖匡扶，火化信仪，俯垂鉴纳。

有关乡约的祭祀文本，此为迄今所仅见[1]。祝文中的汪法隆、胡期发、方元盛和方陞四人，在另一份祭祀越国汪公大帝的祭文中亦曾出现，他们自称"奉神弟子"[2]。从形式上看，此祝文拜请土地正神、本境血食神祇及四姓侍奉长生香火，应是民间常见的

---

[1] 南宋理学家朱熹在《劝谕榜》中指出："约束城市乡村，不得以禳灾祈福为名，敛掠钱物，装弄傀儡。"（见严佐之、刘永翔主编：《朱子全书》第25册，上海古籍出版社、安徽教育出版社2002年版，第4622页）此后在民间，不少乡约至少在表面上对于会组织颇为排斥。如《文堂约家法》（明隆庆六年刊本，1册，安徽省图书馆藏）："本里岁有九日神会，以报功德。西峰清净之神，安肯受人非礼之享？赛棚斗戏，启衅招祸，覆辙相循，昭然可鉴。况值公私交迫，何堪浪费钱帛；风景萧条，有何可乐？自今宜痛革陋习，毋仍迷惑。管年之家须以礼祭奠，庶不致渎神耗财，渐臻富厚矣。"这显然反映了儒家正统意识形态主导下对民间信仰及其相关组织的排斥。

[2] 封越健主编：《中国社会科学院经济研究所藏徽州文书类编·置产簿》第11册，第255页。

会组织之祭文，这与洪武礼制中对春秋祭祀的设计实可比照可观；而从内容上看，汪、胡、方、黄四姓"常怀同井之好，交以道而接以礼；永协共约之谊，善相劝而过相规"，则显然与乡约相关。一方面，在徽州，"会"是非常灵活的一种社会组合，任何兴作，都可以通过与会成员的参股，形成相关的组织，以应对诸多的社会现实问题，赤桥乡约就是"立会补约"的一个例子。而在另一方面，从赤桥乡约的内部运作来看，当时，官府的影响力传导至乡约一级，赤桥乡约为官督民办，官府最早拨付约银，官民先后置有约谷，其社仓由官民共同出资，村民自行管理，并接受官府的监督，这反映了传统中国民间治理的一大特色。由此可见，乡约既是由官府推动的，也是民间基层组织的一种特殊形态，此类组织因其有益于民生，早已内化于民间社会。清朝建立以后，通过恢复乡约组织，也就对接了地方社会中固有的基层组织，从而极大地稳定了社会秩序。

最后应当指出的是，在清代，虽然许多地方的乡约已蜕变而为一种纯粹形式上的宣讲制度，但在徽州的一些地方，乡约仍然在发挥着一定作用，这与"立会补约"的做法息息相关。因此，在清代乡约趋于形式化的大背景下，《赤桥约规》显得颇为独特。

太平天国以后徽州祭祀礼仪的重整

徽州遗存有目前所知国内为数最多的民间文书，其中，除了常见的土地契约之外，还有不少反映民众日常生活和社会文化的文献资料。以祭祀礼仪为例，明代编纂、出版的《祈神奏格》，就极为生动地反映了民间信仰与日常生活的实态[①]。此外，近十数年来陆续发现的诸多民间日用类书中，也有不少与祭祀礼仪相关的历史文献。

数年前，我在安徽歙县做田野调查，承一程姓友人的帮助，获赠徽州抄本复印件《祭神祀祖大例集记》，该书内容相当丰富、翔实，颇具学术价值。以下就以此书为基本史料，探讨太平天国以后徽州祭祀礼仪的重整。

[①] 参见王振忠：《明清徽州的祭祀礼俗与社会生活——以〈祈神奏格〉展示的民众信仰世界为例》，中山大学历史人类学研究中心、香港科技大学华南研究中心主办《历史人类学刊》第 1 卷第 2 期，2003 年 10 月。

一、《祭神祀祖大例集记》的作者及其身份背景

《祭神祀祖大例集记》一册为光绪年间抄本，封面题作"祭神祀祖大例"，扉页则书"祭神祀祖大例集记"，一作"祭神祀祖集记"，今统一将书名题作"祭神祀祖大例集记"。书前有《祭神祀祖大例集记序》，曰：

> 时在大清光绪二十九年岁次癸卯新春正月，是年余六十有三岁，正值恭逢正月半头，敬祭李王圣神、列圣尊神暨元宵大会灵感尊众之神，轮我太祖德鸾公支万春社下轮接下管之期。余忝属长房，理宜邀屈本社诸君会议今岁应接下管、明正轮首、引礼敬祭、应办事宜。兹于正月初六日，荷蒙诸君降舍集议，欣幸众志乐从，悉遵成例，无不踊跃，争先恐后，各任其劳，怀报神麻于万一，暨副十四年一轮之永便，□□签司，曷胜欢忭之至！余复念及诸子生长江苏，既又糊口于江、浙等处，甚属在家日少，外贸日多，里中风俗，从未见闻，祭神、祀祖大典成例，茫茫无知，余因是怀惧而恐。适及余因有吴下之行，偈促稍余，匆匆摹录《祭神祀祖大例》一篇，以冀诸子如熟悉，是余深深是望之初意，聊具粗俗寡陋几句，以为是序。
>
> 时光绪二十九年岁次癸卯仲春月吉旦

古歙溪北乡贤里延陵恩临氏志识。

　　"延陵"系古代吴氏之郡望，故"延陵恩临氏"即吴恩临，这一点也得到书末《自用公清明》一文署名之印证。光绪二十九年即 1903 年，当年吴恩临已 63 岁。他想到自己的几个儿子都生长于江苏，又在江、浙各地务工经商，他们从未见闻家乡风俗，特别是对祭神、祀祖的相关成例更是毫无所知，所以他抄录了一份《祭神祀祖大例》，以便诸子能熟悉其中的程序。从文字表述上看，吴恩临的文化水平似乎并不太高（如"正值恭逢"一语，明显颇有重复；而"以冀诸子如熟悉，是余深深是望之初意，聊具粗俗寡陋几句，以为是序"，亦不雅训）。

　　关于该书所属的地点，从上文末了所署"古歙溪北乡贤里"可知，"溪北"应即歙南北岸村，而在著名的北岸廊桥之南端，迄今仍存上书"乡贤里"的横额。可见，此书反映的地点应在歙县南乡的北岸村①。

　　抄录《祭神祀祖大例》的吴恩临，属北岸吴氏"茂公"后

━━━━━━━━━━

① 据后来所见屯溪老街某书商提供的书单，《祭神祀祖大例集记》一书被归入歙县三十三都二图吴氏文书，这批文书计有 162 件，听说此前归南方某高校购藏，这是时下皖南书商与国内一些公藏机构颇为认可的一批"归户文书"。不过，根据抄本《歙县都图全载（附十六乡新丈字号）》（安徽省图书馆藏）的记载，歙县三十三都二图下辖的村落包括：石潭、蛇形、蛇川、竹坑、土坑、里坦、营上、斜坑、石壁、白毛干、利石和余川。据此，该书乍看似与歙县石潭有关，但经仔细考察，除了文字清晰、内容丰富的《祭神祀祖大例集记》一书之外，同一归属的其他文书之书写极为潦草，内容也都相当简单。可能正因为如此，《祭神祀祖大例集记》一书在辗转流传的过程中，被有心人单独复印、保留。实际上，该书是被混入这批所谓归户文书中的一份资料，与石潭并无多大关系。

代。据《北岸茂公祠修祠理主修谱启》载："盖自苏垣著姓，梅里传宗，氏族之繁，遍于宇内。而新安世系，多出我少微公。历十有九世，迁大阜市者，实惟璟公，三传至赵公，更迁北岸。逮至长公，三子十孙，惟我茂公孙支之第一也，椒实蕃衍，瓜瓞绵延，在北岸支中最为昌大矣。"[①] 根据相关的记载，江南吴氏溯源于太伯、仲雍，故曰"梅里传宗"。而徽州吴氏，多自称出自唐朝左台监察御史吴少微，故称"新安世系，多出我少微公"。至于北岸，此地旧称溪北，南宋宝祐末年，吴、赵二姓奠基于溪之北岸，遂为村名。其后，村落以吴姓为主体，结社曰溪北大社。始迁此处的吴璟，于南宋淳熙年间由歙西富饶迁居于歙南大阜市（亦称大佛市，今大阜桥头对面店坞）。历代繁衍，以"茂公"一支最为发达。

根据村志的记载，北岸村后有一溪，源自吴家山，经石际、弯龙坑和岔坑绵延而出，一分为二穿过村中，然后汇入村前的华源河（又称绵溪河），经大阜、五渡、安梅、狮岭下、绵溪汇入新安江[②]。除了水路交通之外，此处陆路亦雄扼南乡。在明末清初西陵憺漪子（汪淇）编纂的《天下路程图引》中，就有"杭州府由余杭县至齐云岩路"：

> 杭州府。……余杭县。……昌化县。……老竹岭脚。三

---

① 《北岸吴慎德堂族谱》"正编·启"，1917年刊，吴永涵撰，页1上。2011年8月17日笔者摄于歙县南乡瞻淇村。

② 《北岸村志》"概述"，《北岸村志》编委会，2015年10月，第1页。该村志序文为笔者所撰。

区域社会史脉络下的徽州文书研究

里　老竹铺。……杞梓里。三里　齐坞。七里　苏村。……
蛇坑。……郑坑口。五里　七贤。五里　方村。二里　北岸。
二里　大佛。……章祁。十里　稠木岭。七里　七里头。七
里　徽州府。……①

　　该条交通路线，如果是由徽州府附郭（歙县县城）出发前往
杭州方向，途中历经浙江省昌化县和余杭县，民间俗称为"走余
杭"。此一路线至北岸而分，东北通旱南各乡村，东南至水南各
乡村，有青石板古道横穿风雨廊桥和吴氏宗祠前。北岸廊桥为原
先通往府城的徽州古道必经之路，北端桥的门柱上刻有"往府大
路过桥"六个大字。上揭商编路程中的"大佛"，应即今大阜，与
北岸距离仅有 2 里路。由于地处交通要冲，北岸、大阜一带与外
界的交流相当频繁，当地更有不少人前仆后继地外出务工经商，
一向颇为富庶。在历史上，这一带很早就出现了富甲一方的大户。
　　根据族谱的记载，北岸吴氏 91 世的"长公"，"洪武年间，
金举富户，赴南京应天府，填实京师。永乐二年，本县奉例，保
充北京宛平县德胜关惜新司五厢富户，卒于正统九年甲子三月廿
四日"②。由此可见，早在明初，北岸村就已出现了豪富之家，吴
长在永乐年间曾是歙县最为富裕的八大家之一③。此后，茂、芳、

----

①　杨正泰校注：《天下水陆路程、天下路程图引、客商一览醒迷》，山西人民出
　　版社 1992 年版，第 373 页。
②　《北溪吴氏世谱》抄本，私人收藏。
③　江万象：《歙北岑阳江氏宗谱》后集《寿静山江次公六帙序》，参见冯剑辉
　　撰：《明代京师富户之役考论——以徽州文献为中心》，载《史学月刊》2015
　　年第 1 期。

兰、萱四支派合创"得全堂",号称"四分厅"。在北岸,"四分出名"为人耳熟能详。揆诸实际,这"四分"中的生意人多,做官的人也较多。其中,明代嘉靖年间吴宗枋曾漂洋过海发家致富[①]。

及至清代,当地外出经商者更是相当引人瞩目。乾隆时代的《扬州画舫录》就曾提及——吴氏为徽州望族,分居于歙县西溪南、南溪南、长林桥、北岸和岩镇诸村,其寓居扬州者,即以所居之村为派。可见,在盛清时代,北岸一带前往扬州经商的人已有相当不少。另据当代编纂的《北岸村志》记载,吴德凝茶号从陆路闯关东,吴荣运则在盛京创下"景隆号"的金字招牌。成书于1921年的《北岸吴慎德堂族谱》也指出,北岸族人经营茶业有方,在江苏、浙江一带开设茶庄,所获不赀。他们广设茶行于歙县北乡、东乡和南乡各地,并在上海经销,获利颇丰。据1869年吴氏宗祠重修捐输碑志记载,当时的"茂公"支有光福店、木渎店、车坊店、盛泽店以及岔口洋庄,而"芳公"支有陈墓店、松江店、光福店、木渎店,"蕴公"支有木渎店,"萱公"支有太仓店、车坊店、周庄店,"友德公"支有光福店[②]。这些,都反映了北岸吴氏多在江南的苏州附近从商。

从《祭神祀祖大例集记》的序文来看,吴恩临的几个儿子皆生长于江苏,他在序末也说自己"适及余因有吴下之行",推测他也应当是在江南从业的徽商。

---

① 《北岸村志》编委会编:《北岸村志》,第259页。
② 同上书,第362—367页。

二、吴氏的宗族组织与祭祀安排

《祭神祀祖大例集记》一书，颇为详细地记录了吴氏的宗族组织及其相关的祭祀安排。以下，首先简述吴氏的宗族组织。

1. 宗族组织与相关的社额

在《祭神祀祖大例集记》一书中，紧接着序文的内容是"我族吴氏溯源""吴姓溯源"和"北岸大族溯源"。其中，吴氏谱系远的上溯至上古轩辕黄帝，较近的则溯源至泰伯。关于吴氏迁居北岸的历史，其主要脉络如下：

吴氏迁居北岸的历史

世　代	称　呼	事　迹
60 世太祖	璟　公	始迁居北岸，功绩卓著
91 世太祖	长太公	至德发祥，盛开大族，生三子、十孙
92 世太祖	庆宗公	生四子：茂、芳、兰、萱
	添福公	生三子：蕴、羲、茱
	友德公	生三子：尊、萌、兹

60 世吴璟始迁至北岸，及至 91 世吴长，"发祥开大族"。到了 92 世，"是为十大分。又各三子、十孙，子孙胜旺，遂立家庙"。这是说，92 世的吴庆宗、吴添福和吴友德之下一代（亦即93 世），共有十个成员，形成所谓的十大分。

因家族繁衍，北岸吴氏建有家庙。紧接着上述记载，《祭神祀祖大例集记》"创立家庙"条曰："吴至德堂大宗祠，立管堂十四人，例定三年为满，更换交接。按年二月十五日春祭，八月十五日秋祭。管堂诸长司其事。"其中的"家庙"，也就指至德堂大宗祠。根据《北岸村志》的记载，至德堂由长公（即上表中的"长太公"）所建，时间是在1382年[①]，此一建筑迄今尚存，于2013年被列为国家文物保护单位。除了大宗祠之外，《祭神祀祖大例集记》一书中还记载了一些"大支庙"，亦即北岸村中的吴氏支祠：

《祭神祀祖大例集记》中的"大支庙"

世 代	姓 名	大支庙	供 奉	备 注
93 世	蕴、羲、莱	文穆堂	添福公神主、三支下历代祖考妣神主、功德神主	三支派合创文穆堂，是为里门。
	萼、萌、兹	作求堂	友德公神主、三支下历代祖考妣神主、功德神主	三支派合创作求堂，是为大三分
	茂	茂公支祠（慎德堂）	茂公神主、历代祖考妣神主、功德神主	大分
	芳	芳公支祠（启祥堂）	芳公神主、历代祖考妣神主、功德神主	二分
	兰	兰公支祠（至善堂）	兰公神主、历代祖考妣神主、功德神主	三分
	萱	萱公支祠（致和堂）	萱公神主、历代祖考妣神主、功德神主	四分
95 世	侲	侲公支祠		

[①] 《北岸村志》编委会编：《北岸村志》，第 14 页。

茂、芳、兰、萱四支派合创"得全堂",号称"四分厅",也叫"外门",供奉92世的庆宗公神主,以及四支下历代祖考妣神主、功德神主。每年七月中元节、岁暮烧年节①,陈设牲仪,敬祭祀祖。烧年之日,分发耆老(男80岁、女70岁)胙肉。蕴、羲、菜三支派合创文穆堂,也叫"里门"。蓉、萌、兹三支派合创作求堂,亦称"大三分"。

除此之外,当地的吴姓还迁往附近各地,建立祠堂、社庙和其他神庙。如蓉公支下,就迁居白杨上村(又名禾硕桥)。"自迁居之后,发祥开支,自行创立家庙、社庙、神庙,自立一支",又形成支派②。萌公支下一向居住在北岸村,到20世纪初,村内只剩下6家。兹公支下迁居徽州府城,留在北岸的只有一家。可见,93世"大三分"的三个支派,或外迁,或衰落,所以不成规模。留在当地者,93世的茂、芳、兰、萱、蕴、羲、菜和92世的友德公,又合为"八大分"。因此,北岸吴氏各支派,除了"十大分""大三分""大分""二分""三分""四分"之外,又有所谓的"八大分"。在当地,"分"是支派之别,各支派的联合,既可以是同辈人的结合,又可以是不同辈分之间的组合。除了外门的四分之外,里门三分亦颇为发达。其中的吴蕴后裔,"富连阡

---

① "烧年"是旧历十二月某夜(多在除夕)举行的一种祭祖习俗。祖籍徽州祁门左田村的清人黄钺(1750—1841)有《烧年纸》诗。(见氏著《壹斋集》,黄山书社1999年版)届时,人们焚烧年纸,祝愿生意兴隆,科第兴旺,耕作丰收,家庭和睦。
② 关于白杨上村蓉公支的发展,可参见吴正芳:《徽州传统村落社会——白杨源》之四"宗族社会",[法]劳格文(John Lagerwey)、王振忠主编"徽州传统社会丛书",复旦大学出版社2011年版,第49—50页。

陌，贵登科甲"，故吴蕴被尊为"吾族兴家之始祖"①。

吴恩临是外门四分中茂公派的后裔，故《祭神祀祖大例集记》对该分派的记载特别详细：

> 茂公发祥悦公、惟公、性公，三公支下合为大分。
>
> 悦公发祥侃公、仪公，俱各发祥，号为半个大分。
>
> 惟公发祥伯公、作公、伦公、偲公、像公。
>
> 惟公五支，一支迁河南省，一支迁江西省，一支迁余杭等处，俱各发祥，别开大族。
>
> 性公发祥佳公、侲公、傲公，伯仲十人，俱开望族。
>
> 惟公五支迁河南、江西等处，别开大族。凡族中无论大小事务，悦、性二支承值支应一应事务，因号悦、性二支是大分。

可见，94世和95世又分别形成"大分"和"半个大分"。96世的惟公五支还迁往河南、江西、余杭等处，开枝散叶，形成大族。所以只统计留在当地的悦公、性公二支，称其为"大分"。96世的侲公，"发祥德鸾公、德凤公"，也就是说，德鸾、德凤皆为侲公之后。"德凤公支下，素本人丁不盛，至咸、同间发逆窜扰，殉难无遗，惟德凤公一社敬神、祀祖无人承值。族承祖训，例靠至亲近房支应，敬神、祀祖一应事务，与远房无干，所有德凤公一社，惟我长房一房代德凤社驮做正月半头。凡事合族有俗言代驮子孙军，此即所谓也与②"。此段文字反映出——97

---

① 《北溪吴氏世谱》抄本。

② 引者按：原文如此。

世的吴德凤，因人丁向来不盛，再加上太平天国动乱造成的人口损失，故而后继乏人，而由吴德鸾一支代为承值敬神、祀祖的义务，所以有"代驮子孙军"的说法。这一点，当然反映了宗法关系下各分支之间的相互扶持和互通有无。

吴德凤的兄弟吴德鸾，即《祭神祀祖大例集记》的编者吴恩临之直系祖先。关于这一支的世系，详见下表：

吴德鸾一脉谱系

世代	姓　名	分房	姓名
96 世	德鸾		
97 世	德鸾之子	长房	玄祥
		二房	玄保
		三房	玄爵
		四房	玄禄
98 世	玄祥之子		宗元
99 世			自用
100 世			时敏
101 世			大胆
102 世			廷喜
103 世			兆标
104 世			嘉永
105 世			必德
106 世			绍炎
107 世	永赦		
108 世	承耆、承钦、承稣、承嘉、承安、承基		

《祭神祀祖大例集记》的编纂者^①吴恩临，则为 109 世。他在《祭神祀祖大例集记》一书中，既对家族谱系做了细致的梳理，又详细记录了与之相关的社额：

社额一览

支派	社 额	轮首	备 注
茂公	支下立 14 社	头管	按年每分每社轮首，挨次做月半头敬神。所敬之神为太子千秋圣诞（3 月 29 日）、李王千秋圣诞（8 月初 1 日）。七管头首轮流，挨次轮首做头敬神。
芳公	支下立 12 社	三管	
兰公	支下立 18 社	四管	
萱公	支下立 16 社	六管	
蕴公	支下共立 21 社	二管	
羲公			
茱公		五管	
友德公		七管	

在十大分中，"萼、萌、兹三支不在其内，共合八十一股社额，按年每分每社轮首，挨次做月半头敬神"。其中的记载稍有歧异，在社额部分，是七支八十一股。而在轮首部分，虽然也是七管，但却有吴友德在内，而无吴羲。其详情不得而知，不过，大体说来，"是立七管头首，轮流挨次，做头敬神"。

《祭神祀祖大例集记》的编者吴恩临是吴茂的后代，故书中有"我茂公支下社额"："瓒公、斑公、佳公、源公、泽公、满

① 从抄本序文来看，吴恩临在北岸村抄录了一份现成的《祭神祀祖大例》，但就现存的《祭神祀祖大例集记》内容来看，其中有他个人参与迎神赛会的经历，据此推测，该书应经过吴恩临之整理和补充。

公、沾公、泓公、汴公、滟公、惟公（癸卯正月）、德鸾公（光绪叁拾年甲辰正月）、德凤公（乙巳正月）、佳公（丙午正月）。"吴惟轮值的"癸卯"，亦即《祭神祀祖大例集记》序撰写的时间，即光绪二十九年。此后的光绪三十年、三十一年和三十二年，分别轮到吴德鸾、吴德凤和吴佳。吴茂是94世，其子吴悦、吴惟、吴性三派合为大分：

> 我大分合成一十四社。
>
> 惟有惟公一社，系悦公、性公二支下人合驮月半头是也，其年轮首事归茂公祠管堂诸君经办，其费用茂公祠公款内提款间消，惟有祭菜或百碗、数十碗不等，均归二支下按灶分办，预年冬采办齐集，以免临期无错［措］。二支户家或猪、羊诸品祭仪，陈设文穆堂，引礼敬祭神灵，此即所谓统大分驮月半头是也。

"月半头"亦即猪羊祭，"驮月半头"也就是主持、操办月半头的祭祀活动。文穆堂为93世蕴、羲、菜三支所合建，是该三大支的总祠。北岸历史上总称的八大分文穆派占其三，因此，北岸村每年举办庙会，而在文穆堂则每隔一年就要轮流举行一次①。

96世吴德鸾四子吴玄祥、吴玄保、吴玄爵、吴玄禄，也就是上述所称的长房、二房、三房、四房。该四房共合成一社，即"德鸾公社"（又号万春社）。此外，德凤公也有一社。所以95世

---

① 《北岸村志》编委会编：《北岸村志》，第330页。

伥公支下，计有二股社额。各分派以"股"的形式组织社会，合族共立八十一股社额。由此可见，社额基本上与宗族的分、派相互对应。

2. 神明祭祀

与吴氏相关的神明及其祭祀活动，在《祭神祀祖大例集记》中有颇为详细的记载。如"创立神庙"条曰："庙貌创立鲤鱼形，号大佛庙，又号鱼山古墅，供奉本里主坛。""鱼山"有时亦写作渔山（民国时期北岸镇下曾设渔山保），大佛庙就坐落于渔山山脚。根据当地传说，某年涨大水，冲来一个木头菩萨。当时，桥头有一人正在打鱼，但见木头菩萨围着网边打转，他几次起网皆一无所获。见此情状，此人就对那菩萨许愿：倘若能保佑我打上一网鱼来，我就将你捞起。结果，他真的如愿以偿了。于是，他就将菩萨捞起，放在路边的石墩上。说来也怪，到了第二天，这尊菩萨就搬不动了，好像生了根似的。此一怪事引发许多人的好奇，大家议论纷纷，认为菩萨既然想在这里坐殿，干脆就在此地建个庙吧，后来也就建了这座大佛庙。此后，大佛庙越修越壮观。殿前一对大红献柱上盘着两条张牙舞爪的金龙，后殿是罗汉堂，供的是 108 尊形态各异的罗汉。前门的横额为"大佛庙"，后门横额上则是"璟发其祥"——这是为了纪念吴氏 79 世吴璟（名德辉，字德莹），此人于宋孝宗淳熙年间由富饶迁大佛市，在店坞创下北岸这一片吴家的天地。大佛庙的后门，恰与店坞正对。大佛庙在 20 世纪 50 年代被拆毁，庙中的菩萨也先后被付之一炬①。

---

① 《北岸村志》编委会编：《北岸村志》，第 336—337 页。

　　　　　　　区域社会史脉络下的徽州文书研究

迄至今日，吴氏宗祠寝堂左侧地上放着一堆碎碑石块，经拼合，应是道光二十四年（1844年）的《大佛庙重修碑记》，从残碑上的文字来看，吴至德堂、笃叙堂、惇裕堂、德裕堂、是敬堂、培根堂、二方堂、树滋堂、吴德滋堂、怀德堂、继述堂、承善堂和吴慎修堂等都捐物捐钱[①]。另外，在北岸文书中，亦见有《重修大佛庙捐启》：

> 盖闻新基创始，经济维难；古迹保存，功成较易。吾村延陵旧里之大佛庙，由来久矣。庙之正殿，供奉中正李王为主坛，庙之后进，则奉三尊大佛诸神像，此大佛庙命名之所由起欤。庙坐鲤鱼形□龙，故主坛倍著灵显，香火之盛，自古于兹。八月一之无远弗届，正月半之踵事争［增］华，倘非神灵有求必应，安能使众情踊跃，从事若此乎？特庙多年失修，墙垣榱栋，损坏欹斜，日炙雨淋，急宜及时整理。况吾村户口繁多，或经营外省，或居处本乡，群深敬奉之忱，宜效随缘之助，庶几庙宇焕然，重新神灵□依，得所自然，百福骈臻，千祥云集，功德无量，谨启。甲子年立[②]。

从该抄本所收相关文书来看，"甲子年"当为1924年。上文描述提及大佛庙的主坛为李王，庙之后进有三尊大佛神像，这与今人的回忆并不完全吻合。不过，据《祭神祀祖大例集记》"本

里主坛"记载：

> 李王起祖小像尊神；
>
> 敕封成济显忠晋封中正李王尊神；
>
> 李王小像尊神；
>
> 唐封宣灵候〔侯〕通真威灵三太子尊神；
>
> 唐封东平忠靖洪济景佑〔祐〕真君尊神；
>
> 唐封开路总管胡大元帅尊神；
>
> 唐封中书省聪明四舍人尊神；
>
> 汪公老帝尊神；
>
> 本庙土地尊神。

此处的记载，与《重修大佛庙捐启》的描述虽然年代不同，但从民俗传承的稳定性来看，显然可以比照而观，因此，大佛庙以李王为主坛，应当是可信的。而从歙南的诸多民间文书来看，李王亦称"大佛庙李侯王尊神"，而大佛庙也称为"李王祖殿"。以下对上述诸神稍加考述：

（1）李王

据说在桥头被从水中捞起的菩萨就是李王，这也就是李王菩萨每年正月要在桥头外程坐十八朝的原因。除了"十八朝"之外，与李王菩萨相关的祭祀活动，最为有名的首推北岸"八月一"庙会。在歙县南乡一带，民间有"管他有得吃没得吃，都要到北岸去看'八月一'"的说法。届时，北岸村内家家户户都住满客人，祠堂前和北岸廊桥一带人山人海。人们在祠堂里拜菩萨，举行祭祀，善男信女烧香许愿；而在祠堂外则敲锣打鼓做戏，熟食摊贩叫卖吆喝，此起彼伏，异常热闹[①]。

根据《北岸村志》的记载，吴氏宗祠每年要举办三次庙会，即正月、三月二十九和八月初一，届时都要接菩萨。当地民众心目中最为灵验的就是李王菩萨，所接的李王菩萨有"老李王"和"嫩李王"二尊。老李王为坐像菩萨，手握金砖搁在左腿上。而嫩李王则衣冠穿戴。每年正月，吴氏宗祠接的是嫩李王。老李王则在桥头外程坐殿，要坐十八天，仅在正月十七这一天，在晚上从桥头外程接出，经大佛桥、沙坑、赤石潭山、社屋前、坝下坦，过北岸廊桥，停在前坝坦上，等贺元宵的所有菩萨棚轿在祠堂前排好队伍，过北岸廊桥，经前坝坦，走前坝下巷，老李王才压轴动身，经四眼塘，走南村，再回到三湾九曲大路往大阜，老李王还在桥头外程下棚，要坐完十八朝，才回大佛庙。八月初一则不同，此日为李王的千秋圣诞，老、嫩李王和其他菩萨都要

---

① 《北岸村志》编委会编：《北岸村志》，第 126—127 页。此外，民国某年八月一日的《江氏日记》记载："是日也，歙南北岸、大阜两地方，向假接李王菩萨之名，而实大开赌博会，到处嗜赌者莫不趋赴，摆摊求售杂色货物者不计其数。旧岁缪县长来宰我歙，严禁烟赌，北岸、大阜两地方是日亦不敢公然开赌，人数固属无多，生意颇觉清淡。今值王县长莅任，禁赌之令，未闻如此其严，大阜、北岸赌博之热闹，人数之萃集，不卜可知。"另外，1927年歙县北岸北溪学校教师吴贤，撰有《八月一日北岸赛会感言》："岁在丁卯，仲秋之朔，北岸例有迎神赛会之举，闻今岁为尤甚。余今岁适糊口于北岸北溪学校。是日粥后，约友多人，易衣而出。至街衢，见行人络绎，恐后争先。余与诸友，尾众后，以睹其所谓赛会者果何如也。比至祠前，行人拥挤，人山人海，水涌潮奔，喧嚷之声，不绝于耳。举目四顾，则见设摊售物，排列整齐，妓女之所二三，赌博之所不可胜数。迎神之时，旌旗交展，锣鼓之声，互相接应……"

接，但主坛却是老李王，意味着"八月一"是专为老李王操办的。在桥头外程李王神龛上方有一匾额，写的是"功同韩、岳"。韩、岳是指南宋的韩世忠和岳飞，而"功同韩、岳"者，则是指南宋名将吴玠、吴璘两兄弟，他们是左台吴氏少微公的十五代孙。据说是因为他们兄弟俩被皇帝先后封为涪王和信王，因此才有北岸人所祀奉的老、嫩两李王。换句话说，北岸村所崇拜的老、嫩两李王是姓吴而不姓李，称"李王"不过是习惯而已①。这种说法显然只是北岸吴氏的说法，他们将老、嫩李王说成是自己的祖先②。

《祭神祀祖大例集记》一书，记录了八月初一祭李王的详细过程：

> 八月初一日，恭逢敕封威济显忠晋封中正李王尊神千秋圣诞吉期，轮首合计七管。茂公、芳公、兰公、萱公、蕴公、義公、友德公，是为七管，每公支下人民，轮流挨次做头，即所谓七年一次、八年两头是也。

吴恩临为茂公之后，他具体描述了本派的祭祀过程：七月二十六、七等日，"我性公支佽公泰来社管会诸君，会同悦公管会诸君，打扫至德祠，张灯结彩，铺摆古玩、书画、花卉，陈设一新，以壮观瞻"。祭菜或用荤素100碗、100盘，或80碗、80盘不等，悉听其便。荤、素祭菜按例，由悦公、性公对派。悦公

---

① 据《北岸村志》记载，将吴玠、吴璘塑造成老、嫩李王，始于1589年。
② 《北岸村志》编委会编：《北岸村志》，第128—129页。

支下一半，由侃公、仪公两公支下分派。性公一半，由侲公、傚公两公支下分派。至于用费，也按侃公、仪公、侲公、傚公四股分派。七月末下午，轮首人前往大佛庙迎神，将神迎入至德祠恭座，铺设茶点、祭菜，并于当夜开台演戏，时称"暖寿宴贺"。是夜，演唱会戏，演至正本团圆，将神送至大佛庙恭座。

八月初一正日，合茂公下侃公、仪公、侲公、傚公四支族众齐至大佛庙，上午迎神。届时鸣锣开道，有清道旗、兴旺锣、飞虎旗、吹手、鼓乐、万民伞、遮阳和神轿等，共计"小使"（亦称小子、底下人，亦即佃仆）50—60名，再加四公支下人扛着大旗，抬着大锣、锡銮架，以及放铳者、放炮竹者、香童、执香者、护勇者，总体规模多达500—600人。

迎神之前，上午由月半头首至大佛庙，用吹手行香。行香之后，迎神至至德祠内恭座，祠外即行开台演戏。祠内香灯透亮，设祭，敬觞上寿，颂祝无疆，陈设祭仪，排列礼生。李王祭祀的仪式十分隆重，计有司馔2位、司樽4位、主祭1位和礼生8位。其中，主祭者是于侃、仪、侲、傚四公支下轮流选举一位主祭，而礼生也是由四公支下每支各选举2位。主祭、礼生等预先齐集于茂公祠，其排列顺序为头执事、二执事、正引、大通、倍通、倍引、三执事和四执事，在鼓乐声中迎入祠内排列。

《祭神祀祖大例集记》还详细记载了祭祀的整个过程，并抄录了相关的祭文。据载，后堂拜祖毕后，三分烧龙猪，演戏或10台、20台。等演出完毕，各支踊跃送神。

（2）通真威灵三太子

"通真威灵三太子"之全称是"唐封宣灵侯巡察使通真威灵

三太子"，在北岸一带，这是除了李王之外最为灵验的菩萨。三月二十九是他的寿诞，当日要为太子菩萨祝寿，村人也有借此接点寿烛贺寿的。此日庙会也要请戏班演戏，一直要热闹五天才告圆满①。

关于通真威灵三太子的祭祀活动，《祭神祀祖大例集记》记载了正月十三日的"装太子神棚"。届时，"轮首各社，派人会同齐集至得全堂，装太子神棚"。棚内例用："大分，时宪通书；大分，白棉纸小长钱；二分，吊怀铜镜；三分，挂宝剑钱；四分，束腰绸带。以上五件，例定下管备办敬挂。例定轮首上、下管社首会同齐集，同装神棚。"得全堂是统四分的总支祠，此处规定了大分、二分、三分和四分分别置备的用品。

接着，《祭神祀祖大例集记》记录了"做小祭"和"请太子神棚""烧龙猪""祝寿"等程序：

> 例定轮首大、二、三、四、里社首，会同正月十二日夜更许到神前做小祭。自十二日夜做起，至十七日夜止，按夜均要做小祭。每社例用刀头、米豆、豆腐、羹饭、水酒、棒香、足两一枝纸箔。吹手吹祭，道士祝请。道士口经，按夜每社给钱二十一文。

接下去是正月十三日的敬祭太子神棚，也就是"请太子神棚"或曰"上灯"，"例用刀头、豆腐、油果、水酒、红烛、棒

---

① 《北岸村志》编委会编：《北岸村志》，第 205—206 页。

香、纸箔。例至得全堂，敬请神棚"。正月十四日烧龙猪，例用全猪一只。届时，也要吹手吹祭、道士祝请。正月十四夜，轮首大、二、三、四、里五社，每社一人，齐集祠内，催锣三遍，轮首各社社户集于祠内侍候祝寿。其时，要用麻糖、发豆、花糕、糖枝、红糕、鸡鱼肉、寿烛、棒香、红长钱、纸箔、水酒、百子大炮，还要高声朗读锅灶户簿，并祝请神明。

根据惯例，轮首各社户祝寿礼毕，祠内例应肃清安静。其时，轮首大、二、三、四、里五社社首以及道士等，各预先至祠侍候。当此之时，忌讳生人临门，祠堂封门至四更时，各社首恭肃虔诚，敬请"禳火清吉大醮"，以保佑阖族成员清吉平安，人寿年丰。此一清醮，每社需付给道士口金 28 文。

在上揭过程中，参与祭祀活动的诸社还应交纳社户纸，每社称 2 两。其中，吴氏大分 14 股，应交社户纸 28 两，到至德祠交付与其他三分社首称收，以备沿途神前焚化。正月十七日，大、二、三、四分轮社首，每社称红烛 2 斤 8 两，称为"太子棚烛"。正月十七日午后，轮首各社各派一人，齐集同行，催锣三遍，让"各社轮户敬谨猪首，神前回熟"。

正月十七日，各社轮首每社二人，会同上、下管，齐至至德祠前打扫洁净，搭圳桥，安设棚架。当晚，需要"驮棚凳"，例应于正月十七夜驮棚凳至神棚前，伺候接点红烛之用。根据惯例，大分轮社驮至至德祠前，二分轮社驮至前坝，三分轮社驮至南村，四分轮社驮至原处安置。

此后，四分轮首各有分工。在神棚轿内，由轮首下管社首支应：由大分、二分、三分、四分轮首社首分别置备时宪通书、白棉纸小长钱一竿、吊怀镜一面、吊挂宝剑线、束腰绸带。而在神棚轿外，则由轮首上管支应：由大分轮头社首驮太子尊神、捧香案，二分轮头社首撑香落，三分轮头社首烧社户纸，四分轮头社首敲铜锣。根据惯例，应由大分轮头社首下管到至德祠驮菩萨下位、捧香案、撑明灯，迎神至兰公祠前上棚。大分轮头社首上管至大佛庙前大佛桥中驮菩萨、捧香案、撑明角灯，迎神飞行入庙上殿。而送神袍箱，则例应由轮头上、下管社首一同，将神杯、神袍、神靴、箱匣送至大佛庙，交庙祝与菩萨穿戴。

接着是"请神起马"，例用刀头、米豆、水酒、香烛、纸箔，到至德祠恭请列神起马，又至大佛庙恭请列神下马。祭毕，刀头、米豆、水酒，由庙祝收去。

此时，还要迎请老李王。例应由轮首上下管大、二、三、四、里各社首，至桥头外程神宇候齐，至神前叩拜祈祷，掷圣筶，根据所得圣筶为准。上下管轮首各撑大灯笼一对，用4两头红烛，恭请老李王尊神下位，迎神上棚。根据惯例，大分上管先行，其次是大分下管，再接下去的则是二分、三分、四分和里门，在桥头依次排齐，送老李王棚轿至大佛庙坦上辞神。一应执事撑大灯笼、明角灯、香落，捧香案，驮菩萨，烧社户纸，并至兰公祠前焚化棚前。上揭的一应执事并轮头各社首，至得全堂集齐，各司其事。棚烛上下点齐，迎棚起马，至兰公祠前落棚歇定，各项执事等等，再至至德祠迎送社公牌，至得全堂上殿，然后排齐请神下位，迎至兰公祠前上棚。

接着是"送太子棚轿寿烛"。根据惯例，应将神棚迎出大巷口，一路飞行，迎至至德祠前落棚歇定。由上管轮首敬送下管轮首寿烛，第一对送吴绶青①董事，还有的是分别送与大分、二分、三分、四分下管社首。其余列神棚烛，各送该管轮头社首。另外，将老李王下位大灯笼烛送与总管账务，三太子上殿大灯笼烛送与长房，三太子上殿明角灯烛送与二房，三太子棚上香案烛送与三房，老李王上殿大灯笼烛送与四房。

当日还有"花灯胜会"，"例应迎送列神至各处上棚，即行各迎至至德祠前落棚，候齐。是夜，远近邻村红男绿女，填街塞巷而来大观者，非常之热闹，同庆元宵升平景象之乐"。该花灯胜会上，列有诸多神棚：

花灯胜会所列神棚

顺序	神　　明	承值者	备注
1	唐封开路总管胡大元帅尊神	前山小使承值	
2	玉府金轮如意都督赵大元帅尊神	得全堂管堂堂长承值	外门财神
3	唐封宣灵侯通真威灵三太子尊神	大、二、三、四分轮头社首承值	
4	玉府金轮如意都督赵大元帅尊神	里门财神会承值	里门财神
5	唐封威济显忠晋封中正李王尊神	里门轮头社首承值	
6	唐封东平忠靖洪济景佑〔祐〕真君尊神	外门、里门二支人承值	

---

① 吴绶青是北岸一带极具影响力的绅士。据歙县北岸吴氏文书抄本记载："今开歙县南乡附生吴晋绅，现年四十七岁，数世业儒，家风清素。先祖晓之公、先父绶青公，乐善不倦，见义勇为，乡里钦其笃厚，官长乐其周旋，有行状、志铭汇刻成籍，兹不细赘。绅承先人之余荫，谨小慎微，排难解纷，悉循祖训，阖族公推，乃充董事，前清至今二十有余年矣，凡地方公益，兴学校、设自治、办团防诸善举，无不极力赞成。自愧才疏识浅，一无所长，乃蒙县长垂青，不弃葑菲，益勉力赴公，……谨呈大略于左。治晚生吴晋绅叩上。"可见，吴绶青、吴晋绅父子长期担任地方的董事。

顺序	神　明	承值者	备注
7	御封灵应侯打猎胡大元帅尊神	南村朱家承值	
8	敕封汪七相公尊神	南村朱家承值	
9	敕封威济显忠晋封中正李王尊神	桥头承值	老李王

　　这些神棚，自至德祠前起行，至前坝落棚暂歇片时。再由前坝起行，至南村落棚暂歇片时。然后又由南村起行，至大佛桥中落棚歇定。驮菩萨一应值事以及诸执事等排列成行，飞行进庙上殿。老李王由南村起行，至桥头，仍回外程恭呈神座，直到十八朝迎神至大佛庙上殿。关于"老李王上殿"，例应于十八朝上殿。届时，轮首大、二、三、四、里社首，每社衣冠穿戴，敬撑大灯笼一对，其余各司其事。按照惯例，必须在早晨至桥头神宇殿候齐，恭请老李王下位上轿，迎送大佛庙上殿。

　　至此，迎神赛会暂告一个段落。接下去的事情是"检点金盔银铠"。根据惯例，应于十八朝会同轮首上下管社首，齐至大佛庙，检点赤金嵌珠神盔、白银嵌珠宝神甲、白银嵌珠宝宝剑和赤金嵌珠宝神靴。要求各轮首等应用心仔细检点，有无伤损。倘有损坏，由轮首各社赔偿。最后检点如式，一齐送至吴绥青处，用心点交清楚，以昭慎重。十八朝，轮首上下管社首，还要一起到得全堂，收藏太子神棚。同样要用心检点，有无伤损。若有损坏，也要由轮首各社赔偿。要将太子神棚上的烛油洗净，根据惯例，用樟脑盛装如式，加以收藏。此外，还有一个活动是正月十九日的"请三朝"，也就是用刀头、米豆、香烛、水酒、纸箔，前往大佛庙请三朝。祭毕，刀头、米豆、水酒，由庙祝收去。

"请三朝"之后，还有"做春事"。《祭神祀祖大例集记》记载："用刀头、米豆、酒香、红烛、纸箔、火炮、百子，道士一众，会同上下管社首等共做春事。接下管礼毕。"

除了正月期间之外，三月二十九日是通真威灵三太子的圣诞吉期。北岸茂公、芳公、兰公、萱公、蕴公、羲公、友德公七股，每公支下人民轮流挨次做头。届时，也要迎神演戏。演唱会戏或 10 台、20 台。

在前揭的《祭神祀祖大例集记》"本里主坛"中，此外的神明还有东平王、胡大总管、四舍人、汪公老帝和本庙土地等。其中，溪北大社立于蜈蚣形，供奉溪北大社后稷社公、社母尊神，按年春社、秋社恭迎设祭敬神。

除此之外，北岸村西水口的赤石潭山有寺院号"回澜殿"，供奉协天上帝关圣帝君、释教诸佛。另在墩儿上（即北斗七星形）创立道院，院名"真庆宫"，供奉玄天上帝、四大元帅、观音大士、文昌帝君、魁星和灵官等。真应宫俗称道士观，坐落于南村田畈中，红墙青瓦，占地八百多平米。[1] 关于真庆宫，现存有明万历三年（1575 年）南京户部尚书殷正茂所撰的《真庆宫记》，其中提及："武当山水争奇，甲于天下。传宋、元以来，皆建玄帝神像于其上。明兴，广为宫殿，连延三百余间，始政建其像，贮以金室，凡有祷于其间者，罔不辄应。"当时北岸人

---

① 《北岸村志》编委会编：《北岸村志》，第 338 页。

吴浩（字梅之）艰于胤息，有人到武当山为之祈祷，后建真庆宫，且奉祀有田 ①，曾于道光二十八年（1848年）重建。真庆宫之修建，使得歙南地域与齐云山—武当山的信仰世界有了直接的联系。

以上是吴姓合族的庙宇及祭祀概况。除了合族的祭祀之外，宗族内的各个分支，也还有自己的祭祀神明。例如，93世的茂、芳、兰、萱四支派合创"得全堂"，号称"四分厅"，也叫"外门"。得全堂厢屋，供奉有"玉府金轮如意都督赵大元帅尊神（俗称财神赵公明，又称玄坛）""御封灵应候［侯］打腊［猎］胡大元帅尊神"和"溪北大社后稷明公尊神"。另据《北岸村志》记载，里门的文穆堂左侧下堂也有个财神殿，供奉"玉府金轮如意都督赵大元帅"。财神边还有四个小菩萨，有人说是五福神（五路财神，五昌神）。此外，还有一尊"御封灵应侯行司打猎大元帅"和一尊"唐封东平忠靖洪济景佑［祐］真君" ②。

三、从《祭神祀祖大例集记》看徽州的祭祀礼仪

《祭神祀祖大例集记》详细记录了宗族内部的祭祀礼仪，例如，宗族内部各支派的"祭神日期"和"烧龙猪例"各不相同：

---

① 《北岸村志》编委会编：《北岸村志》，第365—366页。
② 同上书，第339页。

区域社会史脉络下的徽州文书研究

宗族内部各支派的"祭神日期"和"烧龙猪例"

支派	祭神日期	烧龙猪例	备　注
大分	正月初四吉日祭	正月十四吉期	
二分	正月初八吉日祭	三月二十九吉期	
里门	正月初十吉日祭	六月做田福吉期	从祖定期，例无更改
三分	正月十二吉日祭	八月初一吉期	
四分	正月十四吉日祭	冬月禳火醮吉期	

　　北岸吴氏 93 世的大分、二分、三分、四分以及里门，各分的"祭神日期"和"烧龙猪例"皆不相同。"龙猪"亦即接龙之猪，徽州素有拖猪接龙的仪式，这与风水有关。届时，所宰之猪称为"龙猪"。根据我们的调查，在歙县南乡的周邦头一带，也有"龙猪"的说法①。不过"烧龙猪"的仪式，则未见记载。

　　至于每年不同时期的祭祀，则有各自不同的内容，以下择要述之：

　　1. 除夕及正月

　　《祭神祀祖大例集记》一书中有"轮首正正②月半大制"：

　　　　岁暮打扫至德祠，至德祠张灯结彩。大除夕二更后，大分、二分、三分、四分各社首，每社一人，照例通村摧［催］锣三遍。神座至德祠摧［催］锣者，连里门一共五人，于至德祠集齐。神座文穆堂，摧［催］锣者于得全堂集齐。

---

① 王振忠编：《歙县的宗族、民俗与经济》，"徽州传统社会丛书"，复旦大学出版社 2016 年版。
② 两个"正"字之一疑衍。

接着是"大佛庙分岁":"用刀头肉、煎豆腐、煎油果、水酒、棒香、红烛、火炮、百子、打纸、锡箔。"届时，要送神盔、神袍、靴、金花等箱至大佛庙，交庙祝与神穿戴。再接下去的是"贺岁新禧"，大分、二分、三分和四分各社派一人，必须穿戴衣冠。"神座至德祠贺岁，四位衣冠，例至至德祠齐集。神座文穆堂贺岁者，例至得全堂集齐。贺岁者四位集齐，同至文穆堂，先拜贺太伯叔祖宗新禧，后拜贺文穆堂管堂堂长如意，即行回至或至德祠或得全堂，例要先拜贺祖宗，后拜贺堂长。毕，例要守候文穆堂。衣冠者或至至德祠，或至得全堂，回贺新禧。然后例得各散回家。例定大除夕摧［催］锣三遍后，即行集齐贺岁"。

以上的标题虽然是"正月半"，但实际上说的则是除夕及正月习俗。至德祠是北岸吴氏的宗祠（统宗祠，亦称"统祠"），而文穆堂则是添福公后裔蕴、羲、菜三大支的总祠（在八大分之中，文穆派占其三），得全堂是统四分的总支祠。《祭神祀祖大例集记》一书，不仅对迎神赛会时的各种安排作了详细的描述，对于各类开支也有颇为细致的记录。如对参与迎神赛会的"底下人"之犒赏，也有"小使例给"加以细致的说明。"底下人即小使，俗呼小子，通年祭神、祀祖，例用小子，虽云当差，究属亦不亏薄，敬将太祖定例，摹录于右"：

迎神赛会中的各类犒赏

角　色	承　担	犒　赏
吹手	按周年一应当差到年	每社例给钱 840 文
吹手 12 名	做祭	每社例给钱 840 文
吹手吹唱	消夜	每社例给钱 840 文

角　色	承　担	犒　赏
	结菜	古例给钱 320 文，新例给钱 840 文
吹手	迎接礼生	例给钱 120 文
吹手	利市	例给钱 140 文
	打扫至德祠厨灶	例给钱 140 文
	在祠当差值事	每工例给钱 70 文
	做祭值堂并喜对	例给钱 280 文
	茂公祠做祭吹手并喜封	每名例给钱 100 文
	茂公祠做祭值堂并喜封	例给钱 104 文

　　这些费用，例于"大除夕开发"。上述的吹手，也称"吹手
小使"。《祭神祀祖大例集记》中还见有"春秋二社开消吹手小使
规例"，详细开载了迎神做祭时的开支。从前述提及的"太祖定
例"，说明这样的规矩由来已久。不过，从表中提到的"古例"
与"新例"来看，在太平天国前后应有所变化。关于这一点，书
中还详细列举了"迎神古例"及"新例"：

"迎神古例"与"新例"之对比

名目	角　色		人　物	给　价	备　注
元旦至大佛庙迎神	太子轿		每分派 1 名	例给钱 42 文	此系古例，新例自由得全堂并真君会内开消，与月半头社首无干。
	真君轿		每分派 1 名	例给钱 42 文	
	出棚	太子棚	每分派 1 名	例给钱 42 文	
		真君棚	每分派 1 名	例给钱 42 文	
		吹手	每分派 1 名	例给钱 42 文	
		亮伞	每分派 1 名	例给钱 14 文	

名 目	角 色	人 物	给 价	备 注
元旦请下马		大分、二分、三分、四分，各社每派1人，至大佛请神起马		用刀头、米豆、水酒、香烛、纸箔、火炮、百子、道士一众，请起马。请毕，刀头、米豆，庙祝收去。
元旦迎神入祠恭座		轮首户家，各家新妇或少妇		预先入祠俟候，神到，敬献点茶。其点茶各赛新奇，万分可观，热闹好看。其点茶装式，是妇女各赛其能，心巧之精致。
	主祭焱祥花			主祭者衣冠齐整，用大红托盘盛白米，并草花一枝，麻秸一束，用火烧旺，立至德祠门口候，迎神入祠，在神轿底下撩三圈，例取发兆兴旺之意。
	各家拈香			自元旦起，各社首人家按日早、晚两次，例至至德祠神前装香，例要装至送神上殿而已。
初二日				神前六点三飨，例要吹唱敬献，夜用堂名唱戏，直至十六日方止。
	轮首户家			初二日例至至德祠铺搭，摆设祭盒抬，并搭猪羊抬，以备初四日引礼敬献。

名目	角色	人物	给价	备注
				神前自元旦起，按日陈设祭菜，或二十四碗，或三十六碗，悉凭其便，盘亦如其数。
初三日	轮首户家			初三日杀猪宰羊，装祭盒，一应敬神之物，无不端正如式。各家自上冬忙起，正初格外忙甚，直忙至请酒、送亲眷、敬神诸物之后，方可稍闲，亦不过望神保护丰收，丁财兴旺，人口清吉平安，十四年之发祥是也。
初四日				我大分恭敬引礼祭神之期，是日陈设荤、素祭菜一百碗，荤、素祭菜一百盘。

上揭表中初三日条，有"十四年之发祥是也"的字样，这是因为万春社每逢"十四年一轮"接办正月半头。其中专门提及"焱祥花"的做法，也就是用麻秸一束，用火烧旺，在神轿底下撩三圈，以期"发兆兴旺"。这种做法，在歙南一带颇为流行。另外，《祭神祀祖大例集记》中还记录了各项准备，如初四日的荤素祭菜包括：

初四的荤素祭菜

种类	内　容	数量
素菜	麻姑［菇］、香姑［菇］、石耳、百合、紫菜、海粉、麒麟菜、黄芽菜、海带丝、莲子、扁豆、红丝、金针、红花、素饺、米食、白果、芡实、冬笋、春饼、粿粽、转包、面斤［筋］、青笋、玫瑰花、苔干菜、栗枝、鸡脚菜、素鱼肚、红粉丝、京冬菜、杏仁、均耳、桃求、红枣、南枣、蜜枣、蕨包、青豆、素金丝、葵花子、仁米、菜花头、赤小豆、青丝、香春［椿］头、素海参、素鸡、洋菜、水琴［芹］菜	50碗
荤祭菜	鸽子、鸭子、海参、大瓜、宁淡、豹［鲍］鱼、猪肚、羊尾、鳝鱼、鳗鳌、银鱼、鲗鱼、鲳鱼、黄雀、鸡子、脚鱼、鲜鸭、对鸽、蹄爪、肉元［圆］、蛋饺、野鸡、野鸭、猪心、贵［鳜］鱼、鹅子、鱼肚、玉燕、鹿斤、海盐、鱼翅、南腿、猪腰、醉蟹、边鱼、带鱼、鲈鱼、猪爪、青螺、鱼元［圆］、干贝、蹄包、鲜鸡、方肉、鲜鱼、蛏干、鲫鱼、明府鱼、香肠、口舌	50碗
馈碗	鲜鸡、鲜肚、鲜鱼	
祭屏		一副
献衣		
祭器		全副

　　上揭的各样荤、素祭菜，有的还被寄托着特别的寓意。如鲜鸡，"上用云雾日字，谓之太阳，其意丹凤朝阳"；鲜肚，"作兔子形，用云雾月字，谓之太阴，其意兔子望月"；而鲜鱼则"上用龙门牌坊，谓之龙门，其意鲤鱼跃龙门"。其时，各房准备的荤素菜分别为：

各房准备的荤素菜

房分	人名	菜　肴	数　量
长房	上庆	素金丝、仁米、鲜鸭	荤、素祭菜32碗
	福全	香菇、野鸽	

房分	人名	菜　　　肴	数　　量
长房	恩临	黄芽菜、鸽子、黄雀、羊尾	荤、素祭菜32碗
	绍由	青笋、海参3碗	
	永来	蕨包、野鸡、野鸭	
	讨饭	赤小豆、洋菜、贵[鳜]鱼	
	延林	香春[椿]头、猪心	
	荣寿	苔干菜、杏仁、豹鱼、时鱼、鳗（鲞）	
	五寿嫂	红丝、米食3碗、方肉2碗	
二房	社森	红粉丝、转斤包、鸡子、脚鱼、肉元[圆]	荤、素祭菜32碗
	绍令	莲子、红花、转斤包、大爪、善[鳝]鱼	
	炳南	百合、海粉、鸭子、昌[鲳]鱼	
	绍福	桃求、素鸡、宁淡、鲜鱼	
	天有嫂	银鱼、蹄爪、蛋饺、鲜鸡	
	金德	芡食[实]、鸡脚菜、转斤包、猪肚、鲜鸡	
	贵喜	春饼、南枣、转斤包、猪肚、鲜鱼	
三房	启盛	素鱼肚、南腿、青螺、鲫鱼、明府鱼	荤、素祭菜8碗
	启林嫂	菜花头、水琴菜、香肠	
四房	惇裕堂	麻菇、粿粽、素饺4碗、栗枝、鹅子、海盐、玉□、鱼丸、蛏干、鹿斤、鱼翅	荤、素祭菜52碗
	永南	紫菜、猪腰	
	讨饭	麒麟菜、石耳、带鱼	
	忠	海带丝、葵花子、猪斤	
	黑	金针、面斤[筋]	
	法	白果、冬笋、鲜鸡	
	燮和	玫瑰花、蹄包、鲈鱼	

房分	人名	菜　　　　肴	数　　量
四房	万寿	京冬菜、红枣、青豆、方肉、鱼肚3碗	荤、素祭菜52碗
	百福	均耳、蜜枣、醉蟹、干贝	
	灶顺	扁豆、口舌	
	绍美嫂	青丝、鲜鸡	
	细灿嫂	素海参3碗	
	春喜	边鱼、鲜鱼	
	恶	方肉、鲜鱼	

其中，由长房提供黄芽菜、鸽子、黄雀、羊尾的，就是《祭神祀祖大例集记》的编纂者吴恩临，这说明他是此次迎神赛会的躬行实践者。此外，书中还提到一些特别的奉献：

一些特别的奉献

种　　类	菜　　肴	数　　量
馔碗祭菜	鲜鸡、鲜肚、鲜鱼	3碗
神前正席	荤、素祭菜	100碗、100盘
老郎正席		9碗
土地正席		3碗
祖宗前正席		9碗
总计		124碗、100盘

这些特别的奉献，除了祭祀神明、祖宗和土地之外，还专设"老郎正席"，这显然与当日频繁的戏剧演出密切相关。

在祭祀过程中，还要邀请礼生。书中收录了一份由万春社社首具名的《请礼生帖式》，所请礼生包括司馔（2名）、司樽（2名）、司馐（2名）、大赞、倍赞、正引、倍引、头执事、二执事、三执事、四执事和主祭，共15位。正月初四日上午，各位会同至茂公祠，齐集叙饮，毕，各整衣冠俟候。《祭神祀祖大例集记》一书中详细记录了这些礼生的活动，并抄录了光绪三十年（1904年）新春正月相关的祭文。祭神礼毕，礼生八位，衣冠敬送寿烛，先送吴绶青，再送长、二、三、四房各一封寿烛，送齐告毕。

祭祀之后，具体的程序还有"催锣""敬祭社公"等。关于催锣，是正月初四日下午，会同轮首大、二、三、四、里五社，每社例派一人，邀齐摧［催］锣三遍，拜贺社公。接着的是"敬祭社公"，由轮首大、二、三、四、里各分社首，遵例于正月初四日夜三更时，敬祭社公尊神，例用刀头、米豆、豆腐、羹饭、水酒、香烛、纸箔、红长钱、巨尖长钱①、百子火炮、水红纸三张，"誊录箬单，道士一众，以备祝读，祈请发箬，人民是否平安，麻、痘、天花是否几分，年岁是否丰收，五谷麦豆，杂粮冬收，菜蔬六畜，迩年一应耕种几分收成，誊录三纸，粘贴三处，备众周知。道士口经，每分轮社，给钱二十五文"。显然，在族众眼中，此一过程与农耕生产、社区安全密切相关。

---

① 在徽州文书中，衢州之"衢"常简写作"巨"，故"巨尖长钱"可能是指产自衢州一带上等的纸钱。

此外,《祭神祀祖大例集记》中还提及正月期间的送礼和记账。作为宗族成员之一,两度轮首间隔的14年间,每年都会收到其他人分发的敬神果子、福仪等物,这些,都按照年份誊有清账,以便日后还礼。及至自己轮首之年,就应当礼尚往来。一般是在正月初五日,按照此前的誊清账簿,按户照数分送敬神果子、福仪、猪羹、猪头肉、萝卜,送完之后,在誊清簿册上注明。初六日,还应将敬神果子等物分送诸亲眷、戚友,也要将此誊入账簿。正月初六、七等日,则备酒请客,请客的对象是迎神赛会期间帮忙照应的人,以及其他的亲朋好友。正月初八日,亲自前往各处祖墓,拜贺祖宗新年之禧。初九等日,则往各处拜贺诸亲眷新年鸿禧。

2. 正月半头

北岸《祭文》抄本中,有"元宵演戏匾联"及祭文,其中的祭文为:

> 维大清光绪七年岁次辛巳春正月甲子朔越祭日癸酉之辰,轮司社首弟子吴△△暨阖社人等仝百拜于曰,谨以刚鬣柔毛、楮帛清酌、庶馐之仪,敢昭告于本里主坛:
>
> 敕封威济显忠加封中正李王　　　　尊神
> 唐封宣灵侯巡察使通真威灵三太子　尊神
> 唐封东平忠靖洪济景佑［祐］真君　尊神
> 玉府金轮如意都督赵大元帅　　　　尊神
> 御封灵应侯行司打猎胡大元帅　　　尊神
> 开路总管胡大元帅　　　　　　　　尊神

唐封中书省聪明四舍人　　　　尊神

溪北大社后稷明公　　　　　　尊神　暨

元宵会中威灵有感尊众之神

上述的"光绪七年"右侧，另有"十四"字样，其下的"辛巳""春""正月""甲子""癸酉"的右侧，亦分别改为"戊子""秋""八月""庚辰""庚辰"字样，这说明此一祭文曾一再改动及套用。此外，书中还有《元宵祝文》《告祝》《祖墓春秋通用祝文》等①。

根据吴恩临的记录，祭祀是由四房（即四分）合作，首先必须一起商议。《祭神祀祖大例集记》一书中列有"会议诸君台衔"：

长房：细阔，绍由，恩临，永来

二房：社森，绍令，金德，贵喜

三房：外贸未到

四房：万寿，忠，恶，黑

这显然是光绪某年的一次实际运作。其时，除了三房外出经商之外，其他诸房参与者共 12 位。吴恩临系属长房，也参与了议事。此后，对于迎神赛会的准备过程，有详细的记载：

---

① 《祭文》，抄本 1 册，私人收藏。

迎神赛会的准备过程

日期	负责人	活动	备注
正月十二日	细阔	会同各社轮首，至得全堂集装太子神棚	大分下管：通书一本，白棉纸小长钱一竿；二分下管：挂怀镜一面；三分下管：挂剑线一根；四分下管：束腰绸带一条
正月十三日	细阔承值	敬祭太子神棚	用刀头肉、白米、黄豆、水酒、棒香、香烛、打纸、锡箔、火炮、百子
正月十七日	长房上庆、二房桂喜、四房忠、四房恶化四人承值	打扫祠坦、搭圳桥、驮棚架	
	细阔承值	会同上下管轮首，同送神袍、神盔、神靴至大佛庙，交庙祝，与神穿戴	至夜，用刀头、米豆、酒香、纸箔，至文穆堂请下马。又至大佛庙请下马
正月十七日夜	四房法承值	驮棚凳	大分驮至祠堂前；二分驮至前坝；三分驮至南村；四分驮回原处安置
	长房恩临、四房德兴承值	恭送老李王圣神下位	撑大灯笼，用四两寿烛壹对，至桥头里程恭座神处，须候上下管轮首、社首并各色执事人等到齐，即行恭请神躬下位上棚恭座，迎送出棚，送至大佛桥下庙坦，即行回返，将大灯笼内寿烛双辉敬送，长房恩临撑大灯笼

日期	负责人	活动	备注
正月十七日夜	撑大灯笼，恩临、德兴；驮太子尊神，长房永来；撑明角灯，二房社森；捧香案，四房万寿	一俟老李王神棚巡行至大石塔，上下管轮首人等，至得全堂，将棚点齐通亮，彩色光明，一应执事齐集，即行恭迎神棚起行，至兰公祠门前落棚歇定，上下管执事等，即至文穆堂排齐，恭请太子神躬下位，迎至棚前，上棚恭座，再俟列神下位全齐，迎神棚起行，出大巷捷行，至至德祠前棚架上，落棚歇定，上管轮首敬送神棚，上寿烛壹对，大、二、三、四分上管轮首各一人，撑寿烛送绥青家，第二对寿烛敬送大分下管轮首、二房社森，第三对寿烛敬送二分下管轮首，第四对寿烛敬送三分下管轮首，第五对寿烛敬送四分下管轮首	古例：送寿烛，大巷口送大分，至德祠前送二分，前坝送三分，南村送四分。太子神棚前：大分驮菩萨，捧香案，二分撑香落，三分烧社户纸，四分敲锣。是夜各赛花灯，一俟列神亮棚到齐，开路总管神棚前行，次外门财神、三太子，四里门财神，五李王，六真君，七元帅，八七老爷，行至前坝，落棚歇定。老李王自桥头起行，至庙坦歇，旋行，由大石塔至社屋桥，再至坝下坦歇，又至前坝歇，俟列棚至坝齐。老李王先起行，列棚次第起行，至南村歇，片时总管先行，至庙上殿，老李王居后，仍回至桥头恭座。太子神棚行至大佛桥歇定，上管头首驮菩萨，捧香案，撑明角灯，各司其事，飞行入庙，钟鼓齐鸣，一应非常热闹，送神上殿。恩临、德兴撑大灯笼、寿烛，即行回返，敬送三房启盛

日期	负责人	活动	备注
正月十八朝	恩临、德兴撑大灯笼、寿烛，至桥头里程恭座神处，须俟上、下管轮首、社首并各色执事人等到齐，即行恭请神躬下位上轿，迎送至大佛庙上殿。灯笼内寿烛，即行回返，敬送四房万寿。恩临承值	迎送老李王圣神上殿	先用刀头、米豆、酒香、纸箔，至乔［桥］头请下马。又至大佛庙请下马
	长房永来、二房社森、四房万寿、四房恶化四人承值	会同上下管社首，齐至大佛庙查点赤金神盔、白银神铠甲、赤金靴、白银宝剑，用心仔细检点，有无伤损破坏，例要上下管各社修补如式，或无伤损等情，上、下管社首用送至绥青处，亦要检点明白，方可交卸，以昭慎重之至意	
	长房细阔、长房绍由、二房社森、四房万寿、四房恶化五人承值	会同上下管各社首，齐集得全堂，收藏神棚，用心检点，有无破坏伤损，例要上、下管各社修好如式，又例要将烛油剔洗干净，须用潮脑盛装如式，一应收藏，安置原处，方可交卸清楚，亦昭慎重之至意	

　　　　　　　　　　　　　　　区域社会史脉络下的徽州文书研究

日期	负责人	活动	备注
正月十九日	恩临承值	备办刀头、米豆、酒香、纸箔，至大佛庙请三朝，请毕，福仪庙祝收去	

以上的迎神赛会，《祭神祀祖大例集记》的编纂者吴恩临几乎是从头到尾皆参与其间，故其人的记录极为详尽。"正月半头"又叫"正月半"，据"祭祀规则"抄件记载，正月半亦即正月十五，故亦称为"做月半"或"正月十五猪羊祭"。乾隆时代歙县人吴梅颠在《徽城竹枝词》中曾写道："之而角鬣鳞牙爪，扎兽为灯各肖形。往北岸看正月半，太平遥庆舞虞廷。"可见，北岸一带的正月半最为著名，亦极为隆重。

3. 二月春社

根据吴恩临的描述，社前一日邀会，轮首各社首于至德祠内张灯结彩，陈设祭仪、祭菜，或用12碗、24碗、36碗不等，悉凭其便。轮社户家，祭仪盒1担，灯笼1对，红烛四两1对，红长钱1竿，棒香，水酒，纸箔，高升边（鞭）炮，衣帽全副，祭仪，全猪，全羊，红烛一斤头3对，足两红烛一斤，社花，大幡一对，衣帽全副，三馔碗用，鲜鸡一只，鲜猪肚一只，鲜鱼一尾。大社日午前，先至社庙迎神，再至得全堂迎社稷牌二尊，并玄坛二尊。又至南村朱家迎接元帅恭座。主祭一位，礼生八位，虔诚敬祭。祭毕，各社首每社派一人围绕全村摧［催］锣三次，而后设席坐社饮福。饮毕，至申时齐集送神，送至得全堂厢屋内恭座。

关于二月春社，《祭神祀祖大例集记》中抄录了一份祭文：

> 维大清光绪　　年岁次　　仲春月　　朔越祭日　　之良辰，轮首月半社首弟子吴大、二、三、四、里等全顿首百拜：溪北大社后稷明公尊神、御封灵应侯打猎胡大元帅尊神、玉府金轮如意都督赵大元帅尊神前而言曰：缅维圣祖，稼穑开基，蒸［烝］民攸赖，粒食方成，春祈有应，载颂豳诗，爰洁笾豆，神其格思，敢告！

从这份祭文来看，二月春社也是由大分、二分、三分、四分和里门一同举办。从年、月、日前的空白来看，此一祭文属格式活套，供族众在需要时套用。

4. 六月作田福

六月作田福，俗名"求雨福"。这在邻县的绩溪，也叫"烧田福"或"烧秋"。清末刘汝骥的《陶甓公牍》记载：绩溪"六月六日，家家食麦粉包粿，农家祀田祖于田坊，谓之烧田福，北乡谓之烧秋。谚云：田家大吃肉，单看六月六。是日，撷园蔬、瓜果、田禾叶盛于筐以为祭，主祀秩场圃牢笠诸神"[①]。由此可见，作田福应当主要与农事活动有关。

在北岸，作田福选择吉期迎神，祭菜或 12 碗、12 盘，或

---

① （清）刘汝骥：《陶甓公牍》，载《官箴书集成》第 10 册，合肥：黄山书社，1997 年版，第 619 页。参见清《绩溪县城市坊村经理风俗》第 34 课，绩溪县图书馆收藏。嘉庆《绩溪县志》卷 1《舆地志·风俗》，"中国地方志集成"安徽府县志辑第 54 册，江苏古籍出版社 1998 年版，第 366 页。

24 碗、36 碗，荤素对办，"可丰可俭，悉恁其便"。届时，需要准备棒香、红烛、纸箔、檀香、火炮、刀头①、米豆等，"至大佛庙请下马，复至至德祠守候，迎神至祠，又请下马"。首事者穿戴衣冠，在祠内守候，迎神到祠，"用托盘麻桔火在神身下撩祥花"，将诸神恭迎上座，然后加以祭拜。

作田福所用的"福仪"，规定是面蛋五个、面鳗鲞一尾，并用香烛、火炮、水酒、纸箔、铜锣等。届时，还要请道士参加。

六月作田福，在北岸吴氏内部，各分支之间有明确的此疆彼界。对此，《祭神祀祖大例集记》有"各分例定界址"条："大分例定至德祠门前祭，二分例定社屋桥梁祭，三分例定土地坝祭，四分例定大佛碣祭，里门例定朱家凹祭。"同时还规定："例定界址，毋得争论，遵守遗训，勿违祖例"。据《北岸村志》记载，从堪舆的角度来看，北岸吴氏宗祠的地基是个鲇鱼形，祠前左右有两条水沟，东边水沟在当中栏杆处弯向西侧合流入河，像是鱼之须，吴氏宗祠位于村之中央，背靠来龙山，祠基正是行龙结穴之处。左右有两条小溪，一条来自吴家山、石际、岔坑经里门坑桥过北溪桥，从村东流入北溪河；一条自苍坞、呈坑经社屋桥流入北溪河，像是两条龙须。村子左右山脉绵延不断，从北而东是吴家山、荷叶尖、牟鹰岩、石际、汪龙坑、石山岭、东山下、大

---

① "刀头"也叫"胙头""刀头肉"或"猪肉刀头"，亦即猪肉之意，有时还加上斤两。在歙南宗教科仪《三十六串》抄本中，有"谨备刀头轮鸡、长江鲜鱼、献牲脯福、净净斋饭、水花豆腐等事，拜请诸位众神，天下名山等府有感德道神祇"。（参见王振忠：《抄本〈三十六串〉介绍——清末徽州的一份民间宗教科仪书》，载《华南研究资料中心通讯》第 14 期，1999 年 1 月 15 日）此外，《宗穆社规例》抄本中亦见有"刀头"的说法。

柴山、象形山、龙门山、岩庙、天柱尖、虫坑、牛杌坑、花山、前山，西侧则有苍坞、子坞、赤石潭山、沙坑、鱼山。因此，宗族各个分支的祭祀，都选择在重要的节点之上。譬如，上文提及的土地坝位于北岸里门去后塘的村口，也是现存唯一完好的水口，坝上原建有一个土地庙。北岸从东边村头进村，旧时有三条主要道路，其中的一条是从东北向的朱家凹水口的水塘边小路到里门。朱家凹地处北岸东侧，原先有不少千年古树，是最为重要的一个水口，也是吴氏祖先长公祖墓之所在 [①]。

六月作田福，"自吉期日迎神，至第四日送神至大佛庙恭座"，前后历时四日。根据惯例，吉期日迎神至祠，祭拜后，里门烧龙猪。根据前述的记载，北岸吴氏93世的茂、芳、兰、萱四支，号称四分（即外门），而同一世代的蕴、羲、荣三支为里门。作田福由外门和里门共同参与。

5. 八月秋社及八月十五日秋祭

秋社也是徽州的传统岁时节日。北岸在社前一日，"轮首月半头首，会同大、二、三、四分社首，齐至至德祠内，张灯结彩，陈设祭仪"。荤素祭菜，或用12碗、24碗、36碗不等。至于祭仪，则除了上述的祭菜之外，还有全猪、全羊，鲜鸡1只，鲜猪肚1只、鲜鱼1尾，并用红烛1斤头三对、足两红烛1斤、社花、社幡等。"轮社户家用祭仪盒一担"，其中有红烛4两头1对、大灯笼一对、棒香、纸箔、水酒、衣帽全副、红长钱一竿、百子鞭炮、高升等。

---

① 《北岸村志》编委会编：《北岸村志》收录有《修朱家凹祖墓记》，第375页。

社日午前，先至社庙迎神，再至南村朱家迎元帅（应指"唐封开路总管胡大元帅尊神"），后至统四分的总支祠——得全堂（四分厅）厢屋内迎社公牌二尊，并迎玄坛二尊，迎至祠内恭座。或设祭，请礼生主祭并做祭，形式悉照二月春社做祭样式。也有是用鼓手三奠酒敬祭，其余悉照二月春社样式。

此外，茂公祠即慎德堂，例设春、秋二祭大典，祭祀祖宗以及吴氏"堂中历代先远伯叔祖考妣男女尊众之灵"，应备陈设祭仪等物，并主祭礼生、做祭形式，"悉照二月十五日春祭做祭一色样式，永不违例"。

吴茂在吴长的十个孙子中排行老大，因为大分人丁兴旺，也就有了"大分人"的称号（意在人多）。吴茂兴建的慎德堂，是八大分中第一个支祠的建造者。后来在1920年迁往岔口的沽公支的后裔，为了表明北岸吴氏后继有人，筹集资金将大分的支祠慎德堂续建了前部，在院内一边各栽一根桂花树，显示岔口^①这一支出了贵人（取"贵""桂"同音之意），并在前门的门额上题写了"茂公祠"。因此，《祭神祀祖大例》专门提及茂公祠的秋祭。

6. 冬十一月"禳火醮"

"禳火醮"应作"禳火醮"，选择属水吉日迎神。具体做法是："轮首月半头首，大、二、三、四、里各社首邀齐"，先选属水吉日，再议荤、素祭菜。祭菜或用12碗、24碗、36碗不等，

———————————
① 关于岔口吴氏，参见王振忠：《20世纪初以来的村落调查及其学术价值——以社会学家吴景超的〈皖歙岔口村风土志略〉为例》，《安徽大学学报》2015年第3期。

"可丰可俭，悉凭其便"。议定由大、二、三、四分社首四股分派，每社应派几碗，再分派各户备办，"应公敬神"。祭祀物品包括檀香、棒香、红烛、火炮和纸箔等"一切应用之物，其钱各社派出"。每社备办刀头、米豆、水酒、香烛、纸箔，至大佛庙请神下马。再迎神到祠堂，又请下马。"神至祠门前，侍候燎祥花"，也就是用托盘麻秸火在神身下薰烧。接着迎神至祠，恭座敬祭，"用道士荐修穰［禳］火清吉醮"。由四分烧龙猪。关于冬十一月的穰火醮，《祭神祀祖大例集记》还专门指出："老例：演戏三日夜，演毕送神，即俗称穰［禳］火戏是也。新例：兵燹后不演戏，自迎神日起至第四日下午送神，送至大佛庙恭座。"这说明太平天国前后，祭祀的排场有所变化。

四、余　论

综上所述，现存的《祭神祀祖大例集记》抄本，为光绪二十九年（1903 年）徽商吴恩临所编纂。该书以北岸村既存的《祭神祀祖大例》为蓝本，结合个人经历编纂而成，颇为详尽地记录了北岸一地迎神赛会的组织及其实施过程，内容相当具体、翔实。以下，在此基础上作进一步的探讨。

1. 根据《北岸村志》的记载，吴氏宗族的"八大分"，文穆派占其三，其总祠即文穆堂，地位仅次于北岸的至德堂总祠。正月初一接菩萨，由文穆堂轮流一家一年。经过三天热闹之后，初四开始对先祖的群祭活动，从而形成了北岸每年有名的"里做祭，外做戏"的热闹场面。因北岸吴姓分支众多，只能有序地分批进行：年初四是大分各分社，初八是二分，初十是里门蕴、義、菜各分社，十二是大三分和兰公支，十四是四分，各分下各分支安排轮流做月半。每逢轮首，当年的公田收益即归某分支支配，由该分支精心饲养的大猪、大羊，则抬到祠堂敬献并彼此攀比，其中最大的一只则披红戴花。届时，大、小宗祠一排排猪羊架上的大肥猪，场面相当壮观 [1]。

根据吴恩临的说法，"德鸾公社是我本社名，号万春社，我长、二、三、四房，系德鸾公支万春社下人"。此一说法，揭示了宗族房派与社额的关系。在传统徽州，"社则有屋，宗则有祠"，一般说来，宗祠是血缘关系的结合，而社屋则彰显地缘性的组合。不过，由于北岸吴氏宗族的规模极为庞大，故而社与宗族的关系更为密切，宗族组织与社额基本上对应清晰，血缘与地缘呈现出高度的重合。

当然，其时除了吴氏家族做祭之外，南乡其他地方也有不少人前来烧香还愿。民国时代洪有泉所抄《文联杂记》中，有一份文书提到：

> 维中华民国某某年岁在△△春王正月△△朔越八日△△
> 之良辰，信士弟子洪姓阖族人等，谨以瓣香束帛之仪，敢昭
> 告于通真威灵文武太子尊神、敕封威济显忠李王尊神、敕封

---

[1] 《北岸村志》编委会编：《北岸村志》，第 204 页。

金轮如意敕法赵大元帅尊神、唐封崇和衍烈侯七相公尊神、本社树艺五谷社稷明公尊神，暨元宵会中有感神祇之座前，跪而祝曰：神其如在，洋洋乎降庭，鉴兹菲礼，展我悃忱，谨告随行兵马、大阜祖殿李王尊神、南无大慈大悲灵感观世音菩萨、本里侍奉诸位众神随身兵将……

上揭文书祷告的诸神明，与《祭神祀祖大例集记》提及者大同小异，但祷告者却非吴姓，这说明当时的确有不少其他村落的民众前来烧香还愿。

除了"正月半"之外，"八月一"也同样热闹。晚清大阜潘氏有一份禀文称：

具禀南乡董事潘骝孙、潘恩荣，抱呈潘升。三十五都一图大阜地方，离城三十里。

禀为赌干例禁，责有攸归，请示加禁，以免贻害事。今董村向例八月初一为迎神报赛之期，凡有烧香还愿者，丁男子妇，纷至沓来。第虑良莠不齐，合图循例，禁止匪类人等，不许入村。乃闻近时赌风甚炽，尤须查察綦严，况当此物力维艰，米粮腾贵，而赌博一项，更宜严禁，免害乡愚，但董村与北岸毗连，诚恐无知之徒，潜集于两村交界之区，轻相尝试，开场聚赌。

该份禀文作于光绪二十五年（1899年）七月，稍早于《祭神祀祖大例集记》。其中提及八月初一的迎神赛会，大阜、北岸一带有不少其他村落的人们前来烧香还愿，开场聚赌 [①]。

2. 歙县北岸的迎神赛会，从一个侧面反映了区域社会历史发展的进程。从人口构成来看，12 世纪的南宋淳熙年间，吴姓始迁入该地。当时此处的村名叫于岸里，原始居民为朱姓、汪姓和程姓。此后，因吴姓的迅猛发展与壮大，朱姓、汪姓先后迁往博文垯（今属歙县洽河）和向坑（今属歙县棉溪）。而程姓则因生活所迫，被迫迁往北岸的下前坝和前山，并沦为替望族吴姓服务的"底下人"（佃仆），只留下其原居住地桥头一带的"里程"和"外程"地名。不过，民间传说中从水中捞起李王菩萨木头神像的地方，正是桥头一带的程姓聚居地。因此，每年正月贺元宵，许多棚轿抬着菩萨游行，走在最前棚轿上坐的胡大元帅，平时就供在前山程姓的家里，程姓的这一"特权"，显然与程姓的早期定居历史有关 [②]。

大佛庙（李王庙）是北岸迎神赛会的中心所在，据一册明万历至清道光年间的诉讼案卷 [③] 显示，此一大佛庙，原先是北岸吴氏与大阜潘氏合作修建，但后来却因故发生纠纷，由此留下了"告争大佛庙基"的诉讼案卷。其中，有一份"本府督粮厅问供状"这样记录：

> 供状人潘世荫，年卅九岁，系本府歙县卅五都一图民
> 籍，供状有在官吴茂兰故祖吴存善，于永乐年间，价买余得

---

① 关于这一点，歙县北岸吴氏文书抄本中，亦收入一信，提及："敝村月初演剧，循例酬神，祇缘族广人多，以致赌徒杂处。"

② 《北岸村志》编委会编：《北岸村志》，第 46 页。

③ 抄本 1 册，私人收藏。另一册晚清歙县杂抄中，也抄录了部分的诉讼案卷。

民尊字五百十号中基地卅一步，山二步，土名大佛庙，此吴茂兰祖及潘世荫祖众姓助财，建立庙宇，荫庇至今。嘉靖颓败，所是吴茂兰用工修理，尊奉明文，吴茂兰就于本庙建立义仓，申明院、道，贮谷备赈。至万历九年奉例丈量，吴茂兰查得庙基，原系中基额地，又是系伊家用工修理，金为己业。世荫此即插牌，称故祖景泰三年，收买吴阿有所故下等地五步，亦要金业。世荫与茂兰，见得税额不同，各不合，互相争嚷，讦告本县。吴茂兰又于万历十年正月廿一日具告，赴府督粮厅张老爷，专官丈量，告准……

上述的"问供状"成于万历十年（1582年）四月十七日，但此一官司起自万历九年（1581年）十一月二十日，至少打到万历十年十二月（1582—1583年），一直告到南京户部。另据此一诉讼案卷中的"太平府林太爷亲审口供"，大佛庙基又名"大佛市"。由此可见，北岸吴氏与毗邻的大阜潘氏，原在当地合造神庙，"二家之地，俱为一乡香火之庙基"，及至16世纪后期，潘、吴二姓曾就大佛庙基展开了激烈的争夺。后经官断："大佛庙乡众共建，至今二百余年，潘家亦有银两在内修理，地须归吴，仍旧听潘家一乡烧香，不许吴家阻占。"在此背景下，北岸吴氏似乎并未完全占据上风。据白杨村人吴正芳说："因李王庙是各姓共有，故正月各姓一起做。"这大概反映了附近地域人们的一般认识。

揆情度理，李王是江南的一个重要神明，苏州娄门等处即有李王庙，根据日本学者滨岛敦俊的研究，江南的李王原是吴兴（湖州）长兴县的土神，元末时已受到民众的广泛信仰，后来逐渐演变而为与保护海运、水运有关的神灵①。辑自《永乐大典》的洪武《湖州府志》中，有对李王庙的一段描述，从其中提及的"威济侯""忠正王"②之类的敕额可以确认——江南的"李王"亦即徽州的"李王"。

对于李王，北岸吴氏和大阜潘氏等有着不同的认识。上个世纪中叶歙县大阜吕龙光所撰之《李王》的科仪：

> 威济侯李王尊神，重新装饰，选于本月△日△时迎神附体，开点神光，谨具醮仪，虔修法事。维神气吞胡羯，与全人不共三光；志复中原，为宋室谋二帝。破家殉国，恨桧贼偏欲和戎；义胆忠肝，与魏公同思灭虏。克灵璧〔璧〕而偏师报捷，复宿州而大将用奇。弓名克敌，何敌不摧；斧用于军，诸军效命。倘无权奸掣肘，将相同心，岂止败兀术于柘皋，挫逆亮于采石已哉！今虽往事云遥，声灵如在。火光玄蓐，生初先真弓刀；像绘明廷，正气长留宇宙。佑兹士庶，共庆雍熙；为我黎民，捍其灾患。须至札者，右札威济侯李王，照验施行③。

---

① ［日］滨岛敦俊：《近世江南海神李王考》，载梅原郁编《中国近世の法制と社会》，京都大学人文科学研究所，1993年。中译文亦见氏著《明清江南农村社会与民间信仰》第1章第2节，朱海滨译，厦门大学出版社2008年版，第27—43页。
② "威济侯"之敕额见下引文。另，清光绪年间《福泽庙开光祭文》中，提及"敕封忠正王李王尊神"，见徽州文书抄本《新旧碎锦杂录》。
③ 见徽州文书抄本《酬世汇编》卷5，该卷内容包括祭神文、札付、会序和魁星赞等。

此份开光科仪，较为细致地概述了李王的生平事迹。这与晚清光绪七年（1881年）自苏州返乡展墓的大阜人潘钟瑞所撰《歙行日记》之记载，可以相互呼应。《歙行日记》在谈及大阜村的寺庙时写道："村口李王庙，神为南宋中兴将，讳显忠。"另据潘世镛所撰《大阜三十六咏》记载："大阜桥，在村东大佛寺前。"其中提及村东的李王庙，由迁居苏州经商的潘其蔚与族人共同兴建。据载，康熙三十四年（1695年），潘其蔚专门捐赀铸造了一口大鼎，作为镇庙之宝。对此，后人吟咏道："烈烈李开府，南宋将帅臣。十年成大捷，身后为明神。神功保赤子，灯火时时新。大鼎镇古庙，吾颂作鼎人。"值得注意的是，此处提到了李王"神功保赤子"的功能。大阜李王庙在乾隆时代得到进一步的修葺，及至嘉庆年间，从苏州返乡的潘氏族人因祈求子嗣有所灵应，又添置了一具香案作为还愿。

北岸、大阜一带的民众多往江南一带务工经商，因此，江南的李王信仰在歙县南乡也极为兴盛。与江南的李王不同，歙县李王的功能更多的是与孕诞习俗有关。对此，徽州启蒙读物《逐日杂字》[①]中，就有"接李王，许香愿，子母安全"的描摹。清乾隆时人吴梅颠的《徽城竹枝词》则写道："坐蓐临盆莫浪惊，获持产母记分明，麻油鸡子沙糖酒，粥煮沙锅干苋羹。""坐蓐"亦即坐月子，原指妇女临产及产后一个月内的休息调养，但此处与"临盆"一词连用，显然是指妇女临产时的饮食风俗。根据吴正芳的描述，白杨人认为"李王菩萨特别喜欢吃产妇吃的那种酒酿

---

① 抄本《逐日杂字》，封面题"张尔炽／皖南虎川张尔炽"。

区域社会史脉络下的徽州文书研究

烧油煎鸡子饼，故特别能保佑孕妇母子平安"，因此，家庭条件较好的人家，都要请亲族亲房到庙里将李王菩萨请到家中供奉，不接请的人家，也要到庙中祭祀，以祈求神灵保佑。另一首歙县竹枝词这样写道："八月一日拜李王，酬还心愿老婆香，谁人不喜生男女，保产何须好药方？"旧时妇人生育遇到难产时，就要恭请李王。届时必须燃香，通常是将李王菩萨神像抬进产房，用李王的脚在产妇肚上踩三下，据说这样可以让婴儿顺利降生。白杨新桥头的九月十三，与昌溪七月的八老爷庙坦会以及北岸八月一日接李王菩萨，为歙县南乡最有名气的三大庙会。

值得注意的是，北岸吴氏对李王的身世有着不同的说法，他们将老、嫩李王类比为南宋名将吴玠、吴璘两兄弟，说他们是自己的祖先，这显然改造了元代以来江南流行的李王信仰，拉近了族人与神明的关系。在北岸、大阜一带，围绕着李王信仰，形成了与之相关的求子及诞育风俗，并成功地将相关的信仰活动塑造成歙南最为重要的三大迎神赛会之一，确立了各个族姓在歙南地域社会中的重要地位。清代以来"周漆吴茶潘酱园"之歙南谚语，虽然指的是三大族姓经营的特色，但其实也反映了在歙县南乡这三个家族的显赫地位。

此外，北岸吴氏还在附近的南村建有真庆宫道观。此一道观的修建，使得歙南地域与齐云山—武当山的信仰相对接。

3. 十九世纪中叶的太平天国动乱席卷全国，对于徽州亦创深痛巨，影响深远。兵燹之余，人们纷纷殚思竭虑地恢复善后[1]。其

---

[1] 此类的善后表现有多方面，如对阆村水口的重修，见歙县北岸吴氏文书抄本中收录的捐启。

中，素重慎终追远的徽州人，对于礼仪的重整亦倾注了全力。光绪年间侨居北京的徽商吴鹤年，在其刊行的《鹤年家书摘录》[①]中，就有一些书信讨论到相关的问题。

吴鹤年为歙县南乡蔡坞里，与《祭神祀祖大例集记》的编者吴恩临所在的北岸相距非遥。从《祭神祀祖大例集记》一书来看，它以太平天国为分界时限，将祭祀礼仪分为"老例"和"新例"。此一文献具体而微，在某些方面较之当代的民族志描述，亦不遑多让。从中可见，徽州迎神赛会的组织极为严密，这与目前所见的一些调查资料可以比照而观[②]。

太平天国以后，徽州的宗祠纷纷重新修葺，祭祀礼仪亦得以重整。《故纸堆》一书收录有一份稍早的文书，恰可与《祭神祀祖大例集记》相互印证：

> 盖闻水源木本，必溯由来，祖德宗功，尤宜崇报，所以馨香当荐享，而祠宇贵经营也。窃以吾宗至德统祠丙戌之岁拆旧重新，枕龙山而鸿基广辟，朝凤楼而鸟革高寨，非徒壮其观瞻，洵足安其灵爽。左昭右穆，绵百世以承□；春祈秋尝，历千年而配飨。可谓本源茂实，枝叶蕃昌也已。讵遭粤匪猖狂，蛮氛肆扰，烽烟叠起，刁斗时闻，巍然高阁，大半摧残，洞若重门，几无关设，为之嗣者，目触心伤。今幸时当清晏，四镇安恬，乡村神庙、祖庙俱已绸缪，吾族宗祠、支祠半未修葺，

---

① 刊本1册，私人收藏。
② ［法］劳格文、王振忠主编：《徽州传统社会丛书》，复旦大学出版社2011—2016年版。

其何以报祖德而笃宗祊乎？是以因公集议，询众筹谋，金同有成规之可守，其踵事而增华，或取济于茶厘，或取资于铺项，各宜踊跃，无吝捐输，庶几集腋成裘，鸠工告竣。至于栗木神牌，源流必加深考；粉牒祀谱，世系渐次详登。从此螽斯麟趾，长发其祥，依然松茂竹苞，载笃其庆。谨启。

　　谨将本祠公议捐输丁工、妇饭、茶捐、店捐、行捐各款列后：

　　一、议每丁每口丁工妇饭，照例开载，粘帖公所收数；

　　一、议本祠内支丁在北京、江苏、浙江等处所开店业，每店照柜台日收生意钱数，每钱一千文，捐钱五文，自本年正月起至年终为满，公信到日，按季缴付，随发执照；

　　一、议祠内支丁，今年所办茶箱，往申江出售者，照箱数，每箱捐曹平纹银一钱正，由肇泰经收，当付祠内执照；

　　一、议本祠内支丁，今年办茶出口外售卖者，照件数，每件捐曹平纹二钱正；

　　一、议本祠内支丁在于江、浙所开茶行，照行内本年共做生意数目，每钱一千文，捐钱一文；

　　一、议店捐、茶捐、行捐收缴之日，祠内给有收票，告成晋主之时，各将收票送投祠内，合成洋蚨一百元，晋主位一座，永远不祧，以昭奖励。其有不足数者，或找捐足，或于他人处凑足捐票均可。

　　同治七年正月　　　日至德祠文会、司祠、司事全具。[1]

---

[1] 《故纸堆》丙，北京图书馆出版社 2003 年版，第 30 页。不过，从内容上看，这份资料原被命名为《同案公议文件》，颇为莫名其妙。

这份文书的年代为同治七年（1868 年），虽然未标明地点，但文中提及"至德统祠"，显然是有关北岸吴氏的文书。从中可见，至德祠修建宗祠的资金筹措，除了按每丁每口征收之外，其他的则主要依靠旅居北京、江苏、浙江的徽商捐输。具体说来，店业每店照柜台生意钱数，每钱 1000 文捐 5 文；祠内支丁所办茶箱运往上海出售的，每箱捐银 1 钱；出口外售卖者，每件捐银 2 钱；至于在江苏、浙江所开茶行，当年所做生意数每钱 1000 文捐钱 1 文。作为回报，在祠堂告成时，凡是凑成 100 元者，晋主一位，永远不祧。

在重建宗祠的同时，祭祀礼仪也面临着重新修订的局面。明清时代，徽州的祭祀礼仪历经数度变迁。明代中叶以后，原先的傩坛祭仪的大规模整理，形成了颇为完善的"徽礼"，其主要表现为《祈神奏格》之编纂。及至清代前期，祭祀礼仪得到了进一步的完善，具体体现为各个家族内部祭礼的普及（出现了一些如《茗洲吴氏家典》那样的著作）[1]。而太平天国之后祭祀礼仪之变化，则主要表现为力图对战前礼仪的重新恢复上[2]。

明清时代徽州祭祀礼仪的数度变化，都与徽商的发展密切相

---

[1] （清）吴翟辑：《茗洲吴氏家典》（黄山书社 2006 年版），为明清时代徽州府休宁县虞芮乡趋化里茗洲村吴氏家族历时数代酝酿而成，最后成于清雍正年间岁贡生吴翟之手，主要记述家族日用常礼，是一部上承古礼而又宜于时俗的著作。

[2] 太平天国以后徽州社会的嬗变以及祭祀礼仪的重整，与徽商密切相关。唐力行在《延续与断裂——徽州乡村的超稳定结构与社会变迁》一书中也指出："小徽州与大徽州的良性互动，造成了徽州本土的繁荣与稳定。同时，大徽州的每一次动乱也会在小徽州引起回响。……（太平天国）战后，在徽州乡村社会要素——徽商与士绅的努力下，在外循环的带动下，宗族组织得以重建，内循环又恢复良性互动。"（商务印书馆 2015 年版，第 276 页）

关。明代中叶和清代前期祭祀礼仪的规范，促进了"徽礼"在长江中下游各地的广泛传播。而太平天国之后祭祀礼仪的重整，亦与侨寓外埠徽商的努力密切相关。只是此次重整，适值兵燹劫难之余，人丁萧条①，本土物力维艰②，纷纷外迁的徽商与故土之联系亦日趋松弛，故礼仪的重新恢复存在着一定的困难。

在徽州，无论是宗祠之重修还是祭祀礼仪的重建，在在都需要旅外资本的挹注。《祭神祀祖大例集记》的作者吴恩临，就殚思竭虑地重整祭祀礼仪。他在《自用公清明》一文中指出：

> 我长房九十七世太祖希祥公、九十八世太祖宗元公、九十九世太祖自用公、一百世太祖时敏公。凡我长房支下人丁兴旺，亦称望族，先前尊长诸公集资，立有清明会，将租息按年清明轮首上坟扫墓，春秋祭祀，标挂纸帛，合支下众支丁，按股散胙，挨首轮流，周而复始，永远不禋，历有年矣。自咸同年间遭广西发逆长毛猖蹶［獗］，扰乱各省，凡我众支丁殉难者甚众。自兵燹之后，军兴以来，所有祀产遗失无存，人丁稀少，远不及前矣。乃时遭难余生，不过十余

---

① 97世的吴德凤，因人丁向来不盛，再加上"咸、同间发逆窜扰，殉难无遗"，人口的大量损失，造成后继乏人，而由吴德鸾一代为承值敬神、祀祖的义务，所以有"代驮子孙军"的说法。

② 以禳火戏为例，"老例：演戏三日夜，演毕送神，即俗称穰［禳］火戏是也；新例：兵燹后不演戏，自迎神日起至第四日下午送神，送至大佛庙恭座"。所谓老例、新例，也就指太平天国前后的不同情形。原本总共58人散胙，"兵燹后，于同治三年因租歉收，改发兴隆包，专发三老，每人二只，礼生每人四只，以外停胙。新例各分散胙"。可见，随着元气的恢复，祭祀礼仪亦有所变化。

家，甚至衣食有朝不保暮之势，按年清明节，至每丁捐钱百文，上坟扫墓，祭祀标挂，无余资散胙。迨至光绪二年仲春，恩临竭力倡首，仍复创立自用公清明会，纠股集资，按丁捐钱，一千文作为一股，幼丁至十岁，捐钱一千文，上会一股，至来年清明，方能散胙。至于不捐钱上会，不得散胙，永远为例，不准紊乱会规。再将股本生息，按年将息，作春秋祭祀、标挂、散胙各项等费用，只准用息，不准用本，永远为例，不准徇情，毋违，等因。

是会恩临名下捐出资本钱五千文，上会五股。艾年一股，即阿寿。伯候一股，即阿二。惠伯一股，即阿四。竺君一股，即阿五。达尊一股，即阿八。兄弟五人合为五股，永远遵守成例，毋违，特白。

吴恩临志识。

与传统徽州的其他宗族一样，北岸清明祭祖，每个支派都有清明会，捐有公田、公山，为清明祭祀活动提供经费开支。上揭文字追述了吴氏宗族中清明会的盛衰递嬗，指出咸同兵燹之后，因祀产无存、人丁稀少，宗族成员生活竭蹶困窘。当时劫后余生的十余家，只能每丁捐钱百文，用以上坟扫墓，祭祀标挂，并无余资散胙。直到光绪二年（1876年），才因吴恩临的倡议，重新创立"自用公清明会"。其中的阿寿、阿二、阿四、阿五、阿八，应即吴恩临的五个儿子。此处提及清明会的做法，也是纠股集资，按丁捐钱，以1000文为一股。

太平天国之后，茶业一度繁盛，故而在前述同治七年（1868

年）的文书中，在宗祠之重建中，茶捐、店捐、行捐占有重要的比例。及至清末、民国时期，在祠堂建设及礼仪重建中，丁口捐则逐渐代替了店业捐。关于这一点，《祭神祀祖大例集记》详细记录了光绪三十年（1904年）新春正月德鸢公支万春社的春祭，其中的《公议章程》曰："溯自兵兴后，业经轮过两次，其费用均系筹捐人丁款，以备支应需用。兹又轮首敬祭之期，爰例仍捐丁款，以便应需，俾免临期蹉跎，致有是议"。筹措经费，是按丁捐钱五百文。除此之外，若有缺口，仍然是按丁再捐。当时是由吴恩临经理账目，长房、二房、三房、四房分别收捐。规定无论何房，如捐款收不到之丁，该收捐之人，即行邀集各房收捐者，会同至该丁处收捐，不得徇私。及至民国时期，《重整得全堂捐启》亦感叹："特作事匪艰，筹款维艰，我族各支近来光景大不如前，殷实者既已寥寥，慷慨者更形落落。若照从前店业、田亩各捐，恐众情未必踊跃，筹思再四，惟有丁口一捐，不至大伤元气。"据载，得全堂是永乐年间富户吴长亲手所建，地点在来龙山的东面半山腰处，依山而建，是北岸吴姓建造最早的支祠，后来划给大、二、三、四分共有，为统四分的总支祠，族支的裔孙众多。该祠堂于清光绪十一年（1885年）春季重建，但因经费不足而半途中止，仅将屋架盖瓦完成。直到十五年后的1900年，方才按丁口纳捐筹措经费得以竣工。

从总体上看，太平天国以后，徽商的实力已大不如前。同治年间虽然一度因茶业兴盛而中兴，但总体趋势是在走下坡路。因此，有关宗族活动经费的筹措，店业捐所占的比重迅速下降，丁口捐则成为筹措经费的主要方式。

晚清黟县胥吏眼中的徽州社会

　　蒲松龄创作的《聊斋志异》是清代著名的志怪小说，这部名著有着相当广泛的影响。之所以如此，大概是因为作者系仅具初级功名的读书人，之后则屡试未第，此类下层文人在中国社会人数极为可观，他的所思所想，最能引发广泛的共鸣。另外，《聊斋志异》系短篇小说集，它与笔记、随笔的写法颇有相通之处，其主要特点是在形式上可长可短，只要有点见闻，再加上个人即兴的一些看法，便可敷衍成篇，所以最容易被人模仿。

　　在徽州，《聊斋志异》亦颇受关注，为许多文人商贾所追捧 ①，现存的一些笔记也有明显模仿《聊斋志异》的痕迹。譬如，

---

① 清乾嘉年间歙县人江绍莲有《聊斋志异摘抄》一书。与此差相同时，在歙县教书的浙江淳安人方舒岩，亦曾著《聊斋志异方舒岩批本》4卷，该书对《聊斋志异》作了评点，并将类似的徽州故事附于相关的篇什之下。见安徽省博物馆所藏清抄本《聊斋志异方舒岩批本》4卷，参见：汪庆元、陈迪光《方评〈聊斋志异〉评语辑录》一文，载蒲松龄研究所主办《蒲松龄研究》2000年第1—2期；汪庆元：《徽学研究要籍叙录》，载《徽学》第二卷，2002年版，第376—377页。

嘉庆、道光年间活跃在浙西的婺源士商江南春，就曾数度阅读过《聊斋志异》，其人"喜其叙事详明，笔亦大雅不群"，认为该书是"真勘破人情者"。江氏后来撰成的《静寄轩见闻随笔、静寄轩杂录》等，也有模仿《聊斋志异》的痕迹①。

此外，本文聚焦的黟县胥吏潘国顺之《扫愁帚笔谈》，更是一部模仿《聊斋志异》的作品②。

一、《扫愁帚笔谈》及其作者

《扫愁帚笔谈》稿本 1 册，封面题作"初编"，卷首有"贻笑集初草"和"倚南窗贻笑随笔"等名称，而内里正式的书名则作"扫愁帚笔谈"或"扫愁志笔谈"。之所以会有如此之多的题名，似乎反映了作者急于发泄个人情绪，表达其人生活态度的不同层面，故借各异之书名，或排忧解愁，或故作潇洒。不过，以下为行文方便起见，统一以《扫愁帚笔谈》为该书之正式名称。

1. 作者潘国顺的生平与心理

《扫愁帚笔谈》的作者潘国顺，又称潘梅仙，自号"倚南窗主人""了俗山人""黟山布衣了俗氏"等。"倚南窗"为其斗室

① 参见王振忠：《徽州与衢州：江南城乡的片断记忆——稿本〈静寄轩见闻随笔、静寄轩杂录〉初探》，载《社会科学》2011 年第 3 期。
② 《扫愁帚笔谈》中有多处提及《聊斋》，如"樟溪叟"条末有："余阅《聊斋》云：呜呼！若窖金而以为富，则大帑数千万，不可指为我有哉？愚已，可为此叟斯媪叹之也可。"

之名，亦作"读来世书屋"。该书封二即画有一图，上题"读来世书屋"，窗右并挂有一副对联"有时完读书，无事似静坐"。这副对联并不雅训，潘氏据此想表达的是——其人酷爱读书，并注意时时反躬自省。另外，在该幅画面上，屋内窗前桌边坐一公人模样者，旁有书籍。屋后有一杨柳树，而屋之右则见竹篱及点缀其间的数丛杂树。因潘国顺的身份是位黟县胥吏，又喜欢舞文弄墨，附庸风雅，故该幅图像应当就是潘国顺的自画像。从其自号"了俗氏""了俗山人"来看，其人颇有尘寰中超凡脱俗之想。"倚南窗"的典故显然来自陶渊明的《归去来辞》。黟县素有"桃花源里人家"之说，"倚南窗以寄傲，审容膝之易安"，斜倚着南窗，寄托个人的傲世情怀，住房虽然狭窄、简陋，却容易得到安适。

作者出生于太平天国战乱之后，当时，"四海平靖，五谷丰稔，国顺家兴"，故取名为"潘国顺"①。关于这一点，书中的《自述俚言随笔》，就与其生平经历有关：

> 顺也幼失怙（余五龄时，已不省所怙矣），成童为饥驱（年十四即废读，从族父行外贸于芝），寄芝才十载（身寄饶州，历越将十年），常喜清夜吟（每夜读常漏三下），依人力不胜（服贾米业，力不胜任），自知栖有虞（自知不能素餐也），鬻字昌江上（既愧于尸位，即当改弦更辙，而又苦无长伎［技］可以自谋，惟三余力学，祇有书画而已，遂鼓

———————————

① 《扫愁帚笔谈·名兆》。

椊昌江，插标卖字），合伙友面腴（不幸而合伙，又遇友人面厚不端，交非余友，恨无辜而折本也），半年分别去（秋七月，分首而归），穷谷托钵盂（渝［逾］年训童蒙于邑之九都山中），山深人意少（近山之人良多玩梗，甚难化导云），解馆就浙趋（后竟解馆东下，游浙之杭、湖、海昌等木行、盐舍，不售），奔驰都遍矣（亲友投尽矣，竟无一栖枳［枝］处，可叹可愧！）谋食遽忘躯（每至一处，偶有所嘱作，如书画、禀牒等事，虽疾病困苦，不敢少违人意，故曰忘身），年矢每催至（岁暮，兄劝仍归侍亲），饥寒急迫俱（当此岁暮之际，百孔千疮，弥补无术，不禁急火中烧），赋闲家食久（又家居二寒暑矣，仍然蹉跎如斯，吁！）短叹并长吁（终日幽居斗室，侍奉慈闱，悒闷惆怅之余，惟有长吁短叹，辄唤奈何而已），承蒙友人劝（猥承邑友谆谆劝诫），邑署充吏胥（补充邑刑科），办公恐招愆（刑科乃干系之事，若罪犯不真，恐招天谴），因循惧不力（因循天理，惧责不力），欲辞尘埃去（欲超几［凡］避俗，入山修养），完念老娘亲（回念母老，不能即去），在家如出家（身寄尘寰之中，心超出世之表），立志踞德隅（观孔子之学，惟有德行之科可以力为，而身实心行，踞之一隅可也），秉灯追往事（时于斗室灯前兀坐，而默思往事，恍如梦寐云），握管纪绳枢（随忆随纪，故无准绳），倘遇铁石人（虽铁石心肠者，偶一观之），睹此应嘘唏（观此人之淹蹇半生，想彼亦应为之嘘唏流涕者哉）……

上揭这段文字是对个人一生的概述，其中提到——作者潘国顺，五岁时父亲就已去世。十四岁就跟从族父前往饶州一带经商。徽州俗谚有"前世不修，生在徽州，十三四岁，往外一丢"的说法，而潘国顺正是在十四岁时外出经商。据他自述，在饶州的十年间，从商之余，自己每晚读书都要读到三更。由于志不在此，所以他在米业中从商颇感吃力。后来，潘国顺自觉不能尸位素餐，于是只能改弦易辙。做什么呢？他觉得自己身无长技，只有书画还有点专长，所以就在昌江（亦即景德镇）一带"插标卖字"①。所谓插标，原指在物品或人身上插草，作为出卖的标志，这里是以自谦的口吻形容自降身价，不得已淈迹于俗世。当时，潘国顺一度与朋友合伙经商，但他认为自己所遇匪人，故以折本告终。半年之后，只得返乡，在黟县九都的山中做塾师。黟县九都即今屏山一带，地处丘陵地区，根据潘国顺的观感，当地人相当固执，难以教化，故而他在一年多以后便辞去塾师的行当，经新安江前往浙江的杭州、湖州、海昌（海盐）一带，先后到过当地的木行、盐栈②求职，结果都没有成功。当时，黟县的商人遍布于长江三角洲各地，外出求职的徽商，往往循着乡族的脉络前往投亲觅友，潘国顺自然也不例外。不过，他找遍了熟识的亲朋好友，结果却没有一个地方可以容纳自己，这让他感慨良深，也颇为惭愧。潘国顺说，在求职过程中，自己相当努力。每到一个地方，只要有人想要他的书画，或者请他代写禀帖、牒文的，他

---

① 在《扫愁帚笔谈》中，作者有"被骗""灾数"和"该死"等条，涉及他在景德镇的所见所闻。
② 《扫愁帚笔谈·烈禽》曰："舅氏言其父遗盐号于海昌。"

都是有求必应，即便是生病时也不敢怠慢，所以说是"谋食遽忘躯"。不过，尽管如此，他还是未能如愿。到了年终，哥哥来函催他回家伺候母亲，考虑到自己在外穷困潦倒，所以也只能回到黟县家中。此后，在家中赋闲了两年，整天幽居斗室，长吁短叹。后来，才在一位朋友的劝说下，到县衙门充当了刑科胥吏。

在清代，徽州人对于从事胥吏有着特殊的看法。譬如，乾嘉时代歙县人江绍莲就指出："书吏操纵之弊，是处皆然，徽俗则否。充是役者，大都钜姓旧家，藉蔽风雨，计其上下之期，裹粮而往，惴惴焉以误公为惧。大憝巨猾，绝未之闻。间有作慝者，乡党共耳目之，奸诡不行焉。则非其人尽善良也，良由聚族而居，公论有所不容耳。里仁为美，不信然哉！"[1]因此，在徽州充当胥吏总是让人如履薄冰。在这种背景下，潘国顺亦觉得此一职役颇为尴尬，随波逐流吧恐招天谴，但倘若凭着良心办事，则又会被县里斥责为办事不力。据说，他很想辞去此一职役，但一想到母亲还得有人抚养，暂时无法脱身，故只能抱着"在家如出家，立志踞德隅"的态度，也就是说力图超然物外，立身纯正。这当然只是他的一面之词，其间是否有涂饰个人不堪经历之处，实难确知。不过，从其"欲辞尘埃去"的表态，以及"了俗氏""了俗山人"的自号来看，至少他是摆出了一种超凡脱俗的姿态。

根据潘国顺的自述，这部书是他默思往事而诉诸笔端，也

---

[1] 许承尧：《歙事闲谭》卷18《歙风俗礼教考》，黄山书社2001年版，第602页。

就是所谓的"秉灯追往事，握管纪绳枢"。除了上述的《自述俚言随笔》之外，《扫愁帚笔谈》中还有一篇潘国顺的自传，其中提到，潘国顺生于同治戊辰（七年）十月二十二日（1868年12月5日）。在他出生的前一天晚上，母亲梦见自己前往一观音堂，抬头瞻望，看到观音大士坐在莲座上，其下有数十个衣红穿绿的婴孩，各执旗幡，嬉戏其间。既而梦醒，则腹中疼痛，随即生下了潘国顺。这当然是民间"观音送子"信仰的老套路，以此证明自己之出身不凡。另外，根据他的自传：

> 顺一兄一弟，皆壮伟，惟顺即疾病频仍，娇如处子，然性极聪慧，闻此识彼，且孝友弥笃，廉隅慎重，恒择地而蹈。爱读书，工翰苑，不善作生人活业。幼失怙，家贫，喜独居，好雅洁。年方而立，参透炎凉，遂寄情烟酒，托意篇章。每奉《阴骘文》，勤恳劝世，尝语人曰：人如白驹过隙，一旦殂谢，都埋荒丘。家虽贫窭，亦可尽其心之所能到，徐修德业，未为弗可。若富者拥赀巨万，不知为善，所衣所食，无非温饱，其与贫者何异？……常欲脱颖而作出岫之云。因母年老多病，兄与弟皆贪利远游，嫂等均愚忭，故潜居侍养，宁金尽床头，不敢须臾离也。

这个自传当然出自潘国顺之手，从中可见，此公是位相当自怜的人物。他对《阴骘文》有感而发，其中加了一段评论，说"真达人之言也！仁人之言！其利甚薄，此之谓欤！"这些，是以貌似公正的笔调评价自己，实际上则是他的自我夸饰之语。在

　　　　　区域社会史脉络下的徽州文书研究

前引的《自述俚言随笔》中，他对自己的营商经历曾有过两句概述："合伙友面腴，半年分别去。"对此，潘国顺的解释是：自己与人合伙，但合伙人外表忠厚，实际上却品行不端，结果导致自己无辜而折本。对于这样的一面之词，吾辈读者只能将信将疑。不过，倘若结合此处的自传，我们或许不难看出，明明是他治生乏术，在外经商处处碰壁，但他却说一兄一弟都是"贪利远游"，家中的嫂子等都是愚蠢忤逆之人。而只有自己才是孝思可嘉，宁可金尽床头，也不愿离开年老多病的母亲一步 ①，这真是相当有趣的自我辩解！文中所谓的"常欲脱颖而作出岫之云"，意在表明自己原本心存高远，唯因母老多病，故只能屈居乡间碌碌无为，这也是在为自己的竭蹶困窘寻求开脱。

透过这些夸饰之词，我们还是可以清晰地看出潘国顺的生活处境。譬如，在《剖白》条中，他曾说过："吾兄之枭，吾弟之狂，吾身之惰，吾嫂之妒，吾室之呆，吾侄之懦，吾女之好，吾弟妇之巧且刁，吾侄女之悍且诡。"在这段话中，他对其周遭的所有亲戚，都一一作了点评。从中可见，除了将自己的女儿视若掌珍，潘国顺与家庭中其他成员的关系皆极为恶劣。关于这一点，他在《扫愁帚笔谈》中的不少部分，都多次透露出相关的讯息。例如，《私肥》条曾讲述了黟县碧山查叟兄弟友爱的事迹，讲完这个故事，潘国顺触类旁通，谈及自己的身世：

① 《扫愁帚笔谈·倚南窗贻笑随笔缘起偶稿》末署"桃源护萱庐之东侧斗室"，"桃源"即黟县之别称，而"萱"也就是"萱堂"，指母亲的居室，亦指母亲。

予因是始得其颠末，兹为兄故，触感于中，爰笔而随记之云：

余兄弟三人，幼孤，家中赀，惟予则雁行居二，兄长十岁，幼从父游，父死于客，所遗资物，即兄独有之。值祖逝，弟与予又都外出矣，所贻衣物，兄归，择贵重者私秘之，以为己有，知两弟不之识也。弟失业，母嘱寻觅，即坚辞以不能。予家食，托为安布，即诳诱资助，谓可侍慈帏，予痴听之，则一毛不拔。幸弟有栖枳，时有馈遗。又函致购方书，答以后邮，则终三年亦绝无信息。求代买物，在他人及弟，都必应之，惟兄即置若妄［罔］闻。娶一妻，甚悍妒，尝忤姑，姑怒成疾，兄反以母不慈。姑因娶媳，值家裕，衣饰丰美，俾作体面。予与弟授室时，家已中落，母偶有所赐，当不能如昔三之一，嫂犹刺言不休。当时嫂嫔婚，祖正饶裕，因嫂家贫薄奁，外观不壮，祖出资备木器均全，少二小凳。后予室人家，议过门后，亦备之，扣聘金在。诓婚后母病，不果办。弟娶妻十都，因途远，运奁费钜，母属媒委商之，言木器除金自置，校之嫂，祖不扣所资，为之备办者，增两凳耶。嫂尚尝与邻媪谈，即其中凑聘金、不凑礼仪之委曲，人故不知焉，惟予室所议，则里党皆知，母之寒言也，媪以此对，嫂惟语塞而已。其他之妒迹多端，不暇殚述，姑拣一二以志之。而兄寡情，嫂善妒，皆家门之不幸，言之酸心，不能汇其端绪云。

在上述这段文字中，潘国顺对其兄、嫂口诛笔伐，说祖、父辈去世时，哥哥将家里的好东西都私自留下了。平日里完全不顾手足之情，对弟弟请托的事情不闻不问。嫂嫂更是一位泼妇，悍妒无比。为坐实这些指控，他喋喋不休地列举出家庭内部鸡毛蒜皮的一些琐事，实际上却反映出身为男子汉的潘国顺本人处处斤斤计较，心胸极为狭窄。从中可见，其人治生乏术，人际交往、家庭关系处理得一塌糊涂，却又无力改变现状。关于这一点，书中的《毕少白》一则，也花了很长的篇幅谈及一个人的家庭矛盾，某种程度上也是他的夫子自道：

毕少白，字告白，坎坷人。少敏能文，父早丧，兄弟各一，家贫母老，娶后析炊。弟因聘未婚，而妻已夭逝。值家陵夷，母姑置之，不与复论婚。弟亦运舛，奔驰无宁岁，白挽同居妪婉劝母，典产为弟授室。及配偶讫，欲析炊，白谏止之。于是白弟妇依母而炊，嫂与白皆另爨。妇一归宁，尝不回，白妻则奉事服劳。嫂有悍妒性，时忤逆姑。白每劝不悛，反诅诟之。白好读，不善掺衣食业，故饔飧不给。嫂及侄等，咸白眼之。兄诡而诈，贾尝裕，白趋求推毂，即蹙额皱眉辞之，难臂登天。劝使归，宁甘资助，且代函寄弟，嘱同周恤之。禀母书，亦如之。适书至，值族中轻薄子在，传览之，语涉讥刺，白惭，于是，遐迩皆知白兄弟助家需，白亦感慰。年余，惟弟则少赠之，自言者置若漠然耳。白亦狷洁自好，妻尤重，能躬耕佐助夫，并无怨尤。嫂年底腌亥十余斤，豚蹄一只。白家度岁，只肉一方，才二三斤而已。母收息资，腌一蹄，以备不时之需。不知者见，问嫂：此蹄汝家否？嫂答曰：我有此蹄，人若叫我不应矣。母知语侵，不敢怒，忍之而已。弟妇食方讫，母加以□少许，嫂即辞色诮讪，不可堪。母不获已，怒诟之，嫂与对，母声言要打汝，嫂即敌，挽母去祠前打。白心丞，厉声呵止。嫂即迁怒，詈骂白，云：不干汝事。白曰：恐有事，必要干我事。嫂即厉声怒诟骂白：要剃汝头。一切恶谑，白姑忍之，恐见笑于族雠也。嫂诟数日，无一敢应者，犹尝时自逞，挟威作态。兄归时，每夜喋喋，兄故偏听，从教妇言，忍情骨肉，至失天伦之谊，皆遵阃内之规，多所不义之迹。虽少白之告白，正亦不能毕其词，而志其万一尔。草草脱稿，不情之事，神人共愤。执笔者，于妒妇玩梗，宁不心旌摇摇，文无端绪焉者几希！

毕少白也是一位读书人，亦同样有兄弟。与潘国顺的家庭状况相似，在潘氏笔下，毕嫂也是极为悍泼，而哥哥则听从枕边风，毫不顾念兄弟之情。此处提及的家庭纠纷与冲突，特别是妇姑勃豀，极为琐屑，反映了民间日常生活的实态。此外，他在《妒妇》条中提及："有或者，兄呼弟同食，嫂即横目裂眦，答以毋矣，其实有之也。每有肴酒，呼弟共，嫂即出言不逊，弟亦婉曲以辞之。弟有帽边稍损，见嫂为子缝纫之，弟因购料请制，即冷语对以不能。偶或烘炒茶食、果子等物，即匿走避置，惟恐人见，其形状殆不可观。每姒娣间闲谈，语多讥诮，妒娇生性。此数事，审之不须详言，其琐屑，则可想见妇之为人已。"在《扫愁帚笔谈》一书中，潘国顺一再提及叔嫂之间的紧张关系，这些事例实际上折射出作为商贾之乡的徽州社会生活之实态——徽州是个重商的社会，男子十三四岁以后，绝大多数人都要外出务工经商。在这种背景下，那些留在故土、读书又屡试不第的成年男子，往往为他人所轻视。而在家庭中，兄弟、叔嫂之间的矛盾与冲突也就在所难免。也正因为这一原因，潘国顺的家庭关系处理得极为糟糕。对此，他在《神签》中指出：

予因困顿不偶，伯兄诡施慈祥，方欲挈外，母心怀疑，遂命荆人诣城，虔祈张康神王灵签，以定举止。签词云：名为君子实匪人，多诈无情莫与亲，言在东头心在北，不如更变得良因。云云。予素知伯仲，情无鹡鸰之亲。虽承随外，恐惶不已，惟怯伯之施谲也，得签始定。噫！以匪人之心施于骨肉，令人弗信，况阴行于同胞乎？真千古之匪徒耳。非神明示，几令阨穷人而愈以困苦之，罹其荼毒，无以自明，神其灵感云……

文中提及的"鹡鸰"，原指一种鸟，晋葛洪《抱朴子》中有"鸥鹏庆赤霄以高翔，鹡鸰傲蓬林以鼓翼"之句，后以"鹡鸰"比喻兄弟。这段文字是说自己的伯兄毫无兄弟之情，潘国顺因落魄家居，伯兄大概是出于好心，想带他出门务工经商。据说，其母对伯兄的动机颇感怀疑，让潘国顺的妻子到县城"张康神王"那里去求个签。所谓"张康神王"亦即张康菩萨，是黟县极为重要的地方神明。据嘉庆《黟县志》记载，当地"俗多联会赛神，汪公华、张公巡、许公远，昔以防御有功德于民，关圣、周宣灵王以忠孝为民所奉，康王深则自山右，与张公巡为黔人迎归者，并称张康菩萨，最灵显"①。关于张康菩萨，形成于清末的《黟县风俗之习惯》中仍有记载②，可见此一信仰在当地经久不衰。从潘国顺的为人处世来看，其人疑神疑鬼，他对周围人的所有举措皆有猜忌，故而只能求诸神明。从中可见，潘氏的精神处于极为压抑的状态。

2.《扫愁帚笔谈》之写作

关于《扫愁帚笔谈》的写作，该书卷首有乙未年（即光绪二十一年，1895 年）所作的《〈扫愁帚笔谈丛录〉自叙》，自叙以"答客问"的形式，阐述了作者撰写此书的缘由：

> 或有问于予曰：君无恒产，家徒壁立，无以糊其口，使习贾于四方，稍沾升斗，为衣食生活之计，而君志不然，改弦易辙，奋发苦攻，手不释卷，皆博古鉴今，入林惟恐不深，愤恬帖［帖括］谓无用之物，绝意进取，终老蓬蒿，殊不念之科名阶梯者，非帖恬［括］之外，竟无所进步，君又不之学者，何哉？

> 余应之曰：否也，宣圣之功，德配天地，声名垂宇宙，千百年来，宗其教而昭著于世者，非岂一人之下，万人之上，是可以厕身于儒林之列乎？

---

① 《中国地方志集成》安徽府县志辑第 56 册，江苏古籍出版社 1998 年版，第 59 页。
② （清）刘汝骥：《陶甓公牍》卷 12《法制科·黟县风俗之习惯》"神道"条，《官箴书集成》第 10 册，黄山书社 1997 年版，第 609 页。

从封二所画之上的题字可知，该书似乎成稿于光绪二十五年（1899年），不过，书中有戊申（光绪三十四年，1908年）的内容。卷首的"答客问"，是模拟第三者的口吻询问，并由自己做出回答，以此来表述个人的情绪和思想。在这里，潘国顺说自己虽然并不致力于科举考试，但却也崇奉孔子的儒教。他认为自己的所作所为，是相当崇高的经世之业。接着，虚拟的客人再次问及：

> 然则君之何为而著笔谈，而名"扫愁帚"者，意亦有说乎？

对此，潘国顺回答说：

> 余自近年来，落落寡合，与世为仇，初则研究歧〔岐〕黄，继则涉猎经史，旁及风鉴家言，癖而成痴，不复知有人情矣。始致正业日微，饔飧不继，犹坦然以书为命，咿唔不绝。甚而室人交谪，儿女号啼，尚稍稍不安于家，以文会友，渐而寄情诗酒，涉冀吹烟，将成痼癖，良友箴规，则亦为乡邻之所讥，下流之所议，而倾心不之为也。俄而东游江、浙，落拓湖山，每因为友书绘，厚报烟酒，然为身寄异域，遭逢不偶，致五中之瞀乱，悦一榻以横陈。伴侣言合，犹恨千言之少；醇醪频酌，不嫌一覧之多。酒阑烟进，适慰鄙怀；灯前谈异，恰符斯志。无何，夙癖复萌，穷愁益

甚。悲生辰之不偶，恨际遇之无由。偃蹇念余年，祇为饥来驱我，困苦百千，计自憎壮而为吏。悒郁长愁，绝无生人乐趣；夜长日永，惟藉酒兵烟香。三余之际，一管涂抹，中书君假我扫愁，褚先生拱予雅谑，故数十年来，所见所闻、可惊可愕之事，嘿［默］坐沉思，随笔记之，少不修饰耶，聊以自娱云尔。固无论异说奇闻，亦乐听之，是以越历目指于已往，而供搜罗纪传于今日。祇惟有关夫风教，不择袭摹于雷同，乃不敢撆空结构，亦无能作文求工。自鸣天籁，何拣好音？若合人心，岂嫌鬼怪！自惭以蠡测海，断难聚米为山，孰［孰］知积久竟成卷帙矣，始信"集千狐之腋，可以成裘"之语而不谬也。维时雨晦灯昏，风萧夜静，醉浊醪之余趣，喜萤灯之□□。濡笔抽笺，直书则奇奇怪怪；吮烟酣茗，暝搜则人人物物。盖此中之景味，实吾人之解忧，只堪为知我者道也。

这段文字是说自己为人性格孤僻，与社会人情格格不入，先后研习过医道，涉猎经史，旁及风鉴。因不务正业，生活相当困窘。但即便如此，他还是嗜书如命。文中用了不少典故，如秦始皇封蒙恬于管城，并累拜中书，后人遂别称笔曰"管城子"或"中书君"。潘国顺指出，尽管时常与妻子发生纠纷，家中的儿女也哭闹不休，但自己还是热衷于以文会友，寄情山水。虽然一度东游江浙一带，最后还是不得不到县署衙门充当吏胥，这一营生让人颇感痛苦，只能以嗜烟如命、借酒浇愁消磨时光。碌碌无为之际，遂在空闲时间握管涂抹，将数十年来的奇闻异说逐一记录下来。

此外，书中的《剖白》，对该书写作的宗旨作了进一步的阐述：

> 若我者之集是录也，岂敢凭空结遘〔构〕，泄自己之忿尤，借事为题，快情词之丽藻？如影含沙，欲身藏墨而已。诸若如此，固心之所难安，亦世之所可疑。间有风流薄倖，雅邪纪录，故亦不敢甘守绳墨，宁处迂阔而为择言，曲写其状貌，□描其雅致。然又不能兴诸荒唐之言，造作无稽之事。宣古诗之寓记，假儿女之怀思，恣意讥嘲、妄为播扬，必使将来而可信，犹资后人之有征，我不为也。虽然寄兴空斋，寂寞无聊。传录时事，不妨贻笑于琐屑；触目发意，何嫌随笔而就便。志鬼神怪异，非见即闻；山川奇胜，弗历亦考。至于时风旋变，物类超群，固求古而鉴今。亲目视而手指，惟随所忆，亦值闲居，即缀录而成本，不别分门，偶濡毫而便登。岂曰著作，惟是弁言，以辟群惑，特书简端，而剖白衷曲云。

潘国顺对于自己的这部著作似乎相当在意，从抄本目前的状况来看，他对此书做过系统的整理。该书的卷首，有全书的目录，书前的《贻笑集初草自叙》曰："凄凄切切之文，寒寒酸酸之作，颠颠琐琐之志，牢牢骚骚之笔，原不在文章词坛所共论也。未撰之前，不禁自笑，既撰以后，未免贻笑。"而在《〈扫愁帚笔谈丛录〉自叙》中，他还借客人之语，对自己的这部著作做

了评价:

> 或曰: 噫嘻! 君固雅士, 自得风流, 世逢才子, 必加月旦。凡事尽报应之关节, 立言登圣贤之门阈, 虽云《扫愁帚笔谈》, 不让《聊斋志异》。知君者, 其谅之诸……

这是以虚拟的第三者口吻来赞扬自己以及该书。显然, 在潘国顺的自我感觉中, 该书的价值, 较之蒲松龄的《聊斋志异》亦不遑多让。对此,《〈扫愁帚笔谈丛录〉自叙》接着说:"余闻惭汗, 浃背不堪, 或之恶谑也, 嗣以后而弗索序于士大夫已, 故自略述其颠末, 而志其梗概云。"话虽然是这么说, 但他借虚拟之客人口吻, 还是说出了该书在自己心目中的定位。书中的《剖白》一则, 提到"千秋而下, 阅斯乃释", 自命不凡的作者, 显然亦视此书为个人的经世伟业。

二、从《扫愁帚笔谈》看晚清时期的徽商与徽州社会

《扫愁帚笔谈》全书共七十五则, 其中的每则皆讲明出处。例如《霹雳打》三则之一, 讲河南河口某铺户主人因徒弟误弃婴孩而遭雷击, "从此如醉如痴"。潘国顺在讲完这个故事后记道:"友人叶君某者, 游遨于此, 经目射之。叶某者, 同邑五都人也, 主人是其同族。予寓昌江, 亦曾见之。某者指之, 如痴如呆者某

人也，为予言其始末，盖彼由此而过而归其家云。"此种标榜每一故事皆有出处的写法，显然意在增加故事的真实性。而这一点，也与《聊斋志异》的叙述手法颇相类似。

从潘国顺的生平事迹来看，其人酷嗜读书，经过商，教过书，还在衙门里充当胥吏，可谓见多识广。正是因为如此，《扫愁帚笔谈》涉及的内容极为丰富，以下即就该书所述，归类加以分析。

（一）商人故事

徽州是明清时代著名的商贾之乡，但一府六县的情况并不完全相同。与歙县、休宁等县自明代中叶起徽商就已相当活跃的情形不同，从清代前期开始，黟县的经商风气才日益浓厚。在这种背景下，《扫愁帚笔谈》中讲述了不少人群流动与水路交通的故事，如《撑篙某》：

> 予东游江浙，附舟而下，有艄翁言前年间南海一僧，募化金钱，至海阳河埠，赁棹反。值一船主客俱不在，只撑篙者独坐龋首。僧登舟，议力资讫，泄以包裹，然后踅泊如厕，并购须些。方临原泊处，即舟挂帆去远矣，樯楫如林，无从稽讯，气愤填胸，孑然一身而已，遂经死。盖择篙者，稔知袱内，秘匿己橐，乌有知者？越数月，返棹海阳，出资创业，建造房舍，居然出色，不复理其生涯矣，而人亦不知其财之所自也。渝［逾］年遭回禄，房舍焚尽，一无所存，而身亦死于灰烬中，报亦惨哉！先是，某见火起，急趋出，

然后再入，抱一包，冲焰而走。刚至门，即铿然一声，门枋崩塌，触脑而死，所抱物犹在握。火息后，邻人见包内一缘簿，暨神牌、金洋等，研诘其妻，群始知委曲也。妻无依，后为倚门卖笑，以赚衣食，即今在某处第几门便是云。

"海阳"即徽州府休宁县，境内的溪口、万安、屯溪等，皆是重要的水运码头。横江从黟县东南流，经休宁县至屯溪汇率水后为渐江，潘国顺显然就是由此东下，经新安江前往江浙一带。在清代，徽州人外出务工经商，有很多经验之谈，如商人书《江湖备要》中就有："到码头写船，不可无埠头，切要行家经手，……倘悭小，希省牙用，船无埠头，小人乘奸为盗，……或至财劫命休也，皆因贪小而失其大也，切宜戒之！"上述的那位南海僧，显然就是因为缺乏旅行经验而致财产损失，最后羞愤自尽。《江湖备要》亦称《江湖十二则》，其中涉及的内容，有不少是如何防范车匪路霸、保障自身安全的经验。在这方面，显然有太多惨痛的教训。例如，潘国顺在《迁善》一则中就指出：

城南某，偕二三友人，登名山游玩，仪容翩翩，衣裳楚楚，真与公子王孙无异。将入兰若，小沙弥恭迓献茗，具请息憩。惟某即置弗诸顾，独无坐位，亦无杯茶。某欲怒，即见一僧捧碗水至，某骤怒之，云：人皆饮茗，惟我饮水，何欺我之甚！？僧曰：尔饮水一碗，便言欺尔；人吃水一江，即是尔之欺人也。奚怒为？某惊愕失色，嘿然舌蹇。徐即结伴，兴索而归。后遂独自潜往，叩问僧能解禳否。僧云：惟善可矣。盖某少壮时，曾谋□者财，且推置江中，虽妻、子弗知也。故闻僧言，大骇，中心懦懦，于是归货所有，仅存可活，余即造桥修路，行诸善事。时尚虚宗似［嗣］，至四十余犹生一子，家亦小康，善病而卒，遗嘱子继其志，子克从之，余谓迁善之报也。

这个故事是说，某人少壮时曾在水路上谋财害命，后经僧人点破，改恶迁善，最后得以善终。上述两则虽然说的都是因果报应的故事，但从中亦可折射出其时水路旅行之不测风险。

当时，徽州地处万山之中，人们外出，除了沿着山间鸟道艰难跋涉之外，主要利用的就是新安江和阊江两条水路。明清以来，水路上设有诸多的关卡，令过往客商苦不堪言。《某卡员》条就记录了厘卡胥吏与徽商的故事："……一卡员某，鄙贪无似，士商苦之，苛虐于泛宅者，即无所不要。有一客，泊舟报纳，如例抽厘外，另赠员以黑须药。值员正谋此，欲购诸洋，得此，作鸬鹚笑，并挽客饮，意下交之。客辞去，解缆北渡。员如法掺须，天明共视，即凝结成块，濯之亦不散，如庙中所塑木偶，就颐颏以刻雕之状。员大怒，拘客，客舟已不知所之矣。""鸬鹚笑"是比喻自鸣得意的一种奸笑，此一形容，反映了徽商对厘卡员弁的仇视。徽州人徐云松曾吟诗曰："税关厘卡真难当，倚官仗势开笼箱，两块花边买扦手，有钱容易通商量。不买扦手真痴呆，误了东风借不来，别人趁风往前去，我被扣留船难开。船难开，事犹小，赶不上帮真不了，孤舟野岸夜须停，防贼不眠盼天晓。"这首《徽河苦》虽然作于 1925 年，但其中所述厘卡之各种潜规则，早在明清时期就已存在。1908 年 1 月 25 日的《申报》上，曾刊登过"徽商来函"，其中提及新安江上有"零货捐"的名目，这是针对商人回乡携带的日用物品之征税。后因徽州同乡的反对，改名为"杂货捐"，但其"留难阻滞"一仍旧贯。当月初旬，收带金、衢、严三府徽州人银信的信客宋三禄、王春喜等人，因被浙江严东关厘卡多方留滞，驶至马目埠，天色已晚，遭盗匪多人登舟抢劫，结果失去洋信千余封，银洋多至六千元左右。因类似的事情反复发生①，不少徽州人显然吃够了这样的苦头，故而才会有上文提及的贾客以黑须药报复卡员的做法。

潘国顺早年到过江西、浙江各地，虽然经商一事无成，但他在商海浮沉多年，耳闻目睹了不少徽商的事迹行止。如《义犬》条：

> 城北金姓者，贸贩为业，设肆江右。蓄一犬，质白黑章。金偶挟重赀，往诸异埠，欲置货以居奇，犬尾从之。金驱叱使回，遂斜行而去。金疑已返，亦不之顾。约走六七里，急入林如厕，泻赀道旁，事毕，结袴而去，已忘所遗。

---

① 安徽省黄山市中国徽州文化博物馆收藏有一册《徽河零货捐小史》(1922 年刊本)，其中提及，咸丰四年 (1854 年)，新安江 (即徽河) 各局卡以"徽零货"的名目，要求到卡船只报捐货物，如无大宗货物，即以各搭客名下之零星货物估本报捐。为此，途经新安江往来之徽商的一般随身行李，皆被当作零货抽捐，成为一大负担。光绪二十一年 (1895 年)，徽商群起抗争，迫使官方作了退让。光绪二十三年 (1897 年)，浙江全省牙厘总局颁布告示，将货物抽捐正常化，明确规定对行李不得抽捐。及至 1922 年夏，因某司员私人承包了浙江威坪厘局黄家潭分卡，对过境徽商船只勒索盖印费，其他局卡亦复效尤。徽商被迫再次群起抗争，此一抗争声势浩大。关于"零货捐"，亦见徽州文书抄本《便抄·又阅一则抄录于后》。

至检行装，悉失赀，即欲返搜寻，则意南北冲衢，行人如蚁，当不能还珠合浦，懊恼自憎而已。越旬日，干事已讫，束装而旋，至旧如厕处，即睹一犬卧草丛间，审之，毛色如所蓄犬，蹴之不动，始知犬已毙。大骇，疑有故，拨之，即露裹赀袱，执视，则己物也，数不差毫厘。遂悟犬从己，预知金有丧赀之遭，偪令使返，恐违主意，故迁道而为金守遗赀。久俟不至，即以死殉，知主人见必触目，而能报故主矣。金甚德犬，出资以建义犬亭，行旅往来，皆嘉叹之。金之子字梦祥者，乃余师宝铎夫子之妹夫也。每归诣塾，与夫子言之历历。义犬亭，犹在饶之安仁乡间云。

潘国顺在讲述这个故事的末尾，也说出了此一故事的来历。不过，类似的"义犬"故事，在清代的笔记小说中颇有所见[1]。在清代，许多黟县人前往江西经商。上述一则说的就是义犬为主死守遗赀的故事，而主人所建的"义犬亭"，即位于江西饶州府的安仁县（今江西余江县东北）[2]。

徽州人外出务工经商，与妻儿长久分居，时常演绎出各种离

---

[1] 嘉庆年间王有光所撰的《吴下谚联》中，就有"犬有义而可养"条，也说了类似的义犬故事，只是主人公是侨业浙江之徽商，而所修的"义犬亭"则在新安江畔的富阳。此外，更早的故事，则亦见于《聊斋志异》。其中，蒲松龄也讲过类似的"义犬"故事，只是故事发生的背景是在潞安（今山西长治一带），主人最后所建者不是"义犬亭"，而只是一个"义犬冢"而已。

[2] 《扫愁帚笔谈》一书中，有不少各类动物的故事，而关于商人与狗的故事，书中还有："族人某，言江右某肆，冬夜烘爆衣物，偶失检点，众已酣睡。有一犬嗥吠甚厉，朴〔扑〕地作滚，振骇众醒。怪起而觇之，即见火星四布，烈焰直冲，急集扑灭，即犬遍身焦灼矣。"

奇的悲喜剧。如《霹雳打（三则）》：

余往十都观演剧，大雨倾注，雷电并作，渝［逾］二日始能归。至北庄地方，才知偪近一妇，被雷击死。值妇家供木工修屋，将炊午飧，正在烹豆腐时，雷已迅作。妇意仓皇朵［躲］避，而雷电已临头矣。二木工惊窜，不敢仰视，直至云收雨霁，且敢抱头而望，睹之，即见妇被发跪地下，锅覆灶上，出喊，邻人共集，验试锅底上，有字横斜，云：金镯凿下死，豆腐化成泥。咸皆弗解其故。妇固无子，且寡，只一女。女来含敛，又发之，击至数次，始敢厝，然或亦未知妇之缘何而此［死］也。越半月，有休邑男子来访妇，闻伏天诛，仰首欢叹而去。人有讯知其故者，盖休来男子之妻某氏，独居家中。夫外贸，寄有金镯。妇因货干豆腐于休，尝寓氏居，稔知氏镯。归造伪镯，潜易之，氏亦不知。至夫归，查出细别，以是知伪。研诘氏，而氏固不解，夫疑氏有私，故作此狡猾也。氏不伏，愤投缳死。夫亦怒氏不洁，姑负气槁敛而粗瘗之。检氏所藏，蓄有番洋百尊，乃夫给之家需，俭得而余之也。夫悉详之，意氏不当存洋而挥之镯，此定当枉杀己妻欤！恼悔不已，出述于邻，并问邻：有人与吾妻交者乎？邻有知妇之每年寄寓事告夫，夫始悟，遂束装来黟，欲讼之妇。故不远而来，穷究妇之里居、姓名，以好词白。讵刚将研问，即知妇被雷诛，是以愤消而太息以去也。众始悉。

黟县的十都，也就是现在著名的宏村一带。这个故事说的是，商人妇因所藏金镯为他人偷换，而遭丈夫猜忌，并愤然自尽。故事颇具戏剧性色彩，偷换金镯者结果被雷电所击身亡，从而让事实真相水落石出，这当然又是因果报应的一个例子。

关于商人妇的故事，书中还有《妇无情》一则：

明太祖有言：男儿都是负［妇］人生，天下妇人皆可杀。真恨极之词也！同居叟为予言，休邑一人某姓者，素为典商，颇有蓄积，盖职司头柜也。年念［廿］余，未娶，少失怙恃，家无他人，惟族亲乡邻而已。每年归，聘娶某氏为室。越两月，计将外出。氏留之，且云：吾乃新来，尔家事、祀祖绝不知，多停几月，我可谙之。庶尔去，亦无挂念矣。某听之。越明年，春三月，又将往，氏又婉辞以止之，以为偕指祭扫，理亦极正。迨届午节，欲束装，氏又云：佳节伊迩，节后去，未为迟也。某又是之。无何，炎暄侵人，氏益可以置词。直至中秋，凉风飒至，某坚意欲往，即典东函来告辞矣。时虽失业，尚有供用，渐而床头金尽，典质衣饰，苟且度日。氏即潜藏簪珥，冷语相侵，动辄诟诅，常负气归宁，久久不家。某遂饔飧时虞，衣如鹑结，欲奋志他出，奈形类丐人，时望氏回相商，竟连月累日，绝无踪影。偶一见之，便诮讪不堪。某愤甚，贷以薄资，迤逦至海阳，意欲附舟东下，又囊无一钱，腹中辘辘，饥火上焚，蹀躞河干，计无所出。顾忆频受氏侵，势难再回，不如俟人影依稀、月光初上时投河而死。刚伏水中，见水天二月，忽自慰解：莫非吾有焕然否？吁嗟太息！适一巨富子，独赁一舟，无人闲语，命舟子登泊，问：尔亦东下者乎？某颔之。舟子云：盍不附我舟而去？正可与公子闲叙，消寂寞耳。某直告之，身无资。舟子返命，邀登舟，所需用度，我为尔使之。某喜，殷勤为公子动作，备极承迎，公子亦乐与之俱。迨抵虎林，问所业，即以典对。公子固杭之典主人也，遂偕至，嘱总管者为之位置耶。某本典中出色，偶为妇愚，备尝艰苦，至此益抖擞精神，经营得利，且诸获同人喜。渝［逾］六、七年，绝无信归。若问之，即以家无一人对。氏闻夫外出，不知去向，意其已填沟渠矣，喜之不胜。倩媒欲再适，访之者，咸弗敢纳，知其素行也。初惟母家暂住，久亦为兄嫂所僭［谮］。居家即衣食又无所出，则向时潜匿奁物，均已易去矣。某之昔时情状，氏于此日亦尝之。傍徨无策，只得遍访良人，幸近村人与某同事，知其梗概，归时为氏述之。氏恳为转达，某卒不应，且云：吾素未成家，君其误矣！氏望之音耗全无，徒投往雁，绝不见来鳞，心甚怨悔，并闻夫校［较］昔时，景况倍胜之，心更恼闷。归与母商，同东下投夫。至典询问，并无其人。转寻邻人，托代声致之。某坚不承认，邻人亦无术，邀集同袍，挽某游春，假以息憩，氏出见之。某即返身自回，留之不可。甚而同人苦劝，始言其曩年事，氏觉惭汗，俯仰若有所难容，求给衣食。不可，再三哀请，同人为之附和，才应以番饼三百元俾之，且即嘱归，勿想吾与尔夫妻也。既毕返典，拔存辛金足三千余，皆十多年积聚之物，束装辞去，后竟不知所终。

上文说的是徽州休宁商人的故事。在清代，休宁人以典当经营闻名遐迩，而故事的主人公也是一名"头柜朝奉"。娶亲之初，因妻子舍不得他远离，再三挽留在家，最终导致失业。此后，经济逐渐拮据，结果夫妻反目，朝奉穷困潦倒，一度想投河轻生。后来，遇一富家子，遂发愤努力，终至重振旗鼓。相形之下，其妻则每况愈下，故通过各种方式，欲求破镜重圆却终遭拒绝。这其实是汉代朱买臣马前泼水休妻的清代版，反映的是商业气氛浓厚的徽州社会之一幕悲剧。

自明代中叶以来，随着徽商的崛起，徽州社会产生了重要的变化，"金令司天，钱神卓地"[1]，金钱的力量，使得嫌贫爱富成了社会的风尚。潘国顺在《浇俗》一则中还指出：

> 风俗不古，人情浇漓，天下皆是，惟黟尤甚，特山川之气象然也。乞人汪某者，不知其名字，以其每正月间装扮魁星，曲求乡里，或故以"魁星汉"呼之。当丐时，卧诸门檐，其曲如虾，人咸讥之云：穷骨头，睡相都不同，踡曲如狗。后有阴德，随商人渐贾致富，甲第云连，奴婢肆佣以成群，子孙科第，称缙绅焉。后其下人，冀远近有知之者，见其睡，皆互相以赞之，言其富贵，即此相也。其踡曲如初，未尝更变，人皆谓其睡式类元宝云。同一人也，共一睡也，

---

① 万历《歙志》卷 5《风土》。

以贵贱故，遂有如狗、如锭之讥而赞之，两形高下，大相迳庭矣。

关于乞人汪某，书中另有《魁星汉》一则，其中提及此人是潘国顺之舅氏的族人，该族后来"侨居江浙，世为盐商，而家称巨有。年甫不惑，即子孙林立，婢仆成群"[①]。《扫愁帚笔谈》中涉及汪氏的三则，反映了人们对一位乞丐发迹变泰前后不同的观感，而这种观感之嬗变，显然与清代徽州商业兴盛所营造的社会氛围密切相关。

（二）黟县乡间的社会生活

潘国顺除了一度外出经商外，绝大部分时间是在黟县当地生活。因此，《扫愁帚笔谈》一书中的主要内容，多侧面地反映了黟县乡间的社会生活。

1. 鬼怪故事背后的观念取向

书中讲述了不少鬼怪故事，其中有不少曲折地反映了民间社会的观念意识和价值取向。如《鬼怜孝》：

> 邑北某子，贾于休，闻母病，星驰而归，方至官山，此地系义冢处也，时交更余，跄踉乘月而奔，撇［瞥］见一年少女郎，盈盈独走，其意深夜荒凉，藉随为侣。女郎行且速，喘汗跟之，始能及，亦不交言。某一心见母，故无意与

---

① 《扫愁帚笔谈·汪某》。

之拔谈。相行六七里，女止不前，掉首问曰：子亦大胆哉！
且曰：子乃笃孝之人，不然听之。某闻之怯，诘所谓，曰：
尔瞻侧径，簇拥飞驰者，谁耶？乃当方山神也。子若昧进，
恐将不利。某念母心切，恨不能飞，虽闻利害，固所漠然，
而亦应之。行将近，遽闻前驱云：圣母当道。似舆中人言，
迂路而过。某见之，蜂拥威严，不觉毛发俱悚，心疑女郎何
赫濯如此，拜谢之，且询居里，容当报之。女郎即云，吾乃
经鬼也，子勿怯，宜早归，行当无事已。语毕，倏忽不见。

这是说上吊而死的女鬼，因见行人是位孝子，故不仅不加害
于他，而且还一路护送他返归故里。另一则《阴阳眼》：

　　予客饶州时，曾晤同乡四都人，谈其族某甲者，据老辈
传，大率乾隆间人也，白昼能睹鬼物。或见之士庶，得志
时，即邂逅相值，鬼必先避；失志时，偶然相撞，鬼必不自
退。人遇之，遂觉毛骨悚栗，归即沾恙，药之不应，祷禳即
已，盖时之衰使然耳。又言祥旺之家，则鬼物更多，长不甚
修，大不甚巨，状如婴儿，庭除嬉戏，若见人，就匿诸颣
并门背，而亦未尝作祟也。衰败将亡之家，则室中鬼渐散
去，稀稀甚且亡矣。一日，甲过牌坊，见上有狰狞鬼，手执
白杖。有一新婚妇，意于归未满月，亦将过之。鬼跃下当头
击之，妇顶红光，焕然四射，鬼惶骇而奔。甲疑妇命必贵，
访诸夫家，固贫窭贾人，碌碌无奇节，怪之。月余，始闻夫
死，妇操柏舟节，而终不为贫移焉。予谓节烈贞女，朝廷闻

之，则旌表其门闾。皇天嘉之，亦昌佑其子孙。何方鬼物，能不悚然而逃哉？

这是说鬼物也是欺软怕硬，士庶志得意满时，则鬼亦退避三舍。一旦运衰失志，则鬼物必加欺凌。根据嘉庆《黟县志》的记载，四都比较古老的村落有陈闾、古筑、黄村街、黄石墩、鲍村、后阐、官麓下和泉山岭等，这些，都是自明代中叶以来即已存在的古村落。据说，当地有个人能于白昼看见鬼物。有一次，一新婚妇人路过某牌坊，遭狰狞恶鬼突然袭击却巍然不动。该妇夫家虽然也是贫窭贾人，也没有什么突出的事迹，但因其坚守贞节，故而也让鬼物望风奔逃。此一情节，反映出徽州民间对于妇女节烈的景仰与表彰。

《扫愁帚笔谈》中讲述的诸多故事，除了对细节的描绘之外，其主旨还在于扬善隐恶。《屠警》条曰："昌浦某屠肆，庚寅冬十月间，将曙秉烛，宰豕一头，熻去毛鬐，烛遽灭，再火照之，即一裸女子也，刀中项际，骇绝，阴购材而瘗埋之矣。翊旦，宰如昨，刳豕腹，内抒一掌，指爪历历，不敢告人，而肆夥已外扬，通市皆悉其事已。邻党月旦，皆云某肆开张，甫贻四世，且生意蒸蒸，屠宰牲口不胜计数，当时隆旺，甚于曩日。固冥冥之中，现诸祸警，以惩彼承业者之悛恶，以舍凶利哉。"从明代开始，徽州的佛教日益昌盛，善男信女对于民间的杀生颇有忌讳。在一些地方，屠夫死后手上要戴上红手套，据说是因为他们的双手沾染过太多的鲜血，去世后过阎王殿时会被斩掉双手。为此，人们想到了讨巧的办法，戴上红手套，以示他们的双手已被斩掉，从而得以全尸入殓①。"昌浦"似乎也就是昌江，亦即景德镇。上述一则是说光绪十六年（1890年）十月，当地有位屠夫秉烛杀猪，去毛之后，蜡烛忽然熄灭，等他再找来火烛时，却发现地上躺的是一具裸体女子，杀猪刀正插在她的脖子上。屠夫遂大惊失色，急忙偷偷买了一副棺材将她埋了。等到第二天，他又像前天一样杀猪，剖开肚子后，却找到一个人的手掌，五个手指清清楚楚，他不敢告诉旁人。不过，发生在屠宰场的怪事已被伙计外传，整个市场都传得沸沸扬扬。周围的邻居评论说，这一家屠肆已开了四代，生意蒸蒸日上，屠宰的牲口不计其数，此时的兴旺程度要超过以往，所以冥冥之中现出诸多征兆，希望此一屠夫能有所收敛。

另外，《扫愁帚笔谈》中的《城隍联》，说同治十二年（1873年）正月，有位余姓之人一夕梦游黟县城隍庙，"见城隍神高坐讯事，鬼犯受刑，号哭之声，惨不忍闻"。其间，他清晰地记得城隍庙两廊的对联、匾额。匾额为"好善恶恶"四个大字，而其对联则是："善者前来，论善直赏，欣欣欢欢，转发阳世，长享荣华富贵，福寿康安，儿孙昌盛，何等快乐；恶人到此，计恶严罚，拷拷打打，押解地狱，永受刀山油锅，剑烧碓磨，剁刷剥抽，真觉可怜。"又有："问尔生平，所干何事？欺人懦，诈人财，奸淫人妇女，强占人田地，影本相随，慎无孽由自作；来我这里，垂佑无私，与尔家，益尔产，烦〔繁〕衍尔子孙，延增尔

<hr />

① 吴正芳：《徽州传统社会丛书——白杨源》，〔法〕劳格文、王振忠主编"徽州传统社会丛书"，复旦大学出版社2011年版，第246页。

寿算，赏原不僭，须知德宜亟修。"这些，显然都是因果报应、
劝人为善的警世之言。

2. 光怪陆离的民间万象

清乾隆时人施源有《黟山竹枝词》："广安兰若北城隅，佛诞
斋筵妇女趋，覃耜懿筐排满路，分明农具绘豳图。""兰若"即阿
兰若之省称，意为寺庙。"覃耜"一词，源自《诗经·小雅·甫
田之什》，意思是长的耒耜。而"懿筐"一词，则来自《诗
经·豳风·七月》，亦即深筐。这是说黟县城北有广安寺，每当
佛诞斋筵，当地的妇女纷至沓来，特别是那些下层的农妇更是颇
为踊跃，因她们的到来，寺庙门前的路面上摆满了长耜深筐。显
然，对于佛教的信仰，在黟县有着相当广泛的群众基础。于是，
不法之徒就利用民众的盲目崇拜心理，上下其手，作奸犯科，以
达到自己的邪恶目的。《阎王婆》一则指出：

> 邑北有秀里梵宫，司香火者皆用僧侣。初因住持无赖，
> 地方驱逐，即收自黄山来者，意是高僧，以居之。年余，秽
> 乱始肆，殊无顾忌。

秀里原名四岭，位于黟县县城以北。该则随笔说的是寺庙
僧侣淫人妻女之事：当地有某人的小妾，系外乡人，曾经与和
尚私通，她放出风声说："阎王婆能夜至冥间，偕同阎王判断死
者，又能引死者之家人前来，以相慰藉。"此一消息迅速传播，
远近皆知。于是，"通邑之妻痛其夫者、母悲其子者、姐悼其妹
者，咸来烦引"。届时，由小妾出来预审，凡是长得丑的、干粗

活的，其手必粗，该小妾见状就对她们说："汝性乱，魂魄不清，不能去。"谢绝此类人，让她们回家去。但碰到稍有姿色的，就留在寺内睡觉，"谓同睡酣时，即携而往矣"。半年之内，很多女人都纷至沓来。邑西有某女子，未婚夫去世，她为之守贞。听闻此说，也想前去看看未婚夫。到了寺庙，小妾见其颇有姿色，年纪又轻，于是留之到了晚上，嘱咐她要裸身而卧，即使是裹足帛也都要脱去，"言阴间步，不能少涉阳世物也"。于是就睡，覆以纸被，"才下三漏，即诡起小遗，灯犹闪烁，了了可辨。少顷，见一巨礨内，出二人，秃首赤身，登床偪合，氏迫从之"。天亮以后，庙中不让她回家，她只得借口说家中还有两百两银子，要全部带来，与和尚白头偕老。和尚信以为真，就放她回家去了。此人回家后，"冤愤充塞，投环而死"。后来，经当地绅士举报，府、县下令逮捕二人。"僧桎梏囚禁，备极刑苦，供白沾玷，不暇自记矣。年余，死于狱。妇命隶锁其项，牵游六门暨十二都云"。潘国顺说，这是"庚寅年四月间事也"，他曾亲眼目睹。"庚寅"也就是光绪十六年（1890 年）[1]，而此一故事中的情节，与《儒林外史》讲述的沈琼枝"吃仙丹"之故事颇相类似。

关于佛门的诈伪，《乾禾〔干和〕尚》条的记载更是触目惊

---

[1] 民国《黟县四志》卷 1《纪事表》将此系于光绪十七年辛卯："秀里九莲山寺僧妖言惑众，邑令拿获，毙之狱。"其具体的情节与潘国顺所述大同小异："该僧无恶不作，并有村妇自称阎王婆者同恶相济。邑令孙履材拿获，毙僧于狱。该恶妇枷责，游行四乡，以示与众共弃云。""中国地方志集成"安徽府县志辑第 58 册，江苏古籍出版社 1998 年版，第 16 页。

心。潘国顺曾侨寓饶州，他听说鄱之莲湖山"有一坐化僧，乡人装以金，冠以盒，且服以衣，祷之者，香烟不绝"。多年之后，他从新安江返归故里，经过歙县小南海，曾见当地的寺庙中有一干和尚，"皆金饰之，目无神，披黄缁衣，盘膝坐座上"。回到家后，潘国顺与当地的一位名士"抵足夜谈"，后者也谈到他所听到的肉身成佛不坏金身：

> 和悦洲亦有一僧，……僧将死，制铁条如许长，强探后庭而入，直贯顶，虽腐烂秽汁，从后窍滴流，表如蝉蜕。众僧饰以金，装以衣，声言僧道行高，白身登天，灵应如响，以惑愚夫妇，藉以为取资计，故遐迩闻之，咸来上香，而弗知僧未成仙，登极乐境，且受此至惨之刑，永无自在，众僧忍乎哉！僧其愚矣，博浮名而罹实苦。千古以来，未闻有以坐肉行尸，而不脱凡，可以为真佛者。今之僧，可谓世之称肉身拔升，吾亦几为所惑云。

和悦洲一作"荷叶洲"，在安徽省铜陵县西南四十里的大通镇夹江口，清咸丰以还因商贾麇集，遂成巨镇。当地以盐务为大宗，客民分为八帮，其中之一就是新安帮（亦即徽州帮）。[1] 晚清时期，活跃在当地的黟县徽商尤为众多。此处提及，所谓肉身成佛，是和尚造出愚弄民众的一个把戏，其过程实际上相当

---

[1]　胡朴安：《中华风俗志》下篇卷5《鹊江风俗志》，上海文艺出版社1988年影印本，第27—29页。

158　　　　　　　　　　　　区域社会史脉络下的徽州文书研究

残酷。这一做法，颇像当代作家莫言笔下的"檀香刑"。类似的骗局，以往亦不乏其例。袁枚《续子不语》有《凡肉身仙佛俱非真体》一条，其中提及，顺治年间有邢秀才读书村寺中，黄昏出门小步，闻有人哀号云："我不愿作佛！"邢爬上树窃窥之，见众僧环向一僧，合掌作礼，祝其早升西天。旁置一铁条，长三四尺许，邢不解其故。闻郡中喧传，"某日活佛升天，请大众烧香礼拜"。"来者万余人。邢往观之，升天者，即口呼'不愿作佛'之僧也，业已扛上香台，将焚化矣。急告官相验，则僧已死，莲花座上血渗渗滴满，谷道中有铁钉一条，直贯其顶。官拘拿恶僧讯问，云：'烧此僧以取香火钱财，非用铁钉，则临死头歪，不能端直故也。'乃尽置诸法。而一时烧香许愿者，方大悔走散。"[①] 看来，肉身成佛不坏金身的背后，有着血淋淋的悲惨现实。

此外，《扫愁帚笔谈》还记录了不少十九世纪中国农村光怪陆离的社会现象。譬如，书中有《奸鸡》条：

予馆于农家于壬辰岁，系深山僻壤，岑寂异常。每宵无聊，僻坐荒斋。邻村有鳏者，独居一室，素吸洋烟，遂信步至之，横卧相陪，闲谈荒语，必待倦而后返。一夕，云其侪辈故业木工，同事三十余，各畜鸡雌。有某者，年将而立，甚好狎邪，频死畜鸡，咸所弗解，惟某即持去烹食之。一日，或有见其抱鸡厕中，就于袴间弄之，须臾鸡死。

① （清）袁枚：《子不语全集》，河北人民出版社 1997 年版，第 537—538 页。

"壬辰"亦即光绪十八年（1892年），其时潘国顺在深山农家处馆，听邻村一位鳏夫提及当地牲畜和鸡经常死亡，后来有人在厕所中看到了真实的一幕。显然，当时的一些徽州农村社会因相当贫困，导致有偶率较低，故而出现了个别原始欲望与伦理道德的激烈冲突。

　　相较于男性的极端变态，《妙法置妇》条则反映了更为残酷的事实：

　　　丙申夏六月，闻市人谈邑六都，新婚未几，郎年舞勺，妇年十八九，偶持剪断郎阴，寻毙。族人遣婢往报妇家，言妇无故自尽。妇家怒，纠集多人，乘舆踵门，要验妇尸。入房，见妇如豕，缚捆于地，不知何因，研诘之，始执烛照床上，遂告以故，才悉妇未之死，而杀亲夫也。人皆汗惭，请郎族为何治，鼠窜而回。族议备大材，材头留隙，将妇活置材底，以郎尸叠于其上，坟不葬，而厝于野。二三日，人多有闻棺内声嘶者。或拟妇之苦，有过于凌迟割剥耶！时值炎暑，尸必腐化，汁流蛆生，在所不免，欲死又不即死，欲生不即生，妇之烦恼惨死，可知矣！

　　"丙申"亦即光绪二十二年（1896年），而黟县的六都也就是现在的西递一带。这是一桩因琴瑟失调而酿成惨剧：郎年舞勺，是指新郎还是儿童，而新妇则已十八九岁，后者显然是童养媳。因新娘偶然将新郎生殖器剪断，造成后者的死亡。族人先是派奴婢前往娘家报信，说新娘无故自杀。碰到这种情况，娘家一定会兴师动众地前来问罪。果然，娘家人勃然大怒，纠集多人气势汹汹地乘轿而来，要求查验新娘的尸身。结果一进门，就看见新娘像猪一样地被绑着躺在地上，不知什么原因。娘家人大惑不解，赶紧问是怎么一回事。夫家这时才拿着蜡烛照照床上，道出事情的缘由。听罢，娘家人只能任由夫家处理，一行人灰溜溜地离开。夫家接着开祠聚议，准备了一副大棺材，棺材的前面留有空隙，将新娘活生生地放入棺材底部，再让新郎尸体叠在她的上面。棺材并不下葬，而只是放在野地里。当时，过往的行人多有听到棺材内声嘶力竭的叫喊声。有人拟想新娘的痛苦，认为这样的处置，恐怕要超过凌迟割剥。因为其时正值溽暑炎蒸，上面的尸体必然已高度腐化，尸汁下流，蛆虫生长，这些都在所难免。新妇求生不得，求死不能，最后是在痛苦中凄惨地死去，这是可以想见的……

除了这些沉重的故事之外，两性生活亦是潘国顺津津乐道的话题。此类话题千奇百怪，成为穷居无聊的人们茶余饭后之谈资。例如，《白湖新续》条是潘国顺在光绪六年（1880年）前往景德镇时听到的故事，这是说黟县三都白湖村人王某，五十多岁时托媒远聘，找了二十多岁的新娘，新婚之夜"久旱甘霖，备极狎亵"，结果一命呜呼。当夜，新娘因不胜其扰，且羞于言诘，未曾发现王某的异状，遂抽身侧睡，直到天亮时方才发现情况不妙。在众人的威逼下，可怜的新娘，只得在众人面前一五一十地供述前夜在床上的诸多细节，以期自证清白。尽管如此，她还是被怀疑与他人有奸情并加害于夫君，差点吃了官司。又如，《广东老》条说，当时开设洋烟店的主人"广东老"，包养了一小家碧玉，两人要好得如同是伉俪一对。妇人的饮食、衣服，全都由广东老提供，而后者亦乐此不疲。"一夜抱妇登床，就淫之，狂驰猛骤，兴浓乐极，将历更余，妇即昏然晕去，广惊视之，已气绝而鼻冰，身循僵而已毙矣"。于是大惊，仓皇奔出，告诉该妇的婆婆。后者原先是垂涎于广东老的财富，所以让自己的媳妇与之通奸，听闻此事，赶紧赶到妇人家中百般施救，但却回天乏力。至此，婆婆与广东老反目成仇，要与他打官司，后者只得花钱消灾，赔了一大笔钱，才得以脱身。再如，《木尖》一则，则是作者在光绪十四年（1888 年）在江西鄱阳县佣书时所亲闻，其中提到一对饶州年轻小夫妻，以"状类犬阳"的木尖为情趣用品追求刺激，结果难以自拔，不得不求助于长辈，后者先后延请稳婆、医生、铁工和收生婆等前来帮忙，但因涉及的技术颇为复杂，处理过程煞费周折，结果闹得满城风雨，终成里巷笑谈。此外，《遇鬼》一则是说挑夫某甲，一日黎明时挑担而出，途中遇一少年妇人，两人相谈甚洽，"欢然搂抱，遂成野合，极情尽兴，云雨醋浓"。某甲以为自己走了桃花运，有此一番艳遇足慰平生，遂春风一度之后，二人"偎脸抱肩，依依不舍"，就在草丛中欢快地睡去。结果一觉醒来，发现已是夕阳衔山，周围绝无一人。再看看怀中所抱持的，竟然是一块很长的巨石。见此情状，挑夫自己"俯验私处，即泥沙成窟，精填盏许，阳具肿胀，痛不可忍"。只得弯着腰回到家中，此后身体每况愈下，大病不起，半个月后便去世了。临死之时，才向家人讲起这件倒霉事。至此，人们才知道他是因为与鬼物交欢而自作自受。

这些故事，都是劝诫世人当节制个人过度的冲动，发乎情而止乎礼。

3. 脆弱的社会秩序

黟县地处皖南山区，即便是在徽州一府六县之中，交通亦极为不便。人们常将黟县比喻为“桃花源里人家”，这固然是说当地民风淳朴，但“不知秦汉，无论魏晋”，也同样反映出此处的闭塞。清代以后，随着徽商的大批外出，黟县与外界的交流与互动亦渐趋紧密。《痴情》条谈到黟县的一桩通奸案件：

> 邑九都碓坊，一佣工者，固舒姓之伴当，承业是碓，以赚衣食。有侄与妇，代其事，尝以碓为家耶。侄妇淫，私就肩米者，皖城人。夫觉之，亦不敢言。盖夫尝与樵人妇野合，时为妇遇，以是两有挟。樵者亦异域人，因贫甚，故妇为碓司饰米，少沾食饮，得以藉进，而碓妇妒，每以夫情告伯祖，伯祖知，凌辱其夫，禁妇入碓门，讵侄不敢纳妇，妇亦又不能舍侄，二人私遇之，商以同死，购阿芙蓉分服之，侄未果吞，而妇已毙矣。樵人讼于官，验审乃知，牒拘侄，侄已匿窜无迹，碓主出，戒佣人备赀殓埋，予以巨金，始罢讼，侄乃敢回。

九都的舒村（即屏山），也就是潘国顺开塾授徒的地方。此处提到的“伴当”，是指徽州的佃仆。挑米人的籍贯是“皖城”，也就是安庆一带。而樵人说是“异域人”，通常也是来自江北的棚民。上述故事中出现的人物皆是下层民众，复杂的多角通奸关系，反映了外来民众对于传统徽州社会伦理的冲击。

清代乾隆以后，来自江北的棚民，对徽州社会产生了剧烈的冲击。他们不仅在皖南山区种植苞芦（玉米），引起山地的水土流失，进而导致自然灾害的频繁发生。而且，随着人群的流动，皖南各地流丐强讨恶化的现象也大为增加。因此，乡村秩序处于极为脆弱的状态。《扫愁帚笔谈》中有一则《谣风》，指出："谣言风起，难究根由，大率出于邪妄相递传，甚而通邑愚氓妇孺相竞动，有识者弗为所惑也。"这是说民众经常会被莫名的谣言所煽动，从而引起整个县境内的骚乱。

在《谣风》中，潘国顺讲了好几件事。第一件是光绪十六年（1890年），"里巷忽扬变乱，互相警备，妇孺惶骇，结伴而逃，喊哭满室。若女有受聘者，亦勒自于归，亲送过门，而夫家不顾者。有携老扶幼，背男襁女，纷纭道路者，其实并无其事，四境安隅，邑城帖然，半月后不禁而自息。"这是说一时间莫名的骚动，竟持续了半个月之久。

第二件是潘国顺回忆小时，"肄业村塾，竞传男子截辫发，妇人割燕尾，城乡烹黑犬，调硃书符，揭发内，可免其灾，无论士大夫，咸遵信之。幸邑侯屈公，善谕之，渝［逾］年乃止"。潘国顺生于同治七年（1868年），他所说的小时，应在十岁前后。根据民国时期编纂的《黟县四志》记载，光绪四年（1878年），"有邪术剪人发者。先是，大江南北及浙江地方，风传有邪术剪辫之奇闻，兹乃蔓延至黟"。此处记载的晚清时期之叫魂案，也正是潘国顺小时的经历。虽然方志的作者认为："窃谓此种袤邪，必系愚民受奸人利用，或暗剪人辫，或自行剪之，以神其术耳"①，但从《扫愁帚笔谈》来看，此一剪辫的风潮，影响极为广泛。

潘国顺所讲的第三件事，是某年夏天的事情，当时，"谣言在浅厝之枢，倭人鬼子，使人教以法咒，诣棺诵之，即枢自裂，取死人天灵盖骨及足膝头骨而去。于是遐迩绅著［耆］，集城议赏，能有拿获奸究［宄］者，给洋五十元。甚而富介贵族，皆幕［募］人日夕环守之。贫窘者无力，即不卜日，不择地，仓皇率葬者，纷纷然皆是也"。这一段记载提及"倭人鬼子"，可能与甲午战争密切相关。据民国《黟县四志》记载，光绪二十年（甲午，1894 年），"邑境谣传有盗开棺取骨事"。据说，"先是，歙、休厝棺多被此害，至是谣传至黟，民惧特甚，厝棺因此归土者甚多"②。

在《谣风》中，潘国顺讲了第四件事："至于邑西荒山，嶙峋陡壁，忽然显神，云为四［泗］州大圣，日上下祷祝之人，绎络［络绎］不绝。予奉母命，诣山请水，即见纸锱香灰，积成邱陵，四顾并无庙宇，惟荒山一片，山水涓流，望空拜祷，汲水而归。后闻有无赖，以水取资，分争殴闹，宰闻之，恐生事端，命武弁诣山，枪击之，粪污之，差役执无赖以杖之，浮传灵验始止也。"这说的是一桩突然显灵的事件，后因有无赖把持，藉以敛财，并引发纠纷。县令只得强制将灵迹毁灭，并拘执无赖加以惩罚，才将事态平息。

潘国顺讲的第五件事，是："又旧年秋九月朔望晦等日，群

---

① 民国《黟县四志》卷 1《纪事表》，第 15 页。
② 同上书，第 16 页。

戒禁火食，弗辟门户，犯之者，必沾疫疠云。瘟神见烟即降，望门便入之意。予力为解说，卒难以破其所惑哉，辄唤奈何而已。"这是潘氏亲身经历的一件事，时间大概是在十九世纪末叶。根据他的描述，当时大家相戒禁止生火做饭，而且不能开门，否则会沾染瘟疫。这是因为人们相信，瘟神在天空飘荡，一旦望见炊烟，看见开门的人家，就会让该家染上瘟疫。

由上述的五件事来看，生活在晚清的黟县人，处于极度紧张的状态，随时的谣言都会让人惊惶失措。这些事件也说明，近代的内忧外患，亦加剧了民众的紧张情绪。

三、结　语

衙门胥吏是中国传统社会中重要的角色，但他们往往是沉默的大多数，在传世文献中，很少能听到这批人的声音。不过，身处社会下层的这些衙门胥吏，往往阅尽人世沧桑，他们偶一著述，即成为观察历史的珍贵史料。例如，清初的《历年记》一书，即出自上海胥吏姚廷遴之手。迄今，社会史、法制史等诸多学科的研究者，皆曾聚焦于此一文献，探讨清代前期的江南社会[①]。姚

---

① 对《历年记》较早开创性的研究，如：［日］岸本美绪：《〈歷年記〉に見る清初地方社會の生活》，《史學雜誌》95-6，1986 年；《清初上海的审判与调解——以〈历年记〉为例》，台湾"中央研究院"近代史研究所编：《近世家族与政治比较历史论文集》上册，1992 年版。

廷遴是一位有着从商、务农、做吏和教书等各种经历的读书人，与此相类似，潘国顺也有着从商、做吏和教书的经历。只是与姚氏生活的年代不同，在晚清时期，潘国顺曾读过《癸巳汇稿》，也翻阅过一些近代的报刊（如《申报》等）。不过，他的总体知识储备仍然是传统的。

类似于潘国顺这样的读书人，在传统时代有着庞大的数量，而且到了 19 世纪晚期，此一群体呈现出急速增长之势。根据张仲礼的估计，太平天国之后生员的总数估计约为 91 万，比太平天国前增加了 23%[①]。这一数字亦同时说明，没有考上生员的读书人，数量应当颇为庞大。这些人，构成了传统中国"读书人"的基础。对此，《扫愁帚笔谈》中有《腐儒》条：

> 我黟近年来文风兴盛，科甲频仍，所以业儒者日更多。大半家不丰足，欲子读书，急于成名，以博官秩而食厚禄。则为师者，亦往往以八股时文，授以门径。试期伊迩，每多藉怀挟之弊。故今之考篮，大如小箱，以能多带课艺，广藏选集。一入场，见题则翻阅目录。其洋板文，有三万、有大□、试帖等作，无之不有。每每敷衍摹袭，装点成文。间有撞着青衿者，其实句读尚未明，即随便书一简，都有不可以解者。

---

① 张仲礼：《中国绅士：关于其在十九世纪中国社会中作用的研究》，上海社会科学院出版社 2002 年版，第 108 页。

潘国顺自视甚高，对于周围一些考中秀才的人（包括自己的族弟）都颇为蔑视。他曾引用当时的谤词："潘家一对臭英雄，真是儒林两痴侬。写字犹如鸡脚爪，作文臭屁真不通。今年秀才已买定，去了五百串钱文。"他指出，这些人的文行相当不堪，但当时的"妇孺何知？只以秀才不秀才为体面，而俗情之扰扰，更以读书不考试为鄙陋，其中之学品优劣，均置诸乎度外而已"。揆情度理，这段话当然部分地反映了其时的人情世故，但从中亦可得见，潘氏其人的嫉妒心极强，"读书不考试"的他，实际上很在乎能否考上秀才，对于这一点也相当敏感，但他却无力改变自己的命运，所以只能眼巴巴地看着别人，而自己则无奈地以旁观者身份，对读书应试者极尽讥讽之能事。例如，《大贤》条即曰：

> 邑之舒某者，应童子试，命题乐正子见孟子，某方出场，便为同人缅诵破承云：大矣，见大矣，大矣难忘情于大贤。同人粲然，咸以"大贤"呼之。今即某之绰号也，年四十余，犹杂童子队中，入场应试云。

"破承"是指科举时代八股文中的"破题"和"承题"。"破题"是用两句话点破题目要义，而"承题"则是承接破题的意义而阐明之，这是八股文开头最要紧的两股。上述此条是说——某人对四书五经一知半解，直到四十余岁，还是一位老童生。

另一条《秀才》曰：

邻村名桥让村，汪氏族居，自大清以来，未及入泮，皆农工掺作，乌有读书者。有一老人，寿至大耋，尚乏子，置一婢为妾，寄寓昌江市肆中，生一子，玩蠢异常。及长，俾学贾。父死，学不成，而挂名读书为儒，试几次，辄不售，出巨资购文选集，怀挟以往，夤缘得不搜检，遇题直录，始入邑庠，归家后扬扬自得。年虽廿六七，其状貌当似渝〔逾〕三十余。每于街头遇友，或昨日晤者，今道寒暄，即曰：我自送学时一面，久违矣。若即云：自我进学后，与汝未面矣。当人多之处，即朗诵吟哦，皆自眩其乃读书人也，惟恐或有不知，以故自述我秀才。子名汪春，自入泮后，肆吸洋烟，自以为秀才，天下所罕，虽浪费不赀，不愁阮囊告竭也。今即母子分居，日与乞人为伍，然"秀才"二字，无时不言。

这一条是说汪姓之子粗蠢无比，靠作弊考上秀才，到处炫耀，最终落泊潦倒，但仍然将"秀才"二字时刻挂在嘴边。另外，《老童妄想》条：

　　立川汪某，年六十余，应童子试，例赐秀才，渝〔逾〕年大比，某竟至南闱，必获举人，于是竭赀而往，盖欲以举人，则好送卷打抽丰，犹可腰缠而归。讵料至即患病不起，客死他乡，而贡院宏敞，尚未瞻观，然书囊早已告罄矣。幸同人义举，灵榇旋乡，几何而为异域之鬼云。

立川在黟县一都。此条论及汪某直到六十多岁，才被例赐为秀才。他痴心妄想，希望更进一境考取举人，却因科举考试客死异乡。对此，潘国顺于字里行间，透露出幸灾乐祸的情绪。

明代以来，随着中国人口的增长，生存竞争愈益激烈，许多人治生乏术，便退而溷迹于科场，以读书人自居，躲避残酷的社会现实。于是，社会上出现了大批"不士不农不工不商之人"①。这些人其实既对读书毫无兴趣，也没有能力通过自身的努力科举及第。此类群体充斥于整个社会，遂形成了各种各样的怪诞现象。对此，潘国顺有一则《蒙童诗》曰：

> 夜痴，桃源人，不详其姓。以其性嗜书，又不喜其日间披吟，往往于玉漏频催时，独居一室，则翻阅握管，尝达天晓，故人谓之曰夜颠倒，名其名曰"夜痴"。又绰其号曰"夜古董""书呆子"，以其自言：三日不读书，言语无味。生平落落，多愁善病，尝以《劝学诗》改之曰：孤子重不豪，药垆教尔曹；万般皆天品，唯有短命高。又：但存棺木正，何愁死得迟，得鬼轻荐力，便是搽身时。其人洒落，如此可见已！

《蒙童诗》一则被编在书的前部，紧随在被当作全书凡例说明的《剖白》之后，可见潘国顺对这一则故事颇为重视。而由前

---

① （清）龚自珍：《西域置行省议》，引自巫宝三等编《中国近代经济思想与经济政策资料选辑（1840—1864）》，科学出版社 1959 年版，第 8 页。

揭的描述来看，"夜痴"实在是个病态的书呆子，但却为潘国顺所激赏。从某种意义上看，我们从此人的身上，实际上也可以看到潘氏本人的影子。当时，在徽州社会出现了一大批既不甘心从事训蒙，又不能务农经商的读书人。这批人读过四书五经，自视甚高，但在现实生活中却处处碰壁。笼罩在他们日常生活中的迷雾，只能以一个"愁"字当之。这种状态，在潘国顺的《扫愁帚笔谈》中随处可见。如他在《扫愁帚笔谈丛录自叙》末了，即署作："乙未冬夜愁来时，酒兵克之，获享坦然，于一豆灯下，乃独坐居也，时已三漏矣。""乙未"即光绪二十一年（1895年），是时，潘国顺32岁。根据张仲礼的研究，在清代，考中生员者年纪最小的是16岁，一般多在21到25岁。此后，考中举人的年纪平均是在30岁。而潘国顺年已32岁，竟然连秀才都不是，心中的郁闷可想而知，故而只能时时以酒浇愁，结果自然是愁上加愁，所作的随笔，亦以"扫愁"为题。

尽管如此，潘国顺在他的文字中，总是刻意表现出一种豁达的生存状态。在封二所画的那幅画的上部，竖行写有两段话，一段是自左朝右书写：

> 己亥季春，灯前兀坐，徐涂数笔，以当清谈，亦山人之心曲所发，有以冀之……

"己亥"即光绪二十五年（1899年）。"山人"是传统时代的诗人谒客，一般人多以此标榜自己的潇洒自在。书中的另一段文字自右往左书写：

了俗山人天性慈祥，素行忠恕，虽因贫困而为委吏，常有动止，绝毫不离准绳，未稍随流俗，浮沉世海也。甚至枵腹从事，亦必拘守大道。每获微赏，不使冻馁，且曰：此享天之福也，吾须体上天喜善之德。故其友弟时讥诮之，谓其何迂之甚云。

从这两段文字来看，作者潘国顺摆出一副清高的姿态，悠闲地信笔涂写，抒发内心的情感。而在书中，他更处心积虑地时时表现出悠然自得的生存状态。在《戊申偶志》中，他就这样写道：

吾家当春夏之交，苍鲜盈阶，草木际天，门无剥啄，竹影参差，禽鸟幽鸣，晨对东山，见一片红霞，日光渐发，不胜精神为之一爽！朗读太史公书以浇垒块，缓步陌阡，望荒城而去。日薄西山，偶得闲钱，沽酒痛饮，循循安步，望山径而返于荒村蔓草间，偕山妻弱女，坐石榻，食菜羹，啜苦茗而已。

"戊申"亦即光绪三十四年（1908年）。潘国顺自号"倚南窗主人"，他的书斋倚南窗，即模仿陶靖节之"倚南窗"。上揭的文字颇为优美，从字面上看，何其潇洒自如！生活亦何等惬意！不过，这样的文字大概只有文学爱好者才会当真，历史学家显然不应被此类的表面文章所迷惑。透过华丽文字的迷障，我们看到的是传统文人的狂奴故态。

在《扫愁帚笔谈》中，潘国顺的精神状态毕露无遗。该书卷首另有《相命自志》，其中提到："二十七岁后，方许稍亨；五十二以后，皆不利命，即尽忠报国，反遭三尺之诛；竭力于人，只作一场说话。得钱处，有鬼来偷；吃亏处，有人扶持。一生踪迹，相命皆前定，夫复何求？"在传统中国，"穷算命，富烧香"，反映了不同生活状态下人们的心态。竭蹶困窘之人特别在乎算命，他们往往以此推算自己何时方能咸鱼翻生。潘国顺正是通过算命，对个人的一生加以总结①。从他对自己坎坷一生的总结来看，一切似乎都是上天注定。

在传统中国，科举制度促进了社会流动，但在这种制度下，社会上也产生出一大批的庸人和狂人。只有那些很快通过制艺，科举场上如沐春风之人，才有可能心平气顺地从事其他的事业。否则，人们一辈子都会痛苦地挣扎在科举文网中而难以自拔。纵观潘国顺的一生，他虽然碌碌无为，却心有未甘，内心深处充满了出人头地的幻想。他在《恨事》条中就写道："千里马

---

① 书中另有一处《命数》："予客饶州时，侨寓米肆，偶于账桌屉内，翻阅残书，见有蠹蚀破卷一编，撷而观之，即笺署"鬼谷子先生命里前定数"，……审编中所载，始知以人之生自何年何时，取年上天干一字，合时上地支一字，将翻阅之，则有直书数语，括尽毕生穷通，词简而意且详焉。悦之，遂以己之生辰支干，查对取看，以试验否。今犹仿佛追忆，尚能道其书中之语，反躬自省，无少差谬，真定数也！兹因枯坐无聊，默思往过，不胜见景触怀，爰笔以录，命里前定数中之评语，则觉方寸坦然，而不自憎云。数曰：尽忠报国，反遭三尺之诛；竭力于人，只作一场说话。吃亏处有人扶持，得钱处有鬼来偷。此数语，尽予生平之大端矣，命诚如斯，其又何尤！"

不逢伯乐，天上龙顿失云雨，猛老虎猝入平阳，英雄汉困于陋巷，红花女嫁与村夫，美少年娶着老妪。我本恨人，好言恨事，薄书于此，以证诸贤。"潘国顺自比为"千里马""天上龙""猛老虎""英雄汉""红花女"和"美少年"，但在现实生活中他却举步维艰。所以对于社会充满了极端的怨怼，遂将这种情绪通过随笔的形式传达给读者。

从叙事手法来看，潘国顺处处刻意模仿《聊斋志异》。不过，蒲松龄主要生活于17世纪的盛清时代，而潘国顺则生活于19世纪内外交困的晚清时期，两者生活的时代完全不同。另外，二人活动的地域空间也有所差异，前者生活在齐鲁大地的山东淄川，而潘国顺则生长于商贾之乡的徽州黟县。蒲松龄的小说主要演绎狐仙鬼妖故事，屡试不中的人情冷暖及世态炎凉，并未泯灭他对美好生活的憧憬，也正因为如此，其人的诸多作品皆不乏浪漫情怀。而潘国顺则不同，他所精心结撰的《扫愁帚笔谈》重在写实，书中的更多情节皆在反映重商背景下大、小徽州的阴暗面，极大程度上折射出郁悒成疾的作者之苦闷与绝望。

特别需要指出的是，《扫愁帚笔谈》中有《困龙》一则：

> 黟西环阳潘顺者，字梅光，号祥春，又号了俗子，生自戊辰十月，故属龙。孤贫不偶，落落寡合，且不善务家人活业，是以家益落。饔飧不给，环堵萧然。与妻子卧牛衣，殊深陶然，未尝少有忧容欤。性嗜读书，爱雅洁，工翰范，精岐黄、风鉴，并乐传奇志异。因之所谋皆逆，与俗多忤。而满腹才华，无从销露；一腔热血，没处飞洒。以故寄傲陶

宏，尝安毛颖。凡世所行之书，无所弗读。虽家贫无力，亦穷搜不辍。每获工余，即藉彼酒馆，借此烟寮，为痛哭行乐之所焉。尝彻夜不寐，濡毫构思。一夕，正吟哦间，见砚端一物，其状如丝，蠕蠕然游行，形遂成字。审之，一"龙"字也，因祝之曰：龙乎，吾闻诸夫子曰：龙蛟法大，能致风云，何君如斯，与子困顿。言未已，霹雳一声，冲霄而去。

上述的这段文字，我们实在是似曾相识——蒲松龄的《聊斋志异》中有个短篇叫《蛰龙》，其中曾绘声绘色地描述一条小小的蛰龙，经过冬眠后苏醒过来，在一个阴雨晦暝的日子里，从一只竹书箱里爬出，被人恭恭敬敬地送到屋外。其时，但闻霹雳一声，此物骤变而为庞然巨龙，腾身飞向天空……这一"蛰龙复苏"的故事，究竟有何寓意不得而知，不过，在蒲留仙的笔下，故事情节中不断地出现"读书""（书）卷""书筒"之类的字眼，显然给后人以足够的想象空间。

揆诸实际，"环阳"可能是在今黟县碧阳镇柏山村附近。而文中的这位"潘顺"，也就是属龙的潘国顺本人。文中对其个人的生活状态有着极好的描述，既标榜了潘国顺的清高和潇洒，又透露出因个人治生无策而导致的困顿与颓废。嗜酒如命的他，某次彻夜未眠，在其磨墨时，竟发现砚端一物如有生命，活动自如，仔细一看，那是一个"龙"字……此一荒诞的细节，当然不是因其彻夜不寐辛苦劳作之际的眼花缭乱，而显然是脱胎于《蛰龙》而作的刻意杜撰。从中可见，他强调自己的属相为龙，并想象着有朝一日飞龙在天，一朝看尽长安花……

如果说，蒲松龄笔下从书箱里爬出的"蠹龙"，亦真亦幻，颇富童话色彩，其间的遐思妙想，予人以一种莫名的神秘之感，那么，潘氏砚端其状"如丝"的"困龙"，则折射出"天生我材必有用"的庸人臆想与喧嚣尘世的狂躁。在"学而优则仕"的年代，激烈的生存竞争，使得整个社会似乎都充满了自觉怀才不遇者，到处皆飘荡着壮志难伸的悲歌……

从稿本《开检可观》看晚清民国徽州的日常生活与乡村治理 [①]

一、稿本《开检可观（并各杂项）》及其作者

1.《开检可观（并各杂项）》（以下简称“《开检可观》”）稿本1册，原书由安徽省休宁县文史学者汪顺生收藏，现收入笔者主编的《徽州民间珍稀文献集成》[②]。该书似经多次整理，故有两个封面。外封面另有后人以圆珠笔所加的“祁西六乡区二段李邦福记事（清末民初）”字样，而内封面则自右而左书有：

---

① 2018年1月20日，笔者赴祁门西乡考察。其间，曾得到陈琪、李进生先生的大力帮助，特此谨申谢忱！

② 全书共30册，复旦大学出版社2018年版，该书收入第26册。关于此书，汪顺生撰有《清末民初祁门西乡云村李氏世荣堂的宗族活动——以捐监生李邦福杂记手稿为中心》（载《黄山学院学报》2007年第1期），对李氏世荣堂的宗族活动，作了初步的介绍。

李邦福

光绪贰拾叁年仲春月立

迭年兹孤会，挂泰荣容，义祀（值年首人）

开检可观（并各杂项）。

　　光绪二十三年即 1897 年，这一年应是李邦福准备此一簿册
誊抄各类文书的年代。其上另贴有一张红色长条，长条之上计有
6—7 字，目前可以辨认的有"……与外……"二字，据此推测，
该书应是李邦福处理村落内外事务的相关文书。书中的首页，为
"内誊各项事情"，主要内容包括李氏家族及其所在村落乃至更大
的社会组织（桃源约会）和围绕着三瞳宝山殿之各种活动及其收
支账目。从中可见，该书应经过系统的整理。如前所述，虽然准
备此一簿册的年代是在光绪二十三年（1897 年），但其中所誊抄
的，却有民国七年（1918 年）以后的内容，因此，该书实际上
反映了晚清民初徽州的日常生活与乡村治理。

　　2.《开检可观》的作者为李邦福，其人系徽州府祁门县仙桂
乡安定都文溪社云村（民国时为祁门西乡六区二段云村，现名白
云村、合云村或者李家村）人。李氏是该村大姓，迄至今日，作
为全村唯一的祠堂，李氏世荣堂仍矗立于村中央。关于李邦福其
人，《新田白云李氏宗谱》中有一简单的小传：

　　　邦福，行危，乳名帷仁，国学生，生于咸丰六年三月廿
　　九，殁于民国廿三年正月廿四午时 [1]。

----

[1] 《新田白云李氏宗谱》卷 11 "元庆公支派"，第 44 页下—第 45 页上。

世荣堂

除此之外，《开检可观》中还抄录有一份部照，其中提及"李邦福系安徽省徽州府祁门县人，捐年四拾壹岁，身中、面白、无须，由俊秀捐银叁拾贰两肆钱，与例定报捐减成监生银数相符"，故于光绪二十二年（1896年）二月二十九日得颁监生执照。当年，李邦福41岁，这与族谱中记录的其人生于清咸丰六年（1856年）完全吻合。

关于云村李氏，据清嘉庆四年（1799年）《祁西公祀祖墓叙》称，李姓从歙县黄墩迁来，"至宋文进公讳纯，择祁之湾头家焉，由乡举贡"，任河南通判，葬郭坞虎形。其后代"皆择地迁居，或远或近，或入赘，或宦游外府他州，多成望族。今处各

《白云李氏宗谱》

一方，原为一本，祖墓在异地丘垅，每岁清明，各支子姓，理宜齐集拜扫，乃置租致祭者，仅源头、箭头、阳龙、流源、白云、鱼龙六柱，而六柱中又兴替不一"。这些文字都说明，迄至18世纪末期，云村李氏与周遭同姓之统合，在规模上仍然相当有限，这当然是受限于财力的不足。对此，乾隆十九年（1754年）的《祀

《新田白云李氏宗谱》

规小引》就指出："我族人烟散居，积资无多。"尽管如此，宗族的组织化也仍在持续展开。据《白云李氏宗谱续修叙》记载，李氏宗谱在明嘉靖和万历年间曾二度合三田统修。及至清代嘉庆辛未（1811 年）、同治甲戌（1874 年），又先后两次由"源头茂信公支"邀集"鱼龙茂智公支""白云茂暹公支"，三柱共同修纂。前述之三田系属婺源，明代的统修宗谱与云村似乎并没有直接的关系。由此可见，云村李氏直到十九世纪前期，才开始与邻近的源头和鱼龙合纂宗谱。及至 1937 年，又由白云村李邦泰主持编纂了新谱[1]。而目前可见的《新田白云李氏宗谱》，则为 1996 年所新修[2]。

与《开检可观》稿本相关的资料，还有《原被告两造状稿》[3]，该书亦为李邦福所书，封面另题作"民国三年阴历二月吉日录"。这是在 1914 年云村李氏、陈氏和吴氏三姓控告邻村桃源村陈氏家族陈求全、陈双全兄弟的诉讼案卷，个中有一处提及包括李邦福在内的白云村李氏家族成员：

云村李氏家族部分成员（1914 年）

人　名	岁数	职　　　　　　业
李邦齐	38	现在闪里开设达生杂货店
李邦福	59	在家管理众事
李邦禄	57	迭年都在达万里开设红茶号

① 《新田白云李氏宗谱》卷首《新序》。
② 此书系分工抄录并复印而成。
③ 此书亦已收入笔者主编的《徽州民间珍稀文献集成》第 26 册。

人　名	岁数	职　　　业
李邦财	63	闪里开设利和昌茶号
李正淦	57	浮梁大江村开设裕康祥红茶号
李绍尧	39	向在城内管理茶业公所事务，现是二十一都调查员
李家仁	48	务农为业
李家齐	36	在村内做豆腐生理
李邦炎	39	务农为业

其中，除了李邦齐注明为"西乡二十一都巴坑岭人"外，其他的都是白云村人。可见，1914年时，李邦福主要是"在家管理众事"①，所谓众事，即族众之事，也就是全族的公共事务。在此之前，他也投身其时如火如荼的红茶生意。关于这一点，在《开检可观》中收录有一份红茶经营的文约：

　　　　□□□□□文约人汪汝承、王起和、李正泮、李正淦、李正邦、李正禄、李正济等，缘近□□□开办祁门红茶各号，俱获厚息，身□□□邀集六大叕，每叕备出本金洋四百元正，逐年按期付出，不得迟延短少，开设同丰茶号，同白云村李宅明才亲台，承租伊村住屋绍承堂前后全重，并左右厨房及院子基地，添改做栈，置办家伙，以做红茶生理。所有应办事件，随时商酌。至于进号出本用人办茶一切要事，

---

① 书中有清宣统元年（1909年）李邦福所撰《尚义公秩下捐输以预荣公用度叙》。

议立条规于左。凡我同人，务各协力同心，须知生财有大道，切勿殉［徇］私肥己，以致参差贻误。恐口无凭，立此合文一样六纸，各收一纸，兴隆存照。

一、号内殳本，公议头披付一半，以开秤之日为始，以头茶样箱开行［之日为率］，二披付四殳之一，以二披样箱开行之日为率，三披一并付清，亦以三披样箱开行之日为率，如再迟误，撰钱即照出本分收，蚀本即照殳坌摊认，以昭画一；

一、号内买茶，悉凭号看茶讲价，不得故强争论，子庄买茶，亦宜秉公提货，不得勾通舞弊，如违，查出议罚；

一、号内账目，分账之日，公仝核算，内账房虽是公用，如有重弊查出，停号之人一并干咎；

一、□□□用人，悉听掌号提调，不得藉端推诿□□□□□；

□□□□五月廿二日立齐心合伙文约人

□［二殳？］汪汝承；

一殳王起和；

一殳李正振、李邦财；

一殳李正淦、李正泮、李正纪、李正湕；

一殳李邦禄、李邦福、李邦济。

晚清国际市场上茶叶贸易的变化，也极大地影响到祁门乡村社会。当时，中国茶叶之出口，以红茶为大宗。同治八年（1869年）至光绪二十一年（1895年），红茶的总输出量为110万担以上，光绪六年（1880年）曾高达 166 万余担，占茶类总出口量的 60%—80%①。也正是在这种背景下，祁红于光绪初年创制成功，当地人亦多改制和经营红茶。云村附近的闪里，便是其时红茶生产的中心之一②。而从上揭的文约来看，李邦福和他的族人也都积极参与此类的经营活动③。另从《开检可观》所述来看，李邦福还参与了云村义济仓的管理，并曾参加地方选举④。民国二十六年（1937年），白云李氏重建宗祠，李邦福位列发起人之首⑤。由此可以想见，他在村中应有一定的地位。

---

① 费同泽：《茶：祁红》"红茶复兴计划"，"安徽地方银行专刊"第 4 号，1937年版，第 3 页。
② 根据当代学者的研究，祁门胡元龙创立红茶当在光绪元年（1875年），稍早于黟县人余干臣所为。（见康健著《近代祁门茶业经济研究》，安徽科学技术出版社 2017 年版，第 33 页）。关于祁红的创制，此前的另一种说法是：光绪二年（1876年），黟县余干臣从至德县来到历口开设子庄，劝诱园户制造红茶，出高价以事收买。翌年，设红茶庄于闪里，虽出产不多，但获利颇厚，此为祁门红茶制造之始。根据后来的调查，离闪里不远的云村，亦为祁红产地之一。
③ 在当时的云村，参与红茶经营的人还不止以上诸人。例如，在《开检可观》一书所收契约中，曾两次作为代书的李邦敏，也从事红茶的制作与销售："先考邦敏公讳子弟，字济英，考名绍禹，别号白云居士。昆仲有五，而公雁行居四，远近咸呼为四先生。……转而弃学从商，经营窑柴长木生理，亏赢无常，终岁劳碌奔波，犹不得稍有余裕。继与二三同志，集资贷款，经营红茶生理，雇工精制，运沪出售，得获赢余。鉴于地少粮缺，倩人外出，购买艰难，乃用高价，购田二十余亩，茶山四号，油茶山一号，雇工兴种，自是家庭生活得以温饱"。（《新田白云李氏宗谱》卷 3《邦敏公行略》，第 40页下）根据该传记资料记载，其人也是帮助李邦泰重修族谱的重要人物。
④ 《开检可观》中，有"照抄民国元年知单：今为选举议员事。定于阴历十一月初八日，望 / 李邦福君亲赴第六区内闪里地方投要 [票] 为要。/ 选举事务所发"。
⑤ 《新田白云李氏宗谱》卷首，第 53 页上。

综上所述，稿本《开检可观》的作者李邦福，生于 1856 年，卒于 1934 年，曾于清光绪二十二年（1896 年）41 岁时捐得国子监生，后因赴乡试未中，即潜心管理宗族事务。《开检可观》一书，对于了解晚清民初徽州的乡村治理与日常生活，颇具学术价值，以下分别展开分析。

二、从稿本《开检可观》看晚清民国徽州的日常生活与乡村治理

（一）李氏家族的日常生活

稿本《开检可观》中，记录有祠堂的一些收入及开支：

> 光绪四年，祠内支过钱二百九十四文，付约会；
> 十四年，祠内支过钱三百文，高山吴买锣鼓行龙船；
> 十八年，祠内收过宫娥堂规钱四百八十文；
> 廿五年，祠内作祯、玉林、作平、玉坤、肇进、登科、林书新丁七个，俱未出钱，接贵堂规钱一千文，堂规烛一斤，未出。
> 民国七年岁在戊午阴历七月初十总结：
> 世荣堂存英洋三百〇一元，钱九百四十文。

从中可见，虽然族人对于相关费用多有拖欠，但祠堂作为控

产机构，运作仍然颇为良好，经费上亦略有结余。其中的收入部分，主要来自田租、新丁钱和嫁女钱（堂规），这与一般祠堂的情况大同小异。不过，此一状况在太平天国之后有所变化：

　　　　吾村向有新丁之款，近因兵乱水灾，渐致倾废，是以合族公同嘀议，祠内田租所存不多，每年清明祭扫，支用不足，公议自此以后，各家所出新丁，的于腊月廿八日出新丁钱一百文，交付首人，以订丁簿，给发年饼。如有不出，公同执饼，毋得异言。再，合族嫁女堂规，近因多有拖欠，公议自后祠内嫁女之日，首人务要关锁祠堂门，嫁女之人，务要将堂规各款交付首人，方准开门，公同接轿。所有幼年与人养育之女成房之日，的于腊月廿八日祭祖之时，堂规交纳首人，如有不出，公扣一家之饼，不得异言。

　　　　光绪廿年腊月廿八日　公同立簿。

　　　　正勋、正泮

　　　　正振、邦荣

　　这是光绪二十年（1894 年）订立的新规。李氏家族内部设有专人，经管值年账簿。规定"祠内所收租谷，迭年订定清明前三日，照丁出粜，价钱宜当时而付楚。经管值年账簿，必上交与下领公同明算，以免日后之遗录也"。从上揭的描述可见，李氏宗祠所有的田租有限，故而需要"新丁钱"和"嫁女堂规"加以弥补。至于支出，则主要用于祭祀及其他的公益事业。在这方面，书中还有"收祠内各项常规"：

　　　　　　　　　　　　　　　　　区域社会史脉络下的徽州文书研究

宗祠岁时活动开支项目

时间	名目	内　　　容
十二月廿八	祀祖	本祠吹手4名，给钱120文；进门，糕、茶碟2个；祭毕，酒饭、亥1碗，煎腐1碗，鱼子献，煮水腐1碗；祭仪，红烛12两，大锭1副，红纸1张，写祭文；棹面各家办
岁终	庄人辞年	下坑庄人挑扫洋沟，首人与伊米3筒，糕8块，酒半斤，亥半斤
元旦	庄人拜年	下坑庄人，亥2碗，鱼2碗，糕2碗，水腐4碗，酒；本祠下首庄人，亥1碗，鱼1碗，糕1碗，水腐1碗，酒
正月初六	傩人班演戏	田坑班：下马，米1筒，子一个，开台，米1筒，子一个；起马，米1筒；进门晚饭，亥2碗，水腐4碗，时菜4碗；中台点心，饭，小菜碟；下台，酒饭，鱼2碗，子2碗，糕2碗，水腐4碗，时菜4碗；出门，酒饭，鱼2碗，水腐4碗，糕2碗，时菜4碗。道光六年，因班人演戏用心，外加子2碗，班人未食，戏钱320文，水腐、时菜，不□执守老规，因人多寡增减
正月初七		余家班：众下马狮；糕，2碗；小菜碟，4个。其余食用、戏钱等项，照田坑班式。出门之日，勿加子2碗。班内食用物件，祠内照烟户合。合糕，26斤；亥，9斤；鱼，3斤3两；子，345个；酒，32—33斤；水腐，35—36斤；红烛，约2斤多；菜油，约1斤多；桐油，约2斤多；盐，约2斤多。食物斤数在人增减，不可过俭
四月十五	宝山殿做斋饭	亥，0.5斤；红烛，2对；香，100；锡箔，100；火纸，4文；小炮，0.5斤；酒，1斤，水腐，8文；粿米，4筒
六月十五	三瞳保苗斋饭	头瞳出米34筒，下户出米8筒；里瞳出米90筒，下户出米10筒；外瞳出米70筒，下户出米8筒
八月十三	祀圣	祭仪：粿品3色，檀香10文，红烛3对，边子1挂，大炮6个，大锭1副，锡箔300，京表10文，小炮0.5斤，香100，红纸1张，亥2斤多，丑2斤，腐干6块，腐皮2张，金针19文，面0.5斤，鸡3只或税，鱼子借献，豆1斗多，酒几斤，菜油几两，粿米50多筒

上述诸项，都是岁时活动时需要开支的项目。从中可见，岁终元旦有"庄人辞年"和"庄人拜年"的活动。而在演戏中，也经常利用庄人（应即佃仆）。如"演戏庄人办柴架火规"就规定："本祠庄下首庄人办一夜火柴，架火一夜，同演戏人食晚饭、下台饭；下坑庄人架火一夜，同演戏人食晚饭、下台饭。"此外，还有专门的戏班。如正月十六"傩人班演戏"，系请田坑班前来。书中收录有道光四年（1824年）十月十六的一份合同：

> 立合同文约人陈一飞公、一鹗公、一鸣公、政公、金公秩下，暨梅、张、李、黄、叶众姓人等，原承租有田坑班叶姓傩役，递年新年演古酬神，所有服饰，俱系各姓除旧添新，近因朽坏已极，班内邀集各祠输银，另置服饰，仍旧行役。公议每戏一本，出纹银廿五两正，但此中参差不齐，具未出银者，不得用新置服饰，所有规条列后，特立合同十六纸，出银者各收一纸存照。

虽然我们无从得知十六纸合同的持有者究竟有哪些，但由此一合同可以看出，田坑班叶姓傩役与梅、张、李、黄、叶众姓相关，应属徽州传统社会中"众仆"的范畴，而不单独附庸于李姓。因此，田坑班叶姓傩役演戏所需的服饰，也是由众姓出资购置，而购置者则以祠堂为单位。当时统一规定：每演一部戏，支付纹银25两。"新置服饰，有份者倘有酬愿及封禁酒戏、寿戏，公议夜演出租钱四百文，日演出租钱二百文，归值年首人收付众"。在当地，演戏应当也有相关的组织（如"戏会"），每年由头首负责。凡是使用新置服饰演戏，也必须向"值年首人"交纳相应的费用，作为该组织的收入。

至于其他各类人员的收入，书中另有说明：

> 本祠吹手四名，给伊工米十六筒，酒，亥一碗，丑一碗，粿一碗，煎腐一碗，时菜一碗，饭；
>
> 白莲寺和尚，酒，饭，面，金针，煎腐，粿，时菜；
>
> 吹手、和尚，食饭米约十二筒；
>
> 庄人搭拆神座，米四筒，撤去献神粿一碗，饭四碗，水腐一碗，碎丑与腐一碗，酒一斤。

文中的"亥"即猪肉，"丑"即牛肉。在"收祠内各项常规"中，屡次提及"老规"。另外，上表正月初六日条下，有"道光六年，因班人演戏用心，外加子二碗，班人未食；戏钱三百二十文，水腐、时菜，不□执守老规，因人多寡增减"的字样。今按道光六年为1826年，看来，此一规定由来已久，到《开检可观》形成的年代，已长达90余年。

除了祠内祭祀等方面的支出之外，还有其他的一些公益性开支。例如，前述引文中就有"付约会""买锣鼓行龙船"等项。再如，光绪二十三年（1897年），因祁门县城修建头门出费，祠内支过钱1300文——这是在县域范围内，以祠堂为单位交纳的公益性开支[①]。另外，还有以祠堂为单位参与迎神赛会的开支。譬如，

---

① 此类开支应由来已久，如现存的《祁门修改城垣簿》，就记录了清乾隆时代各都图族姓为修改城垣捐输的状况。

"六月十五三瞳保苗斋饭，合源每丁出米半筒""八月十三祀圣，合源每丁出米半筒"。关于此类活动，参见下文的进一步说明。

此外，临时性的开支，则由众人募集。民国初年，李氏与桃源下村的陈姓发生纠纷，除了所形成的《原被告两造状稿》之外，在《开检可观》一书中也有一些相关的文书。例如，其中的一份议约是民国二年（1913年）所形成。当时，祁门闪里设立六区公立两等小学校，附近各族皆送子弟入校肄业，"合区士绅皆无异言"。不料桃源下村"一般喇棍陈求全、陈双全、陈海署、陈许祥、陈登洲等，以平日欺诈之手段，故行欺压"，所谓欺压，应当是指陈氏"诬指李姓为荒籍"，让后者感觉是奇耻大辱。他们认为，此事"甚关永远子孙，非比争田、争地等情，事何可甘？不得不拼命一敌！所有一切费用，均照丁粮派出，毋得推诿。如有抗费情事，则上愧宗祖，下愧子孙，公同将伊家田产出卖济用"。为此，民国二年阴历五月起，讼费派丁，各自分担：

诉讼费用之分担

支派	家庭	丁数	分担（英洋）	备　　注
泰信公秩下	才庆	2	36元	仍欠洋4元，收前山押四年腊月归老息洋4元8角
泰本公秩下	德泰	2	36元	仍欠4元，四年腊月归老息洋4元8角
	开泰	1.5		民国二年阴历六月生一子，作半丁出费
	成泰	2		三家只作5丁，共出英洋75元
	吉泰	2		仍欠洋24元，祀内之丁代出一半，惟顺代出一半。卯又欠英洋11元，收前山押四年老息归清
	安寿	1	20元	

区域社会史脉络下的徽州文书研究

支派	家庭	丁数	分担（英洋）	备　　注
泰荣公秩下	东阳	3	54元	仍欠洋6元，收前山押四年归老息洋7元2角
	惟仁	4	72元	仍欠洋8元，收前山押四年老息，归清
	惟顺	5	90元	仍欠洋10元，收前山押四年老息，归清
	德章	3	54元	仍欠洋6元，收前山押四年老息，归清
	彦章	1	18元	仍欠洋2元，收前山押四年老息，归清
	炳坤	1	18元	仍欠洋2元，收前山押四年老息，归清
	水盛	2	36元	又该洋4元，收前山押四年归老息洋4元8角

　　根据稍后的统计，"所用讼费之款，每丁派出现英洋拾八元"。单单是进缙公秩下，就捐输英洋360元。此次诉讼，共用过英洋991元3角。除了"经收费用人"之外，还专门指定了"顶案人""行路人"等。当时还规定，在这些人为族众腿脚奔忙打官司期间，其家中的山田，应由族众负责先行耕种，不能因公废私，因其公事"致荒己业"。这些，都反映了诉讼活动的高度组织化。

（二）村落公共事务的运作

　　村落公共事务的管理，除了祠堂之外，还有其他的一些组织，特别是各种类型的会、社。《开检可观》一书就记录了不少的会组织，如"三疃瓦会""三门嚎啕会"[①] 以及"粮会"与"祭

----

① 　祁门的"嚎啕会"亦作"嚎啕神会"，即皖南常见的傩神会。根据2001年陈琪、章望南的调查，祁门闪里镇红紫村天合堂内，有光绪二十三年（1897年）的《嚎啕神会碑》。

会"等。其中，有关粮会与祭会的记载最为详细：

> 盖以粮会当设，可免差役之追呼；祭会宜兴，用伸后裔之诚孝。今粮会既得以成立，则祭会亦可以内附。我族旧岁因积谷摊出余资，有愿输入粮会并祭会者，其志均属可嘉。兹经集众商议，设粮会，内附祭会，此所谓一举两得，以期效果兼收。

此一序言，概述了粮会及祭会设置的目的。其中，粮会是为了应对钱粮赋税，而祭会则附属于粮会。从其后所列的"各人输谷名目及经管规条"来看，"粮会每届上、下两忙，先时设局催收，派人赴柜完纳，务须禀请县署立案，以重国课而免受累"。根据当时的规定，催收钱粮，上忙定于五月初十日，下忙定于十月初十日。届时，要先行具帖通知，以三日为期，"如有疲玩，逾期不完者，公同议罚，以认费用"。

从《开检可观》记录的"祠内各项常规"来看，有专门的"粮差常规"，每年新年，祠内要支付粮差喜钱30文，值年首人则给其酒钱70文；每年年冬，祠内给差钱90文，二首人给他鸡蛋四个，酒半斤。另外，元庆公秩下给粮差钱40文，福庆公秩下给粮差米8筒。"祠内贴值年首人常规"则记载，贴元庆公和福庆公秩下首人谷各4秤。这些都说明，云村李氏对于与钱粮相关的事务皆相当重视。而《开检可观》所记录的云村粮会，兴起于民国七年（1918年），其发起及参与者包括李正振、李正淦、李邦福、李邦禄等25人。粮会由族中众人捐输，从记录上看，最多者计输谷 10 秤，而《开检可观》的作者李邦福则输谷 5 秤。粮会置有田产，由佃农耕种。根据经管规条，"所输之谷，候出借生息，积蓄有余，按照乐输名目给饼，以输谷五秤者作一名，拾秤者作二名，再有多者，照此加给"。"给饼"是指祠中祭祀颁胙时所给的礼饼，这显然与附属于粮会之祭会密切相关。经管规条规定："粮会经费，日后实有充足，再由粮会酌拨款，归入祭会，俾粮会可以永远保存，而祭会亦可以蒸尝不替。"至于祭会何时开始运作，当时又规定："祭会公议五年之外，由粮会拨款，实行祭礼，按名给饼。"

从抄本可见，其经管规条还涉及粮会之管理，"每年公议首人经管出纳，借仓储为公同封锁，所有设局开销，务要当时清算，以杜浮冒之弊"。拈阄经管之人名列后，分为仁、义、礼、智、信五阄，而《开检可观》的作者李邦福，则被列入智字号，亦参与粮会的管理。

从民国七年（1918 年）开始的以后数年，粮会和祭会之运作可能都比较平稳。及至民国十四年（1925 年）立春日，"兹议新加名分，每名捐输干谷陆秤，候过五年之后，再照从前起点名分一律发胙，给饼亦然。对于本会各项开支，当视积蓄之多少，公同酌量。自今以后，如有志愿新加名分者，率照前议输谷秤数，以为规则。伏愿群策群力，为祖争光，是为深幸。今将本年新加名分，缮立于后"。可见，及至此时，又开放了捐输名额，鼓励输谷。后列元、亨、利、贞号，于"民国十八年放谷接首"。

粮食供应一向是徽州的重要问题，因粮食长年不足，故官府和民间皆殚思竭虑地设法应对，这主要反映在民间的积谷活动上。前述的积谷是李氏家族为了应对赋税钱粮而自发的行为，而更早之前的光绪二十六年（1900年）由官府提倡之筹办积谷（"奉宪捐积谷"），则是应对每年之青黄不接乃至灾荒的举措。当年，凤田 ① 李世荣堂并大小祀以及锅烟名目共捐20两秤积谷207秤。其中，李邦福共输积谷5秤，"统作九折净干保谷，均以三年交纳。念九年十月交清"。而同村的张光裕堂共捐积谷50秤。及至民国时期，此一筹办积谷的活动仍然持续进行。关于这一点，在《开检可观》中有详细的记录：

> 窃维民为邦本，食乃民天。祁邑山多田少，地瘠民贫，计饷不支三月，菽粟每资于江西。光绪二十六年，奉宪筹办积谷，此善举也。公议力量［量力］捐输，分作三年交清，旧已满期矣。其谷各瞳就地分存，以便出入。谨将云村李世荣堂秩下与张光裕堂秩下乐输名目，及每年经管规矩，立簿誊录，以期永垂不朽。

这是一份民国七年（1918年）阴历十一月二十七日的文书，其中提及，义济仓系光绪二十六年（1900年）响应地方政府号召所建，由云村李世荣堂和张光裕堂两个家族共同负责，两个家族中的成员依其能力捐输粮食。当时，云村有张姓和李姓两个家族，彼此相互联姻 ②。与前述的粮会一样，义济仓也是"出借生

---

① 《新田白云李氏宗谱》卷5《村景》，有李邦泰所撰的《白云村杂咏》，其中提及："家住白云号凤田，前人企望后人矣，朝阳鸣盛梧冈上，展翼冲霄入九天。"则"凤田"亦即白云。
② 《开检可观·尚义公秩下捐输以预荣公用度叙》。

息"，具体做法是"每年出旧入新，分借不粜，候生息有余，按照乐输名目给饼，不忘所自，以输谷五秤者作一名，不满五秤者作半名，十秤者作二名，不满十秤者亦作一名，再有多者，照此加给"。从此处的"按照乐输名目给饼"来看，其奖励办法也与前述的粮会颇相类似。"谷出借，每年定期　月　日，收谷定期　月　日。凡出入，先行具帖通知，均以三日为期，不得拖延"。当时的经收者，分别为李世荣堂秩下的"积谷首人"李正振、李正湝、李邦财和李邦怀，以及张光裕堂秩下的"积谷首人"张正修、张正魁。"每年公议首人经管出纳，借仓储谷，公同封锁，议给仓租谷四秤，夏、秋各开销伙食三日，邀众清算账目，以利谷出支，经首者毋得染指"。

在上述文书之后还注明"以上诸位所捐积谷，照数退老"①，另有"本仓所积之洋，人皆借去"。细绎其意，个中的"老"应为"乞"字，即"讫"。此一附注应当说明，云村义济仓之运作相当良好，经过十数年的运作，已将原先各人所捐（其实相当于预垫）谷物悉数还清，并积有一定的资产银洋，用以出借生息。

关于云村义济仓，四年之后的另一份合同文约记载：

　　立租借地仓合同文约人义济仓、李济亨，缘李世荣堂与张光裕堂两处，合办云村义济仓积谷，曾租借李济亨所住鉏经堂楼仓贮蓄，已历有年，因选经生放，日渐加多，楼仓不

---

① 其下另有文字说明："民国十二年阴历十月八日，义济仓退老，捐谷一秤，退洋壹元。十二年十月廿日，所捐积谷照数退老，共退谷二百五十七秤。"这应是后来的补记。

足容积，因拟须建地仓盛贮，庶无满溢之虞。今复向济亨租借本屋住房一间，以为改建地仓之用，于是公同商议，收济亨所借本仓英洋壹百零捌元，言定从明年起，以作五年归清，概不起息。仓亦五年不纳租，所有改建木料、工资，概归济亨经理。如过五年之外，再逐年交纳仓租谷拾秤，两无异言。倘后□改租另情，再行另议。爰立合同一样二纸，义济仓收壹纸，李济亨收壹纸，以为存照。

民国十一年十月初九日

云村义济仓张光裕堂廷水，号

正宗　书

李世荣堂正振　子济亨代号

邦福　号

济亨　号

家声　号

家廷　号

上述的"号"字，应即画押之意。1922年，李邦福参与了义济仓的管理。根据前引民国七年（1918年）的文书，李正振位列"经收李世荣堂秩下积谷首人"之首，亦居"粮会附兴祭会人"之首。内批："自癸亥年起，逐年归缴二拾壹元六角，至丁卯年止，一并□讫。只此。"也就是1923—1927年逐年还款，及至民国十六年（1927年），已将上述费用最后还清。

（三）跨村落组织与社会关系

除了家族和单个村落之外，在当地，还存在不少跨村落的地

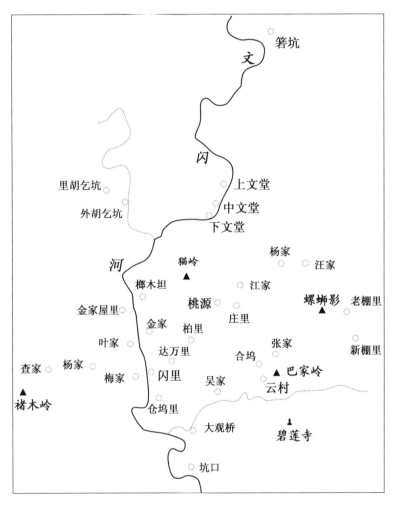

祁门云村、桃源一带示意图

方基层组织。

1. 跨村落的地方基层组织

《开检可观》记载有某年^①十月十六的《孤会疏文》，其疏头为："徽州府祁门县仙桂乡安定都文溪社桃源约云村"，云村系属桃源约之内。以清代的情况来看，据康熙《祁门县志》记载，二十一都图二，其村桃源，竹源。其后的道光《祁门县志》："二十一都图二，其村：大桥头，西坑，石壁下，程村，车田，里桃源，柏村，外桃源，达万里外桃源，闪上，天源里，坑口，潘村。"^②此时，桃源已分为里桃源、外桃源和达万里外桃源，但尚未出现云村或白云村。直到同治《祁门县志》卷1《疆域》："二十一都图二，其村：大桥头，西坑，石壁下，程村，车田，里桃源，柏村，外桃源，达万里外桃源，闪上，天源里，坑口，潘村，云村下坞口，云村，白云村。"^③此时，在都图系统中，才出现了"云村"和"白云村"的记录。正是这个原因，云村属于设在桃源村的桃源约之下。

当时，跨村落的乡村管理由约会负责。约会置有田产，轮流管理，其收入为约费。《开检可观》中，就有"桃源约会租总列后"，详见下表：

---

① 从其后的记载来看，可能是光绪三十二年（1906年）。

② 道光《祁门县志》卷3《舆地志·疆域》，"中国方志丛书"华中地方第639号，成文出版社1985年版，第160—161页。

③ 同治《祁门县志》卷1《舆地志·疆域》，"中国地方志集成·安徽府县志辑"55，江苏古籍出版社1998年版，第50页上。

　　　　　　　　区域社会史脉络下的徽州文书研究

桃源约会的田产

捐输年代	捐输者	保	地名	大租	备注
咸丰二年（1852年）	造士文会	三保	汪八坞	7秤6斤4两	
			墙下	1秤2斤	
		四保	黄泥丘	14秤	实交21秤
		五保	大二背坞	4秤	
		七保	迎客坞口	3秤	
		十保	四分里	8秤	
			师姑丘	5秤	
	四祠	五保	连仗坞	6秤	
		九保	茶元坞	2秤	
	飨保堂	三保	墓林坞	3秤	
	李尚吉		窑田里	3秤	
			靴丘	5秤	
		九保	枫树屏	1秤	
		四保	茶元坞	1秤5斤	乾隆年间约据系世荣堂名目
	李国政	三保	长降下	1秤5斤	
			浮竹山	8秤	
	张光裕堂		沿山脚	5秤	
	陈思亲堂	二保	高岸	3秤	老典租
	梅魁春堂	九保	牛车坦	5秤	
	陈朝禄	十保	枫树下	3秤	
同治十一年（1872年）	张光裕堂	五保	石岭下	4秤7斤半	
			桥头坞	5秤2斤半	

此后注明:"总共以上计租二十二号,照老租庄抄来,老簿存于成处,此立簿共计九十四页。"虽然捐输的年代始自咸丰年间,但其中亦注明:"乾隆年间约据,系世荣堂名目。"可见,此种约会由来已久。

除了清代的状况外,《开检可观》还记录了民国年间约会的管理。根据书中照抄的"桃源约会大租总",桃源约会的土地分布在二保、三保、四保、五保、七保、九保和十保。从《开检可观》所收文书来看,约会的经费来源也出自谷物:

> 民国三年,闪里陈敬斋秋收接管二年。
>
> 民国五年阴历七月十八日,邀集各祠,复立新章,会内所收之谷,每秤可支钱壹文,近年所收湿谷,大约五十余秤,八折干谷若干,照市粜价,每洋一元,加谷二斤扣算,所有前清管理之存款,一概裁免。自民国元、二、三年所存约费英洋十二元,又敬斋管理两年,迭年可支挑租力钱辛力,每年干谷二秤,晒场租每年干谷六斤,茶元坞、连仗坞盘亥六两可支,付盘算账,果品、茶、糍粿、点心可支。至于今总结收支两抵,实存英洋叁十六元,钱四十七文。付下首李世荣堂收领,周年壹分息扣。
>
> 立有领字,存郁斋先生。其立领字正淦、邦禄,绍尧书。
>
> 收领誊清簿、租庄簿各一本,六年本祠清算付出。
>
> 民国六、七、八、九年外疃陈道行经管。
>
> 十年七月头疃、中疃各祠催道行算账交盘,账已算清,

钱文不肯付出，账簿不交下首。

　　所查乾隆年间约据，本祠名目，乃世荣堂泰春收。

　　从地域上看，"领字"中提及"外疃"和"中疃各祠"，说明约会组织是由各祠轮流负责。从时间上看，此类约会的运作由来已久，至少从清乾隆时代就已开始。另外，"今查前清年间约会管理秋收日收谷若干，八折干谷若干，照依市价，作钱若干，会内可支挑力钱，一秤可支一文。收谷辛力钱，可支五百卅四文。邑老师约费，可支本洋叁元。（查光绪卅四年，可支英洋四元）。民国邑无老师，不支约费。"约会的经费来自秋收日征收的谷物，开支有"邑老师约费"。从收支来看，约会所存的经费颇为有限，所以开源是一个重要的内容。其中，通过收取捐纳，扩大乡约的成员，则是一个重要的途径。例如：

　　大清宣统三年岁在辛亥六月，桃源山里汪姓入廿一都三约，各祠当事人等俱书名画押，我祠明才叔（书号）、丽水叔、玉才叔。汪姓奉出英洋陆伯元又陆拾元，认局内开销，其洋陈祖章收领。

　　此处的"约"亦即乡约，属于地方治理的基层组织。乡约之变化是一个动态的过程，任何欲新加入某约者，必须出钱方能入约。而进入某约，则意味着对于地方社会治理具有一定的发言权。二十一都也属于仙桂乡，桃源山里与云村亦皆属于祁门二十一都。虽然上揭汪氏的身份并不清楚，不过，有些入约者显然是原先的佃仆小姓。如：

> 立收字二十一都三约人等，今据本都九保锦溪查正序堂秩下声请入约，合都商妥，公允开豁为良，当经公同议定入约，捐款英洋陆百元外，认先年讼费洋四百元，按期缴清，毋得违误。自收之后，准入都约，恐口无凭，特立收字为据。
> 内批：捐款洋六百元，公议分作三期缴清，本年现缴洋二百元，仍洋四百元，议定丁巳、戊午两期缴清，另立期票存照，只此。
> 又批：讼费洋四百元，公议分作三期，本年现缴洋二百元，仍洋二百元，议定丁巳、戊午两期缴清，另立期票存照，只此。
> 洪宪元年岁在丙辰正月吉日立收字三约人等
> 陈秉彝号，开意号，兴祥号，加祥号，
> 观人号，闰清号，四才号，汉文号，
> 陈辉远号，凤才号，家仪号，梅双发号，
> 吴文达号，陈继宗号，郁斋号，楚材号，
> 陈敬斋号，良彦号，许祥号，子卿号，
> 占鳌号，尚清号，加善号，尚玉号，
> 李明才号，耀章号，惟仁号，陈进盛号，
> 张义来号，观赐号，代草，李绍禹书。
> 仍有司里、柏里、达万里三祠未立名书押，是因查姓有役字，未曾取销。

其以捐款之洋及先年讼费之洋，俱系陈郁斋、陈楚材先收领。

洪宪元年即 1916 年。由此可见，"锦溪查正序堂"所属人群原是当地的佃仆小姓，虽然他们本身亦建有祠堂，但在身份上却是众姓之佃仆，此类小姓要想开豁为良，必须经过区域内相关大姓祠堂的认可。而获得此类认可的途径，则必须捐纳相当不小的一笔资金，但即便如此，还是仍有三个祠堂未曾签字。

另外，《开检可观》中还有一份收字：

立收字廿一都立约人等，今据本都田源叶姓经本堂秩下声请开放，合都环商公同允准，当日众面议定，捐输都约英洋柒百元，分作三期缴清，不得违误，所有书院、考棚、文约等项，悉归叶姓另行理值，不干本都之事，恐后无凭，特立收字存照。

内批：都约捐款，本年现缴英洋叁百元，仍洋四百元，尽期丁巳、戊午两期缴清，不得拖欠，立有期票二纸存照，只此。

洪宪元年岁次丙辰阴历三月初七日立收字廿一都

立约人等

陈观人，号；元和，号；达英，号；达烩，号；

定魁，号；定龙，号；世成，号；堂开，号……

其后另注明："叶姓道光年间乃傩役，字十六纸，当日未曾取销。云村领壹纸，系陈思亲堂收，其以捐款之说，陈郁斋、楚材先收领。"可见，田源叶姓的情况，与上述的锦溪查氏颇相类似。

当时，除了桃源约会之外，还有其他的会组织。例如，《开检可观》一书中收录有"西六乡区公立两等小学校招生"的相关文书，其中对该校的学额、年龄、程度（入学资格）、膳费、教学设备（操衣、靴帽、图书、笔板等）、报考和开学时间等，都一一做了规定。从中可见，该校分为初等小学和高等小学两部分，11—15岁之间的报考初等小学，15—17岁者报考高等小学。前者的文化程度是在私塾读过蒙书二三年者，后者则必须能作百字以内的粗浅国文。该校设在闪里镇的崇德堂，当时确定的学额，"暂定本籍四十名，客籍、荒籍共八名"，此一学额分配颇为耐人寻味。而关于该校的资金筹措，其后列有相关的两份合同。该两份民国二年（1913年）的合同，是由元庆公秩下的邦财、邦齐、正喜、邦和、邦顺、邦升和福庆公秩下的正纪、邦俊、正振、邦亮、正淦、家仁、正湛、家备所签订。其中提及他们的祖先元庆、福庆二公原是一脉流传的同胞兄弟，前清时代，祁门县的书院、考棚、西乡集成文约以及桃源约会之捐款，皆出自福庆公一脉。相比之下，在早年，元庆公一脉因家道贫寒，并未曾出资捐助。及至民国成立，学校方兴，李氏族众聚集商议，由元庆公秩下"进缁公祀"出资300元英洋，归福庆公秩下"泰春公祀"收领，补偿以前书院、考棚的一半捐款。此后，所有相关费用由二家门户"均各两半出费"。合同之后还附有议定条款，规定了桃源约会内土地的推收过割，以及集成文约中匀出的膏火半名，由"进缁公秩下顶受"，后者则出英洋60元，交由前者收领。此后该半名膏火，"归进缁公祀交纳谷金钱壹千三百十一文，蒙允一人赴席"。上揭合同反映的是家族内部不同支派之间，为调整地方文会膏火所作的相互补偿——在李氏家族中，邦福所属的进缙公秩下，原是族中比较贫寒的一支。及至民国初年，境况有所改变，故而在集成文约中的地位也有所上升。

集成文约相当于徽州其他地方的文会，主要是各族内读书人会文的地方。关于这一点，还可以从以下的记载中窥其端倪：

民国年间集成文约的活动

年　　代	举办情况	代　　表	备注
民国二年（1913 年）	西乡集成文约未曾举办		
民国三年（1914 年）	文约公收公办	缙祀秩下俱不肯赴约，惟仁委、秉钧赴约。在历口兴办。阴历七月初一，向缙祀支英洋 1 元，钱 200 文	
民国四年（1915 年）	炳椿赴约		
民国五年（1916 年）	秉钧赴约		
民国六年（1917 年）	炳松赴约		
民国七年（1918 年）十一月初十	付作扬英洋 1 元一角二分八厘，钱 31 文，缴谷金		
民国八年（1919 年）十月初十	廿一都值年，在闪里众办		吉甫入约局，缴洋一元一角三分五厘，收回钱 50 文

集成文约是祁门西乡一带的文会组织，应由各都轮流执年。

除了桃源约会之外，民国时期还出现了新的组织。民国元年（1912 年），全县划为八区，县城为一区，东属二区，南属三、四区，西属五、六、七区，北属八区。其中，六区的中心是在闪里。《开检可观》中抄有一份传单，以祁门西乡六区二段清乡会的名义出具告示，定于某年十一月十一日在闪里太和堂开会。其中提及的"清乡会"，是当时为应对地方治安变局而设立的组织。其后有一合同：

> ……年来偷窃、抢劫之风层见叠出，赌博窝藏之事时有所闻。我等目睹颓风，隐忧倍切。适奉都督倪命令知事李照会，内开饬办清乡事宜，实属刻不容缓。缘集合段十保公民开会环商，齐心整顿，特将本都各村入会子弟捕拿到局，申斥其非，悉照清乡章程，察罪过之重轻，罚款之多寡。并令缴交票据，出帮自新，取具该犯切结，并连环保结，收局存照。自此以后，各保董事，随时稽查。倘有子弟妄作横行，及入会赌博、窝匪情事，务宜严加约束，毋得因循。如有瞻顾徇情，不□禁止于先，复不详报于后，一经查出，除将该犯严惩处死外，仍将该保董事从重议罚，决不姑宽。公议章程五条，共立合文二十纸，编立"品行宜端正，修齐允执中，重敦新气象，再整旧家风"二十字号，各段董事各收壹纸，永远存照。

由此可见，每段是十保，六区之下有二段，共计二十保。其后所列的"公议章程"，主要内容是设立清乡会，"除暴安良，保卫地方"，对赌博、吸食洋烟、窝藏匪类以及诈吞盗窃田租等从重议罚。此一合同是民国二年（1913 年）阴历十月十八日所立，其下签名的六区二段三约各保董事计有86人。清乡会应当是响应地方政府号召，在乡约基础上临时设立的一种组织。

2. 跨村落的活动

晚清民国时期，祁门也发生多次的自然灾害。根据《开检可观（并各杂项）》的记载，民国六年（1917年）阴历正月初二辰时地震[1]，翌年阴历九月，疫病流行[2]。对于灾害，民间一向有不少仪式加以应对。如民国初年，李邦福的父亲李正勋，就"率妻陈氏为男星辰不顺，告许众位尊神，资孤赈济，酬谢神明，以保清泰"。

除了个体家庭的仪式之外，当地还组织规模较大的求雨活动。《三瞳宝山殿各款条目》中，有"三瞳求雨各项列后"：

求雨活动

地点	单 位	次级单位	出米	出钱
头瞳	张光裕堂		9筒	
	李世荣堂		45筒	
	陈思亲堂		7筒	
	陈文广户		4筒	
	陈义和堂（光英户）		1筒2合	

---

[1] 根据《开检可观》的记载，"民国六年阴历正月初二辰时，发地震，地动山摇屋摆，河水翻响。本年岁在丁巳，系正月十三酉时立春，论正月初二，还是丙辰年。"

[2] 《开检可观》："民国七年阴历九月，疫症流行，似伤寒，而非真伤寒。有先嗽后痧病轻，先痧后嗽病重，各处皆同，各处病三日死者极多，六、七、八、九日病死者极少。本祠九月廿三起，病六七日，死者极少。十余日，病死者极多。其病吐泻痧重，鼻内出血，口中吐痰血，不死者极少。凡廿日，死男丁十名，死女丁六名。腊月又死幼丁一名。"

地点	单　位	次级单位	出米	出钱
头疃	黄和乐户			100 文
	农户	下坑	4 筒	
		黄姓	2 筒	
		汪姓	2 筒	
中疃	大经堂	3 甲	14 筒	
		5 甲	26 筒	
	参两堂	·	6 筒	
	保极堂	护祀	42 筒 2 合	
		直祀	12 筒	
		廷祀	5 筒 3 合	
		玉祀	20 筒	
		申、爽二祀	10 筒 6 合	
	太和堂	桥会	7 筒	
		元登	4 筒	
		崇雅	2 筒	
		神主	2 筒	
		耀祀	1 筒	
		太珑祀	17 筒	
		国平	8 筒	
		国求	17 筒	
		道祀	2 筒	
		旦祀	2 筒	
		昊祀	2 筒	
	持敬堂	言祀	8 筒	
		四公祀	64 筒	

地点	单 位	次级单位	出米	出钱
中瞳	农户	汪大圣户	3 筒 3 合	
		汪有才户	3 筒 3 合	
		王兴良户	3 筒	
		横路、老屋场	4 筒半	
		江家	4 筒半	
外瞳	崇正堂		70 筒	
	可继堂		12 筒	
	明德堂		7 筒	
	吴叙伦堂（加盛户）			200 文
	农户	高进户	3 筒 3 合	
		金敦叙堂	4 筒半	
		陈保庆堂	4 筒半	
		桂永圣户	3 筒 3 合	
棚门	竹杭	祖送		100 文
		长岩		100 文
	黄老坑	龙太		100 文
	直坑	三保		100 文
	十三坞	观护		100 文
		焱德		100 文
	枫树坞			
	杨家			
	高田坑			
	张家袁	时才喜		100 文
	江家坦	进兴		200 文
	木匠	双喜		100 文
	碧莲寺	储金兰		200 文

在徽州，"疃"是颇为特别的地名。根据上表所示，头疃包括张光裕堂、李世荣堂、陈思亲堂、陈文广户、陈义和堂、黄和乐户以及农户下坑、黄姓、汪姓等，中疃则包括大经堂、参两堂、保极堂、太和堂、持敬堂以及农户汪大圣户等，外疃包括崇正堂、可继堂、明德堂、吴叙伦堂以及农户高进户等。而宝山殿应即同治《祁门县志》中的宝山寺，在里桃源[①]。上述的参与者，分为头、中、外疃和棚门。除各个祠堂之外，还有"农户"和"棚门"。农户即杂姓[②]，而"棚门"显然就是棚民[③]。其中，碧莲寺储金兰也被列为"棚门"[④]。表中提及的另一个庙宇碧莲寺在莲花峰下，原名白莲寺，始建于宋朝[⑤]。在当地，寺庙管理多由棚民充当，例如：

> 民国五年阴历十一月廿一日，太湖北乡冶溪胡顺林承桃源约三疃土主庙宝山殿居住，侍奉神灯，头疃贴伊起脚粮英

① 同治《祁门县志》卷10《舆地志·寺观》，第95页上。
② 据《开检可观》中的"三疃瓦会"条下："杂姓，即农户。"
③ 《开检可观》中，有"西六乡区公立两等小学校招生"的相关文书，其中提及："学额：暂定本籍四十名，客籍、荒籍共八名。"这说明，当时除了本地人之外，当地还有一些外来的客民，以及逃荒而来的人。
④ 从姓氏上看，碧莲寺的储金兰亦应来自江北，尤其是安庆府的潜山县。关于这一点，日本学者涉谷裕子曾指出：休宁县源芳乡一带，就活动着不少潜山籍的储姓棚民。(见氏撰《清代徽州休宁県における棚民像》，载［日］山本英史编《伝统中国の地域像》，庆应义塾大学出版会2000年版，第211—250页）另，黄忠鑫著《明清民国时期皖浙交界的山区社会：歙县廿五都飞地研究》(华中师范大学出版社2018年版)中，亦提及不少潜山籍的储姓棚民。
⑤ 同治《祁门县志》卷10《舆地志·寺观》，第95页上。

洋二元，桥会支付。

胡顺林立有承字一纸，系占鳌收。

三疃陈作民、占鳌、李丽水立有召字一纸，与占顺林收。

神灯灯油，本年瓦会贴灯油十二斤。

此处提及宝山殿为"桃源约三疃土主庙"。胡顺林为安庆府太湖县人，显然就是来自江北的棚民。由于求雨与宝山殿有关，故宝山殿的田产由三疃捐输。据载：

头、中疃四保牛栏丘，均共大租十六秤，此租系梅魁春堂先时祈求打鼓接水，续出大租廿四秤，外疃分得大租八秤领去。惟头疃、中疃分得大租十六秤，输与住持收管。迭年正月十八、四月十五、八月十三四作办点心。

除了求雨之外，每年六月十五日三疃共同举行"禾苗醮"，头疃、中疃和外疃的上户及农户根据相应标准出米，总共 220 筒，碧莲寺僧人领去米 83 筒，15 日设禾苗醮，"与中秋游圣暨祈求等事以为工资"。民国时期，"碧莲寺无僧，此米与本疃住持收领，以作三节工资"。此外，头疃三门祈求会，原来是李世荣堂、张光裕堂、陈思亲堂和陈文广户（共一门，即云村口）合办，但从民国二年（1913 年）"祈求收支各款账"来看，参加者还有吴叙伦堂、各位棚门及黄姓。

三、结　语

1. 从《开检可观》一书所见的徽州日常生活与乡村治理，在时段上虽然集中于晚清民国，但其中展示出的面貌细节，有不少可以追溯至百年前或数百年前。例如，类似于桃源约这样跨村落的基层组织由来已久，至少从清乾隆时代就已出现。而且，若从明清史的常识推断，应当可以上溯至明代。又如，徽州素以"健讼"著称，早在晚明时期，王士性在所著《广志绎》中就指出："山居人尚气，新都健讼，习使之然。其地本勤，人本俭，至斗讼则倾赀不惜，即官司笞鞭一二杖参差，便以为胜负。往往浼人居间。若巨家大狱，至推其族之一人出为众死，或抹额叫阙，或锁喉赴台，死则众为之祀春秋而养子孙。其人受椎不死，则傍有死之者矣。他方即好讼，谋不至是。"[①] 这里说的虽然主要是休宁、歙县人，但其实在徽州一府六县皆莫不如此。而从民国初年李氏与桃源下村陈姓发生纠纷时的情形来看，当时，云村专门指定了"经收费用人""顶案人"和"行路人"等，并对上述诸人的权益做了很好的善后保障。此一状况，与《广志绎》所述颇可比照而观。

再如，"完钱粮以省催科"，这是不少族规家训中的格言。据康熙《祁门县志》记载：该县"地处僻壤，往来鲜送迎，亦无修

---

① （明）王士性：《广志绎》卷 2《两都》，中华书局 1981 年版，第 34 页。

区域社会史脉络下的徽州文书研究

筑、征调事，民只知供正赋，其应公家者，皆故家子弟，非有包头、雇役及细民窜入版图者。"由此可以推测，类似于前揭云村李氏由家族出面设立"粮会"的做法应由来已久。在这方面，从现存的徽州文书来看，也可以得到不少印证[①]。

另外，在民间信仰方面，民国初年李邦福之父李正勋，曾率妻陈氏"资孤赈济"。其祭文最后标注的时间虽为"□□三（？）年十月十五日"（应是民国三年，1914 年），但其开头却是"大清国江南徽州府祁门县仙桂乡安定都文溪社云村"，可见此类的活动应由来已久[②]。

上述这些，都反映了徽州日常生活中历时已久的民事惯例。

2. 明代中叶以后，徽州逐渐形成了宗族社会。《新安大族志》《新安名族志》和《休宁名族志》等的出现，是这种宗族社会形成的一个重要标志。上述诸书的出现，在徽州社会定立出一个"名族"或"大族"的标准，境内的所有人群，都必须想方设法与书中的"名族"与"大族"相勾连，方能在地域社会竞争中立于不败之地[③]。

当然，徽州的一府六县地域广阔，各县的宗族形态仍有所差异。即以祁门为例，沿着文闪河溯流而上，在云村的西北有著名

---

① 管见所及，与"粮会"性质相同的组织，以"粮局"名义出现者更为多见。据多种徽州文书抄本综合分析，至迟至乾隆年间，祁门当地已有家族设立粮局，此后迄至晚清民国所见更多。

② 在《开检可观》中，另有一处某年十月十六的《孤会疏文》，与此内容大同小异。

③ 参见王振忠：《大、小姓纷争与清代前期的徽州社会——以〈钦定三府世仆案卷〉抄本为中心》，载《社会历史与人文地理：王振忠自选集》，中西书局2017 年版，第 51—52 页。

的文堂村。据说，在民间素有"一文堂，二渚口，三彭龙，四历口"之俗谚，反映了文堂在祁门县境内的地位。对此，《文堂风俗谣小引》曰："文堂之为村墟也，自宋卜居，元明大盛，诸美备臻，即国初时，犹未多让。村有三，祠有七，支祠厅屋数十，口数千□，税钱五千贯，号称祁西右族，盖彬彬如也。"① "村有三"是指村落的规模很大，有上文堂、中文堂和下文堂，而号称"祁西右族"，则与明代的"文堂乡约"密切相关。相比之下，云村及其相关的家族组织，在规模上显然要小得多。这反映了因祁门西乡特殊的地理位置和人文环境，使得当地各个宗族的形态各异，乡村之社会关系亦颇显多样。

祁门地处徽州府的西部，此处北面和西北面为池州府、安庆府，历来是棚民迁徙的重要地区。在这一带，有很多带"棚""家"的地名，应与此种移民背景有关。除此之外，此地也是外来游丐纷至沓来之处。迄至今日，在桃源村口廊桥边，还见有一方道光十一年（1831 年）竖立的"奉宪示禁强梗乞丐趁趖入境"石碑，碑刻内容，就是当年情势的生动写照。具体到云村附近的环境，近人李家骧（1884—1930）曾指出：

> 本境区划仍明旧制，为六乡二十二都（明制并三、四都为一都，析十都为东、西两都）四十九图（康熙间增三图，今共为五十二图）。城垣以内为城都，共图四。自一都至三、四都，为制锦乡，共图七。自五都至八都，为福广乡，共图

---

① 民国祁门杂抄，1 册，私人收藏。

八。自九都至十一都，为归化乡，共图八。自十二都至十四都，为武山乡，共图七。自十五都至十八都，为孝上乡，共图九。自十九都至二十二都，为仙桂乡，共图九。①

　　其中的"仙桂乡在县治之西，自十九都至二十二都属焉。东界孝上乡，南界浮梁，西界建德，北界贵池，为本邑之西部。本乡距城最远，市镇之可言者甚多，交通亦最为复杂"②。关于交通，《祁门县乡土地理志稿本》还指出："祁邑居池、饶之间，境界互错，交通因之而繁。然陆行多山岭，水道尽沙滩，舟车无所用其利，交通之不便，莫此为甚焉"③。从云村经闪里，北面通过榉根岭可至贵池，西面通过良禾岭可到至德县，这两条道路，与其东面经赤岭通往安庆的大道，都是祁门与外界沟通的重要通道。

　　云村李氏号称出自篁墩，其实并不一定可靠。根据《新安名族志》的记载，李氏在祁门有孚溪、李源、福洲和城市四支，其中前面三支皆位于邑东五十里，而城市派则位于邑南下街及石山坞。云村李氏自称迁自篁墩，但歙县东山、郡城、槐塘诸李，皆出自婺源岩田派，未言迁自篁墩④。由此看来，云村李氏的谱系脉络颇不清晰，而且，他们很可能并非徽州土著，而是由江北其

---

① 《祁门县乡土地理志稿本》第五节《区划》。
② 《祁门县乡土地理志稿本》第十二节"仙桂乡"。
③ 《祁门县乡土地理志稿本》第三十三节《交通之大要》。
④ （明）戴廷明、程尚宽等：《新安名族志》，黄山书社 2004 年版，第 354—364 页。

他地方迁来。与《开检可观》稿本相关的《原被告两造状稿》，是云村李氏、陈氏和吴氏三姓控告邻村桃源村陈氏家族陈求全、陈双全兄弟的诉讼案卷，其中提及，"陈求全，借学务常向李姓索捐，不遂则诬指李姓为荒籍，要结伊族陈海曙、陈登洲，向李氏寻衅不休"。"荒籍"应指由外地（尤其是江北）迁来的人群。此一论定，虽然引起李氏的极大愤慨，但陈氏的指责，恐怕也未必是空穴来风。

事实上，根据笔者在祁门闪里一带考察所得印象，文闪河沿岸地势开阔，这里有形成大规模宗族聚居的条件，故而出现了上文堂、中文堂和下文堂。相形之下，云村等地的地形狭小，格局不大，显然只能有小规模的杂姓落户于此。

云村与闪里的关系颇为密切。闪里位于县域西部，闪里镇古名溪镇，以地处溪流交汇处而得名。此处为祁门西乡的主要商贸集镇，文闪河穿境而过，旧时镇西埠头，舟车辐辏，交易频繁，民间俗有"作家（内行）上闪，外行下镇（景德镇）""上街豆腐下街酒，中街店铺家家有"的谚语，生动地概述了闪里镇昔日商贸之繁荣①。此外，因开埠的关系，祁门与九江的关系亦愈益密切。通过经商之人，外部的讯息很容易便迅速流传到祁门②。

---

① 祁门县地方志编纂委员会：《祁门县志》下册，黄山书社 2008 年版，第 1036 页。
② 如光绪三十一年（1905 年）九月二十日"文玉来家说"，提及"九江电报云及"："□□□□□中挖有诸葛孔明石碑一块，清绪□□□春风明月在两边，日俄血战皆安定，不料□□□两边，桃花鲜来菊花鲜，须知还有那一年，三年三年二桃李，血成河冰骨渠山，黑狗咬猪皆天安，自然太平在中间，有人解得谁记语，真算岐山第一仙。"

　　　　　　　　　　　　　区域社会史脉络下的徽州文书研究

而近代报刊的传入，也同样使得此处不再闭塞。在清末，"祁虽山邑，向喜阅京报阁钞，自沪上报馆接踵而起，购阅者亦渐多，就所查悉者，除县、学两署及城乡各学堂外，城内销报十四家，东乡浒溪销报两家，南乡平里、鳙溪等处销报六家，西乡历口、闪里等处销报四家，北乡善和等处销报两家"[①]。因此，从总体上看，闪里及云村一带并不十分闭塞。这从红茶兴起时，此处即是产销重镇亦可窥其端倪。

在这种背景下，晚清民国时期，当地的土客关系、主佃关系逐渐发生了一些变化。在清代徽州的一府六县中，祁门是外来棚民分布最多的一个县。光绪五年（1879年）《祁门县户口环册》最后有"棚民册"：

> 祁门县正堂柯，为遵章编查棚民户口事。照得现办保甲，境内向有客籍民人搭棚栖止，兴种苞芦，自应遵章编入附近村庄之末，另给门编，仍归原处地保及附近村镇之经董甲长管束。该棚民居处地方，如无十户棚民，即二三户至八九户棚民，亦即编为一牌，立一牌长，领总门牌一张，挨户轮流张挂门首，出具互结，互相稽查。倘一家为匪不法及窝藏盗贼，牌内各家公同出首，毋得容隐干咎，牌、甲长、地保人等知而不首，致干同罪。如有迁徙生故婚嫁增减，在于门牌本户旁，随时添改，并告知牌长，牌长转告甲长，甲

---

① （清）刘汝骥：《陶甓公牍》卷12《法制科·祁门民情之习惯·报纸之销数》，载《官箴书集成》第10册，黄山书社1997年版，第602页。

长转报经董，于册内一体改注，以凭抽查。倘有隐漏，察出干咎。该棚民如止一户居住，亦即领一户门牌，自行出具"不敢为匪不法"及"窝藏盗贼，愿甘治罪"切结，并央附近棚民出具保结。如有迁徙生故，婚嫁增减，亦即报明甲长、经董，添改牌册，以备查察，须至册者。

由于棚民众多，在清末，祁门竟至形成了"土弱客强"的局面，因此而"缠讼者有之。所幸婚姻联合，相习既久，交际均有感情"。[①] 关于这一点，在《开检可观》中，也有一些篇幅提及客民和棚民。特别是"演戏合源合米"中提到，"男丁每丁出米1筒半，又钱4文；女口每口出米一筒；棚民每家出钱一百文，不□一定如数"，可见，棚民已作为重要的一员，受到土著的接纳，参与地方的公共事务。

除了接纳棚民融入地方社会，佃仆也逐渐开豁为良，原先的不少佃仆、小姓通过捐输，被允许进入都约，书院、考棚、文会也出现了有限开放的倾向。所有这一切，都反映了晚清以来徽州群际关系之变化与祁门农村社会的弹性与包容。

---

① （清）刘汝骥：《陶甓公牍》卷12《法制科·祁门民情之习惯·交际间之状况》，第602页。

民国时期徽州宗族的修谱、理主活动 [1]

　　传统时代的宗族及相关问题，一向为明清以来的中国史研究所关注。不过，相较于明清时代，20 世纪上半叶的宗族史研究虽然已出现了一些成果 [2]，但仍然缺乏足够的探讨。而对于徽州而言，自明代中叶宗族社会形成以后，徽州宗族始终是宗族史研

---

[1]　本文在研究过程中，黄山学院冯剑辉教授提供了《东源重修张氏宗谱》的相关资料，特此谨申谢忱！

[2]　涉及于此的重要著作如冯尔康：《18 世纪以来中国家族的现代转向》第五章、第六章、第七章，上海人民出版社 2005 年版，第 214—313 页；朱英：《论近代商人宗族与宗族文化的发展演变》，载《天津社会科学》1999 年第 6 期。另可参见钱杭：《中国宗族史研究入门》，复旦大学出版社 2009 年版；程维荣：《中国近代宗族制度》，学林出版社 2008 年版。此外，还有不少全国各地区域性的研究，关于这一点，可参见常建华：《宋以后宗族的形成及地域比较》，人民出版社 2013 年版；常建华主编：《宋以后的宗族形态与社会变迁》，天津人民出版社 2013 年版。另外，常建华还撰写了多篇学术综述：《二十世纪的中国宗族研究》，载《历史研究》1999 年第 5 期；《近十年晚清民国以来宗族研究综述》，载《安徽史学》2009 年第 3 期；《改革开放以来南开大学的中国宗族、家族与家庭研究》，载《南开史学》2019 年第 2 期。

究的重要范本之一①。不过，即便如此，20世纪上半叶以来的徽州宗族史研究②，也仍然需要更多的案例加以探讨。

歙县南乡东源张叙伦祠文书，为佚名无题抄稿本1册，计78页156面，全书现经标点、整理，计26000余言。文书涉及的张叙伦祠，位于歙县南乡的东源（今鲍家庄东北之厚坞一带）。据载，东源张氏源出旧徽州府婺源县甲道，后迁满田，再由满田迁薛坑，并由薛坑迁东源。谱中所记的"班辈"（亦即排行）提及，"由甲道行字四十"，即"源本清河胄，祥开万石钧，千枝宗正脉，亿载裕云孙，孝友家声振，诗书世泽存，光明荣祖德，昌炽叙彝伦"，亦即上溯至中古时代的清河张氏。而东源班辈则自"泰"字辈方才迁至东源，也就是"祖伯泰季本，锡敦以若宗，文元邦世大，明伦志安芳，树德崇经到，光荣裕后枝，绥成观景福，振绪懋匡时"。对此，张叙伦祠中的对联称："派分七六支系众多开甲道，丁壮万千云礽蕃衍继东源。"甲道张氏为徽州望族，而东源张氏亦遂溯源于彼。

---

① 相关研究可参见常建华：《明代宗族研究》，上海人民出版社2005年版；赵华富：《徽州宗族研究》，安徽大学出版社2004年版；赵华富：《徽州宗族论集》，人民出版社2011年版；陈瑞：《明清徽州宗族与乡村社会控制》，安徽大学出版社2013年版；徐彬、祝虹：《宋元明清徽州家谱的历史演进》，安徽大学出版社2020年版。

② 有关这方面的研究，主要研究成果可参见唐力行：《徽州宗族社会》（安徽人民出版社2005年版）、《延续与断裂——徽州乡村的超稳定结构与社会变迁》（商务印书馆2015年版）等书。笔者此前亦撰有《晚清民国时期的徽州宗族与地方社会——黟县碧山何氏之〈族事汇要〉研究》，载《社会科学战线》2008年第4期。另外，笔者与劳格文（John Lagerwey）教授合作主编的《徽州传统社会丛书》（复旦大学出版社2011—2016年版），亦多有涉及于此者。

一、歙南东源张叙伦祠的修谱、理主

1. 修谱、理主之组织与具体实施

东源张氏自前次道光年间修谱之后，到该册文书聚焦的民国年间修谱、理主，相距"约计九十年矣"。对此，书中的一份通知指出：

> ……吾族祠内现在粉牌尚有可稽，即粉牌无考，或有支谱可稽，否则问之族老，所有生殁以及娶室姓氏，庶几可考，是以急宜实行其事。务宜各房各支以及在家在外、娶室姓氏，各房长理宜承值，尽心竭力，挨户细查，早日集齐。决于△月△日，请各房长到祠缴簿，万不可延。如再延久，粉牌损坏，支谱无存，耆老已殁，则欲思修谱而无可修矣，岂不有玷于祖先乎？

上揭通知主要是强调修谱已迫在眉睫，应当乘着当时文献可稽、耆老尚在的情况抓紧进行。其时，在祠堂内，祖宗牌位俗称神主，红漆金边者为金边红主，未漆者则为白粉牌——这些"粉牌"因没有上漆，可以擦抹，从这个意义上看，"粉牌"应是安置于祠堂内的临时牌位。修谱时，一般的做法是将粉牌上的祖先名讳抄誊下来，然后再将其名字擦掉。徽州人常说"三世不修谱，则为不孝"，一世大约是三十年，九十年正好是三世。有鉴于此，叙伦祠邀请外硎、塘边、西边、帅边、蕨元头、七里头、新安关、渔梁和鲍家庄的各族门支丁，前来叙伦祠商议修谱、理主之相关事宜。从中可见，张氏零星分布于新安江沿岸的几个村落。根据文书的记载，"祠内稍有二百余丁，大数务农"。

文书抄稿本卷首，开列有"张叙伦祠理主修族（谱）各认执事芳名"：

> 总经理　黻卿；副经理　安照；
> 总监理　石芝；副监理　炳森；
> 司账　兰馨；管钱　五寿；
> 交涉员　兆三　鹤龄　鸿昌　福全；
> 编辑　黻卿；稽核　汉文；
> 誊写　祖培　有恒　卓□　金宝
> 招待员　志林；
> 总稽查　正云　焕钦　灿文　东桂；
> 经收员　兆三　炳森；
> 按户稽查　铭公　安照　钊公　金发　锁公　六十　录公　灿文　德生公　志林　天赐公　秋富　愫公　安江　乔荣公（分支小川）　鹤公　石芝　树公　安国　焰公　黻卿　相公　高春

这一份名单由张氏叙伦祠公具，并张贴公示。从分设的总经理、副经理、总监理、副监理、司账、管钱、交涉员、编辑、稽核、誊写、招待员、总稽查、经收员和按户稽查来看，修谱的相关组织颇为严密。特别是"按户稽查"，每一支派皆委任一人专门负责。

名单上的总经理兼编辑为张黻卿，也就是张安锐（黻卿是他的字）[1]。此人的通信地址为"徽歙南鲍家庄投兰记制茶厂转"，而此次的"理主修族（谱）"活动，也经常因"茶市登场"而暂停数月，这说明其人的身份应是茶厂老板[2]。另外，上揭名单中的司账叫"兰馨"，这是张树和的字，他的联系地址也是鲍家庄，此处是清代以后珠兰花茶制售的中心地之一。在上列的组织中，张树和（兰馨）是司账，所以在抄本的记录中，他经常向旅外族人催促汇款。至于其人的身份，在他于民国十七年（1928年）元月廿六日写给松江张伯彦的信中有所提及：

> ……弟于光绪癸未幸博一衿，蒙嘉定颂阁徐郇宗师拔取，自惭才学兼无，棘闱终困。迨其科举不行，弃儒就农，时年六十有六。片长莫取，亦无他技，所娱暮岁者，惟以言

---

[1] 据《东源重修张氏宗谱》卷35下册："安锐：……乳名金祥，考名廷楷，字曰黻卿。公存心仁厚，矢志朴诚，闭户读书，不求闻达。……生同治壬戌五月十八日亥时，殁民国丙寅三月十七日戌时。"（第80页上—80页下）

[2] 张安锐（黻卿）除了是总经理外，还是族谱的编辑。对于前职，他一度颇有推托，在写给上海新昌肥皂厂的张祖培一信中，曾透露了自己的无奈："顷阅来函所云，一切以正名分，实属克当公议。修谱年已久远，如再（不）趁此行，当湮没无从追考，此中所系，岂浅鲜哉？阖族职司皆是权摄，此其初选，并示作实。若吾之职□为总理，更有不称，一则年迈，二则多病，三则乎为不足轻重之人。既然壮不如人，今老矣，更无能为也已。吾本禀过令堂太太，此事非侄不能有成。各人所司之职，此其大略，若夫润泽之，则在君与卓耳……"

忠信、行笃敬，惩忿窒欲、迁善改过为念。虽曰如是，欲寡过而犹未能。赋闲终日，无所用心，第以善书检阅，喜看且喜送。恰逢宗兄乃乐善不倦名门，弟则高山仰止，虽不能至，而心向往之。假令潭第夙有格言善本，足以培养身心，且可为童子习读者，请赐一卷，以便弟家塾中烦师讲解，子弟将来成就，庶无损人肥己之心。然而四书五经，名言至理虽在其中，似觉意旨甚深，儿童知识未开，难以进境，不若以格言为阶梯耳。若惠多赐，自当敬送广传，其获报近在自身，远在儿孙，天无毫发之爽。阅及令祖读《金刚经》《心经》，不觉足蹈手舞，与弟同志，弟亦朝夕心惟恭诵，自愧无暇，未能不辍，深为大恨，只得念念在抱而已矣。明公何以教我乎？特别奉达，因追远而兼修德，尽美矣，又尽善也……

信中提及的"徐郙"号颂阁，江苏嘉定（今上海嘉定）人，系同治元年（1862年）状元，曾任安徽学政，故张树和（兰馨）自称为其所拔取。由此可见，张树和在光绪九年（癸未，1883年）考取生员，此后未能更进一境，又恰逢清末废除科举，故而只得弃儒就农。及至纂修族谱之时，他已六十六岁。张树和非常喜欢阅读善书，以躬行善事为人生乐事。正是因为其人具有较好的文化素养，再加上一向热心于公益事业，故而被挑选为司账。

综上所述，张安锐（黻卿）和张树和（兰馨），一位是老板，一位是文人，从该册文书的记载来看，他们二人在修谱理主活动中最为活跃。特别是张树和，由于张安锐中途过世，故而该册文书很可能就是由张树和所抄录并保存下来的修谱档案。

在该册文书中，收录了不少来往书信，文中注明"信稿刻板"，这说明原本是打算将这些书信收录在族谱内①——此种做法，也是不少族谱编纂中常见的现象。另外，上揭执事名单中的最后一类是"按户稽查"，统共编列了23人。这些人的职责，在书信中亦有所反映。例如，书中就收录了两份"通知单"，其一曰：

> 敬启者，吾族自道光年间修谱，约计九十年矣，非但坐位拥挤，兼之年湮代远，粉牌生殁难以稽查。今因合族酌议，修谱、理主急宜实行，成斯美举。务望各房各支、在家在外、诸名、娶室姓氏、生殁，挨户稽查清晰，早日寄来，以备办理，限于△月△日汇齐，切勿延迟，特此飞函告知。△△族台耆长大人惠鉴。
>
> 经理人张叙伦祠　黻卿　石芝　汉文
>
> 　　　　　　　安照　正云　洪昌
>
> 　　　　　　　志林　兰声［馨］　炳森
>
> 　　　　　　　五寿　兆三　兰甫
>
> 　　　　通信处：徽歙南鲍家庄投兰记制茶厂转张黻卿先生收。

---

① 不过，根据《东源重修张氏宗谱》卷31"领谱字号"，此次修谱最终统共仅印了十五本，应当是因经费有限的缘故。故此，原拟收录的信稿实际上未曾刊刻，这一点显然亦可理解。

这张"通知单"原本当是张贴在墙上广而告之的。由于修谱时应详细登记各房各支人丁的状况,对各人之生殁、婚娶状况等必须一一记录,特别是应当按人头收取丁口费,故而需要按户稽查。

从文书记载来看,张叙伦祠龛座中设有"红牌区",这些"红牌"亦称"恒牌",除了用以表彰族中杰出人物之外,一般人物故后只要向祠族交纳一定现金者,也可买得"红牌"。"红牌"是权位、荣誉或财富及事业有成之象征,通常情况下可保留很长时间,获得者藉此光耀门第,启迪后人。

抄稿本中还收录了由风水先生开具的选单,从中可见,选定的祠基为"壬山丙向加子午",并称"丁卯年南北大利"。其间,风水先生先是勘察祠基,接着移主、开土、祭主、登位、分金、点主、安龙、和土等,每个步骤都分别慎重选定了良日吉时。选单中提及的"丁卯年",也就是民国十六年(1927年)。此后,则请匠人施工。对此,书中收录有相关的议单:

> 立议单人许得来,今议到张叙伦祠内神位粉牌四十块,言明每块计洋一元四角,计美其牌连棐高一尺五寸,阔二尺。除棐外,概旧柏树,亦并接之理,下架之棐,均雕林枝花纹,概行包做成功,送至祠内,毋得异说。犹口无凭,立此议单存照。
>
> 民国十六年巧月　日立议单人许得来
> 凭中△△
> 代笔△△

这是重做张叙伦祠内神位粉牌之议单。抄本中收录的另两份议单，是有关柱联、匾额和寝室联的。而《朱家村漆匠做恒牌揽约》，则是做恒牌的相关契约。此外，张树和还到处请人撰写对联，如他曾写信给一位叫"植中"的姻兄：

> ……前所托者，因敝族理主之事，需制联对，遍请名人题写。素仰令本家沛仁先生精通书法，名重乡邦，瞻仰之私，尽人皆是。敢请姻台介绍一缄，仰求八尺对一对。又兰本身兰茂□扁［匾］额一块，每字尺方，亦请题出尊名。惟对句烦姻台撰就寄沪，前途书成，交邮寄转，而且妥速，是所至祷！将来或送润笔，或送水礼，亦请代为酌定，俾好遵行，免致开罪于君子之前。叨在亲亲之谊，敢布里直之词，伏希鼎诺，是所切祷……

在信中，张树和拜托姻亲"植中"向其本家"沛仁"邀约，让后者为张叙伦祠撰写对联及匾额，并承诺将来会致送润笔或水礼。从文书记录来看，稍后不久就收到"沛仁"之作品，为此，八月二十二日，张树和再度写信给"植中"表示感谢：

> 植中姻兄大鉴：……贵本家沛仁先生所挥联对，书作俱佳，悬诸数祠，端推首指，确实名不虚传，足令观者钦美。至于笔润，当遵转介之例照奉，容送尊处，再托转交。原函书例，一一敬璧，至请查收为荷……

此外，张树和还延请叶诰书撰写联句："自黄墩婺源甲道满田，复由薛坑而往东源，移徙靡常，历代出名贤，昭昭可考。"叶诰书为乙酉科（光绪十一年，1885年）拔贡，清室既屋后被举为民政长，属于当时的名人。不过，张树和认为："原句是历代屡迁乔，鄙意嫌字面重用，故易三字。"与此同时，张树和还请前清武进县进士汪龙撰写联句："矢弧易赞孝友诗称宝鉴录千秋堂构克承光耀远，甲道支分满田派衍同居敦九世蒸尝弗替泽绵长。"藉以追溯前贤往迹，光宗耀祖。

文书抄稿本中详列"祠内铺设等物各房认借一阅"，分别列有族内"铭公""钊公""锸公""愫公""天赐公""鹤公""焰公""时公"和"相公"各派支下出借给祠内铺设的物品，反映出宗族组织活动之井井有条。一切准备就绪之后，则要开始祠祭。为此，书中也收录了祠祭时的一些祭文，如1927年的《入棺祭文》，个中指出：将在"季秋之朔越三日△△之辰，为我列祖列宗主牌入棺之期，既毕事，将奉主安葬于本祠来龙山之阳"。此外，还有一篇同日的《诰文》以及八月初八日移主下座的祭文留底、"各支贺坟送礼"等。文书抄稿本对族谱之编纂过程，也有着颇为细致的描述。譬如，其中有一封信提及族谱之选纸：

> 兆三宗台鉴：昨接挂号，内附包约并等件，均已收到，祈勿远念。当时各件呈与公众，足见宗台办事热心，阖族不胜感感！惟谱纸若果未曾办妥，请乞宗台细心斟意。刻今纸料不坚者多，又恐虫蛀之大患，深以为忧。素悉宗兄办（事）精明，定必早日研究，毋庸弟等之饶舌也。承垫之款，

一候尊书示明，当交府上不误。

从前述的"执事芳名"来看，这位"兆三"职居"交涉员"。可见，当时对于族谱之选纸颇多斟酌，亦极为重视。

以上这些记录，都反映了修谱之前细密的准备工作。

2. 修谱、理主的经费筹措

修谱、理主是一项繁重的工程，在搭建好相关组织班子之后，最为重要的一项工作就是筹措经费，这是整个活动的重点与难点。根据预先估算，此次修谱、理主约需费用3000—4000元。为此，叙伦堂拟有《捐助红牌序头》：

> 盖闻太上立德，其次立言，其次立功，古称三不朽。吾东源派自道光十四年修谱后，越今九十有二年矣，年湮代远，拥挤难堪，若再不及时汲汲邀集阖族理主重修，不但生殁无稽考，而挂线亦有讹谬之虞。惟此举责任重大，用度浩繁，仅籍［藉］支丁捐输，窃恐大厦难持，不得已，于族内殷实之创立恒牌，分作两等：头等系功绩位，男上功绩位，女上长生位，合成一对，公议大洋两百元；末等长生位一对，公议大洋三十元。凡我族众，其各踊跃赞襄，永垂不朽，此启。

根据此处的规定，恒牌分为两等，即功绩神位和长生神位，分别收费。关于这一点，当年七月二十日落款为"张叙伦祠公具"的一封寄给"安善族台"之信中亦指出："此番需款颇称甚巨，若论人丁口捐，其实不敷所出。今已阖族另行酌议，大众赞成创设恒牌，分作两种：一功绩神位，为巨富者计，每对计洋两百元；一长生神位，为殷实者计，每对捐输洋卅元。概加一费用。所立恒牌，祖先有何立［利］益？此牌于座上，永远不得理去安葬，直可与金石同贞，与河山并寿。每逢族内颁胙之时，亦有另赠一股。"为此，文书中还抄录了《存根收据》的格式：

收人丁据稿
徽歙南东源张叙伦祠收到
△△户理主、修谱人丁洋△元△角整
　　此照
　　民国△年△月△日
　　第△千△百△拾△号

不过，原定价格远不止上揭信中所说，可能是因为最初设定的价格太高，许多人望而却步，故稍后只能将相关的费用大幅降低（见下表）：

歙县南乡东源张叙伦祠修谱捐输价目变化

类　　　别		初定价格	降价后的价格
丁口费	男	1 元 3 角	
	女	7 角	
恒　牌	功绩位	500 元	220 元
	长生位	40 元	33 元
族谱全部		300 元	100 元

为了筹措到足够的经费，张叙伦祠遍发信函，到处寻找潜在的赞助人：

> 星之族台惠鉴：前信示及谱事，已经备置，议决价目，再当函告。夏间常州恒春典族内融甫返梓，酌办族事。据云亮之有弟在沪开设纱厂，未知确否？如有此人，请咨函通告，并将沪上所设地址以及名号由邮寄来，俾好由祠中公函直达。是关列祖列宗，不得不函通告。抑有抛弃先人，莫挂 [怪] 祠中不报也。专此布告，敬询秋祺。
>
> 八月十七发

收信人张星之，其时是在江苏靖江的庆余典经商。信中提及族中有人在常州恒春典从业，还有人在上海开设纱厂，这些应当都属于比较有钱的族人，自然是赞助修谱、理主的重要潜在对象，故而张叙伦祠的经理人等想方设法弄到他们的通讯地址及联系方式，以便与之接洽。

在该册文书中收录了不少书信，具体反映了修谱、理主过程中的诸多交涉。例如，民国十六年（1927年）十一月二十一日夜由叙伦堂公具、寄给旅外徽商张华伯的信中提到："……前者开祠，酌议修谱、理主之事，兼之本祠西墙形势已斜，意拟同时兴工修理，非集三四千金不能开办此举。查人丁不过四五百元左右，是以开办功绩、长生等位捐，故议价目较昂。但此捐款，虽系为各自祖先荣耀，奈值纷乱时势，各业均受影响，捐款甚不易易。兹又开公 [会] 再议，修理祠墙一项，缘经费艰难，只得暂为停办。捐款一节，资格另议减低，功绩位只捐二百元，长生位照前。要领族谱一部，另捐一百元。"收信人张华伯从业于苏州甪直张源丰号。从信中可见，当时显然是因为向旅外徽商募捐的结果并不理想，所以临时调低了捐款的标准。但与此同时，对于旅外的族众，仍想尽办法一再要求加捐：

> 盛之贤侄台启：近数月中音问少通，遥想客履绥佳，至为盼祷。族事今由各耆长接续发起，大众一心，仍前努力进行。今已拣定日子，抄寄台览。接侄信来，颇有量力补助之意，足见亲亲仁爱之怀，溢于言表。今族众屡屡向余提及，余先为侄坐上恒牌一对，男上功绩，女上长生，其价公定两百元，另外加一费用。原议尚不止此，因年时关系，嗣复减省从事，久已发表在外，不能再减。请将恒牌如何写式，开示先行寄来，以好饬匠刻上芳名，以垂永久。至于恒牌另立鸿簿，已将尊名列入矣。此外，族中仍希吾侄再加补助若干，以竟一篑之功。余未擅专，该若何回答，亦希酌定，示以宗旨，并将恒牌之款即行汇寄来里，以便转交，切切至要！手此布达，即询潭祺。
>
> 　　　　　　　　　愚叔安照字泖　七月十一日

收信人张盛之是旅居湖州太和坊的族人。而此处的"安照"，则是执事名单中位居副经理之张安照。闻知前者有意捐资恒牌，张安照显得喜出望外，他进而希望前者"再加补助若干"。类似的情形，在诸多信函中皆有所见。例如，另外一封寄给张华伯的信函也写道：

> ……族事今由各派继续进行，大众努力。兹已拣定日期，谨抄呈台阅，到祈察入。唯是即日开始工作，动用需费浩繁。前议请族台补助一二，嗣接回云，亲爱之怀，溢于言表。良以此等公益之举，乃系各人为祖宗办事，非别样捐输可比。当即创为恒牌之说，凡族中稍有充裕者，庶乎各尽尔心，以光先代，百世周替，永保令名。我族台睦族敬宗，素所佩仰，今兹大典，伏乞量力而行，解囊资助，以竟大功，至为阖族盼切祷切！手此谨布，即请大安，立待回云。令弟均此。

这封信是由"张叙伦祠公具"，落款时间是"巧月十四"，巧月亦即七月，其寄发时间也就在上封信稍后，这显然也是向旅外族人募捐的信函。由此可见，当时族中执事诸人殚精竭虑地通过各种办法，诱导旅外族人捐输。关于这一点，另有一信也提及：

> 融甫尊叔台启：顷奉还云，亲爱之情，溢于言表，阅之曷胜佩服！第以令尊人管祠有年，功绩巍巍，阖族老幼，无不言犹在耳。当△回谕未到之先，族中因公开议之时，已经啧啧数次，均以令尊人功勋未可泯没，众议印谱之时，加载令尊谱序一篇，传之后人，可以永矢不忘。今奉来信，比即向族中耆长提议，伊等以为令尊人对于祠内办事之公忠，任劳任怨，已历有年。今因修族（谱），大众酌议，似以初议

补序，稍可酬报于万一。至开区区红牌之半数，以令尊人之功绩，实不止此。可否请尊叔一再深思，补序一层，实足光辉家乘，不易多得；而敬上红牌，亦稍尽孝子之心。事之两全其美，未有过于此者。且红牌历久不毁，上者尚多，而谱序独载一人，实为罕匹。今宗谱流传未免损坏，而印谱非止一部，此坏彼存，直可与日月同休，与河山并寿。为此，请吾叔即将红牌费卅三元赶即汇寄，以应公用。至于谱序，或请令东佳作一篇，随后寄来，以好照序加入。谱局现已开工，查理支系，大约八月之内即好开印也。谨此拜覆，即请秋祺。

宗侄兰馨　谨启　七月杪日

写信人"兰馨"也就是司账张树和。从该函可见，收信人张融甫之父曾管理祠堂多年，张树和请其为族谱撰写序言，并附带着让他捐赠红牌。在这册抄稿本中，有武进人刘凌撰写的《张安椿赞》，其中提及张安椿之父在扬州经商，本人则"习典业于吴都"，因他曾研习岐黄之术，后返里悬壶自给。不久，因宗祠管理者去世，接替无人，百废待兴，故被推荐经管宗祠，据说他"受任之后，不辞劳瘁，举凡整顿税租，清理积欠，族事为之一新"。揆诸史实，因上揭收信人张融甫从业于常州之恒春典，从其职业传承以及信中涉及的内容来看，张安椿可能就是信中提到的"令尊人"。张树和从张安椿之急公好义谈起，对张融甫动之以情，晓之以理，目的自然不过是希望他能慷慨解囊。

二、修谱、理主过程中的矛盾与冲突

从该册文书来看，张叙伦祠之修谱、理主过程颇为曲折。书中的一份通知单指出："前清于光绪年份甪直来邀修谱，发刻当日，无人支持，以致因循迄今，历数十年。自甲道道光年间修谱，约计九十年矣。"婺源甲道张氏是徽州名族，歙县东源张氏即由彼分枝。而光绪年间提议修谱者，自江苏甪直发信邀请，显然是由旅外徽商主持①。揆诸史实，民国十六年（1927年）的此次修谱、理主之前期调查原本拟定七月发起，十月终止，但实际上整个过程却颇为拖沓。祠中组织虽设有"按户稽查"，但具体进展却相当缓慢。当年的十月初八，张叙伦祠公具的启事还抱怨："日前公议各户生殁，由各房长挨户稽查，当时限有期□，而今限期已满，未见实行。"关于这一点，显然是有的放矢。在此之前，七月十二日也是以张叙伦祠名义发出的信函这样写道：

---

① 1928年春汪鸿藻撰《惠吉张公暨继配吴孺人传》提及："张公惠吉讳安禧，幼习贾，随父广余公于苏之甪直镇。性勤朴忠诚，有肝胆，为居停所倚重。岁戊申，甪直遭洪杨厄，人皆逃避，公独力署店中诸务，扃门越墙而出，身几不免。……专致力于甪镇之鼎泰一店，其店屡兴屡踬，公独力持之，以信义为重，私利为轻，故能植基孔固，转危为安。由是振贫乏，恤孤寡，创善堂，联乡谊，热心公益，合三十载如一日，阖镇绅民无论识与不识，莫不重其为人也。"（《东源重修张氏宗谱》卷31）

乔荣公支下耆老先生台启：缘本祠理主一事，今已拣就日子，即日进行，兹照原单抄奉台阅，到祈检入是荷。唯是开工在途，需款甚繁，尊处丁口等费尚未缴到，务祈即速关会大众周知，速将丁口等费即日全数交来应用，并祈探询有愿上恒牌者，亦望约全其人来局面谈，遵章缴款。事关阖族各派，须要踊跃趋公，以光先代而竟大功，是所切祷！手此布达，即颂公安，立候驾临，切切！

乔荣公"分支小川"，亦即小洲源，此处离东源较远。此一收信者"乔荣公支下耆老"列名谱局中的"按户稽查"之一，但在当时，该支不仅丁口费未曾缴到，而且对于宗族的祭祀活动也显得漫不经心。例如，八月初八日之移主下座，本是张姓宗族的盛事，但结果却为该支所轻慢。对此，"张叙伦祠公具"的另一封信指责说："本月初八日下座神主，贵支曾未个人来祠。无论他派均有帮忙，想贵支视宗祠显然轻看，慢待祖先，对于族中大有理缺，以致阖族不平。执事人不得不函相告，如不凑此将丁口费缴齐，并派人丁来祠襄办，免得公愤。如不然，九月初三神牌入旷［圹］，难免将贵支神位罢存。特此追函前来，请祈赶早布置。"这封函写得极不客气，反映出张叙伦祠对于乔荣公支族人的愤怒。这说明，即使是在徽州当地，有些支派对于宗族活动亦并不热心。

晚清民国时期，不少宗族由于财力有限，人丁费之收入较少，故而特别寄希望于"恒牌"的设置，但在实际操作中，其收入亦往往不能尽如人意，主事人时常有"有钱与知礼者敬祖宗；

无钱与不知礼者，置祖宗而不问也"之感慨 [①]。除了"无钱"者之外，被称为"不知礼"的成员也相当不少。

如所周知，徽州的修谱，有相当多的经费来自旅外徽商之资助。在明清时代，修谱主要是由谱局向各地的宗族成员发布知单。而到了近代以后，除了传统手段之外，一些宗族还特别注意对新兴媒体的利用，亦即通过在报纸上发布消息，广而告之。此次修谱，张氏即拟有《修谱声明》，刊登于上海的《新闻报》和《申报》上：

> 启者，徽歙南后坞东源张氏修谱、理主，阖族公议，于阴历七月发起，以十月终为止。倘有迁居外族，速即将上代祖先名讳、生殁履历邮寄来徽，以备办理，特此登《新》《申》两报声明，切勿延迟，此布。
>
> 通信处：徽歙南鲍家庄兰记制茶厂收。

此处的"后坞"亦即厚坞。之所以这样做，是因为"阖族发起理主、修族（谱）一事，想迁居外方大为不少，诚恐一时难以周知，只得登一星期《新》《申》两报声明"。后来决定，在《新》《申》两报登报五天。根据当时的章程，特等广告内计二十六字为一行，以五行起码，每日每行洋四角五分，依此稿不过五行，两报合计算大洋二十二元五角。类似的广告，在民国时期的《申报》上所见颇多。这说明近代以来，通过报纸发布修谱消息的做法相当普遍。

除此之外，张叙伦祠还通过个别的通信，与旅外成员交涉，

① 抄本《豁然如见》，1册，私人收藏。

兹将相关的信函列表显示:

歙县南乡东源张叙伦祠修谱、理主的相关信函

省份	地　　点	商号、职业	通信人
江苏	昆山县千墩镇	章庆昌宝号	张聚源
	常州	恒春典	张融甫
	苏州甪直	张源丰号	张华伯
	苏州甪直镇北港内	张祥盛宝号	张连伯
	西坝	张德兴盐栈	张直卿
	靖江	庆余典	张星之
	松江城内警察署前	张义兴米庄	张伯彦
	宜兴县东撒珠巷	泰来宝典	张浩如
上海	闸北大统路西首中兴路	新昌肥皂厂	张祖培
浙江	衢县小南门外大洲镇	晋茂源宝号	张燮林
	昌化县十都横溪桥	张源盛号	张安善
	寿昌县署前	叶新顺布宝号	张兆三
	湖州太和坊		张盛之

根据书中《致黄家驹孝廉撰对》所言:"歙南东源张氏,吾邑之望族也,阅九十余年而集议理主、修谱。族大丁繁,迁徙于外者,往往有之。"这是指在"大徽州"各地,有不少张姓成员务工经商。例如,从东源走向长江三角洲的张安国,"以家贫故,不能习诗书而就商业。初至苏州,蒙乡人荐一杂货肆徒。未年余,遭红羊之变,公东奔西窜,避至吴兴,幸乃得脱。靖难后,复得友人吹嘘,于吴兴凌生泰酱园为账职。公素性和顺,笃于信义,为同事所钦敬,不数年即擢为经理。未几年,其肆生意

日隆，四方咸集，较倍于前。……于是辞主东，自创小肆于本街。呜呼！时运不济，数年而亏本甚巨，复由旧东相邀，而亏耗之款仍归旧东。又为之经理者数年，再辞旧东，重于吴兴创立福泰米号，专行信义。又设复森祥酒行，不十年，所余之资以万计。又设恒意昌绸庄，其生意之发达，遂占于吴兴。徽人之商于吴地者，以公之信义照〔昭〕著，公推公为同乡会董事"①。除此之外，上表中的通信者，从其职业上看，既有传统的典当、布业和杂货等，又有新式的工厂（如上海的新昌肥皂厂）。有些人迁居外地已相当久远，如靖江庆余典的张星之，"迁居江苏已将百载"。对此，张安锐和张树和在信中写道：

> 星之族台惠鉴：旧冬接奉华云，备悉种种。先祖神位即行入祠，概行情事，令侄东下，定当专洽认可。昔年修祠等费四十番，属系〔系属〕不敷补费，无如族台函中所载苦衷，办事人以难计较，只得任从祠内捐列恒牌，不卜族台与亲房意欲上否？乞为探询。如肯解囊，代祖宗报效者，即速惠复，以便预置。补费、人丁费以及生殁、妻妾姓氏，总速寄来，切勿拖延乃要。特此，并贺新禧。
>
> 　　　　　　　　　送　张星之收
> 　　　　　　　　　经理人张黻卿
> 　　　　　　　　　兰馨具
> 　　　　　　　　　二月廿六日

---

①　1928年胡彦文《张公安国先生传》，见《东源重修张氏宗谱》卷31。

该信作于二月二十六日，是经理人张安锐和张树和发出的信函，送往江苏靖江庆余典内，征询张星之为祖宗捐输恒牌一事。当时，与旅外族人的联系颇费周章。例如，另一封以"祠堂公具"名义发给张星之的信函这样写道：

　　　星之族台惠启：客冬接到来函，比即具覆，近想客祺晋吉乃慰。族事因黻卿作古，以致停顿，至于月初复议进行，已经公众议妥，拣定吉期。兹谨抄录全单，至希亮察。唯是开工在即，动用浩繁。虽各事粗立大纲，终虞汲长绠短，总赖各支诸公踊跃趋公，以襄大典，不致陨越贻羞。所有族台亲房之处，有意坐上恒牌者，或功绩，或长生，悉听尊便。其恒牌功绩须洋二百元加一费用，长生须洋三十元，亦加一费用。原议尚不止此，嗣因时势关系，不得不核减从事，今已发表在外，万无再减之理。令侄浩如处亦望探询，能得各有捐助，非特赞成族事，实亦先代光辉。是否，务祈即速惠复，切祷之至！另外，尊处之生卒、婚娶，并祈填写表册，即日寄来。因谱局开工，以好接续做去。手此敬达，即颂秋祺。

　　此信末尾虽署"张祠公具"，但显然是出自张树和之手。从该信可知，由于当时原经理人张安锐（黻卿）去世，修祠、理主一度中断。信中提及因时势关系，恒牌功绩、长生已分别降为220元和33元，但张星之对此似乎并不积极。故而直到九月二十三日，张树和再度致信张星之："星之族台大鉴：日前邮寄公函，谅早披阅，上主日期，亦已详过。虽是时局不宁，邮政未曾停顿，度不致付于洪乔。兹又渎者，当时令侄浩如言及欲上恒牌之说，不知确否？若果，时已将届，万勿再延，时机已过，再增几信，亦难上进。事到此间，办事人不得不函直告，是否主裁，即行惠复，谅不致省笔楮之资耳……"文中的"洪乔"，典出《世说新语》，原指不可信托之寄信人。可见，半年多过去了，直到此时，张星之仍未将相关的钱款汇上。看来，旅外族人对于上恒牌等事并不十分热心。

此外，在编纂族谱的过程中，有的因迁徙年代久远，与故土乡族的关系已难以理清，因而在一些书信中颇有相关的讨论。例如，书中抄录的信件中，就有松江张伯彦寻根的相关讨论：

> 伯彦宗兄伟鉴：承赐华翰，其追远之心，殊深念切，欣羡奚似！敬启者，委查源本，固当竭力寻求。无如华翰中只示"新安华泉公"名目，似觉难稽。决于念祖情殷，望收华泉公讳字并历代先祖，或有庭训、口传祖居新安何乡、何村，否则贵处或有残编遗迹，能于幸获片纸，祈即赐下，以便核考，不胜翘企之至！松地各族支派人丁，当亦蕃衍而弗替矣。敬覆，恭请孝安！

这是当年十月十四寄往松江城内警察署前张义兴米庄张伯彦之信，信末还开具了需要查核的一些人名：

性公支下　文鹤公派老二房名　赐福
　　　　　　　　　　　　　　　赐林
　　　　　　　　　　　　　　　科福

赐福（班辈芳灿），前在苏州角直、六［陆］墓典内生理。

后辈何人，托查。

　　根据上揭的开示，这位叫张廷荃（伯彦）的人现在松江从事粮食贸易，他自认为祖上应是出自歙南东源，但却只有极为模糊的线索。为此，张叙伦祠方面要求他提供更多的口头及文献证据，以便准确核考。角直位于苏州城东南数十里，与松江所距非遥，对此，张叙伦祠主事人请求张伯彦代为查找在角直典当业中营生的族人情况[①]。此后，另一封于翌年正月二十五寄给张伯彦的信，显然也是与此相关的信函：

　　伯彦宗兄大鉴：旧冬委查先远之源，理合急于奉复，无如修谱甚繁，寸晷不暇。弟一面着人理主，一面代为细阅，而宗谱卷数，共计六十卷之多，然亦残缺不全，颇费周章，请书记人极力考核，延至今春，并未获"华泉公"字讳。兹幸正月十九统族内各户祭祀谱一一缴出，不意获见华泉（华泉是字）讳文瀚（文瀚是名），载迁松江府，乃与吾支性公

────────────────

① 以苏州为中心的江南各地，有不少张姓族人活跃其间。该册抄本中有八月十八寄往苏州角直张源丰宝号张华伯收的信函，其中提到："想祠内贸迁苏地一带大概不少，族台久驻苏镇，谅已明悉，望乞探寻，以便接洽办理。"

共出一派，诚为出人意外！此乃神之格思，非人力所致。弟不胜雀跃，立即代为校正，赶信报复，以慰烈祖在天之灵。仍收华泉公以上本源，另书一纸附呈。此时适值倩人腾[誊]录之时，写者写而核者核，并差人往衢州雇谱工来徽排刻，意欲今冬告竣，故而目下竭力后事。宗兄如不遐弃，或使子弟来徽襄办，再邀合族收各家历代先祖功名、事迹、名号以及妻妾子妇等同为排印，以全其美。然乎？否乎？盍即图之？特此奉复，并贺新禧！

根据张伯彦的请求，远在歙县的张叙伦祠为之查找"华泉公"的出处，后终于在族内各户祭祀谱上找到了相关记录。对此，由张安锐、张树和共同出具的信函中也提到：

伯彦宗兄暨诸位先生钧鉴：前接来示，今接族谱两册，拜读，则知良工心苦，追本情殷，学之不及。弟等谨遵族谱，挨次采入宗谱，不敢紊乱，请可放怀。敝族宗谱异日告成，必须点主登位，又必致祭。祠宇重新，所需经费匪寡，敝族公议领族谱全部洋计几何，永远不朽神主几何，功绩长生神主几何，昔日修祠数次，未出丁口者又几何。今男丁、女口均有定章。此祠高大数层之多，开阔四丈之外，进深十有余丈。昔自大富贵先人兴造，皆用石头方柱，自受粤匪一遭，仅有左右两高墙中有数柱而已。寇退，先太父集同族人修祠，勉为苟合，继而嫡兄复修苟完。今次因理主、修谱，敝族人等则思苟美。无如右边高墙歪斜，恐其更颓，所以诸项□求经费，以备修墙等用。祠宇高大，如不藉此时机，更不易办，请教宗长暨宗兄以为若何？祈覆我知是盼，余容后详，此请春祉。

由上引二信可知，当时通过仔细查核，松江一支与歙南东源的张氏得以对接。为此，张安锐、张树和二人要求张伯彦提供更为详细的分支信息。稍后，就接到后者寄下的族谱两册。在此背景下，双方的关系进一步拉近，张安锐、张树和与张伯彦进而讨论了修祠编谱的诸多事宜，前二者还请求张伯彦为宗谱作序，并题写祠中大堂对联，以期悬挂于祠堂大厅。

不过，就在双方感情日渐升温的情况下，一旦谈到相关的费用，族人之间就难免相互讨价还价：

伯彦宗兄台启：……族事以时势关系，遽形停顿。以停顿期内，馥〔馘〕卿叔又以一病遽然去世，督率无人，更形延宕尔。鱼沉雁杳，梦寐徒劳。今幸东南底定，喘息才宁，族中长幼责备方来，外派各支函催叠至，爰于月初复申前议，当蒙原定各职司仍前努力同心，一致赞许。兹已择定佳期，谨抄录谢禹九先生所拣原单七纸，寄呈台电。唯是旁采周谘，已近三载，而兴工集款，端在一朝，虽纲举略具端倪，奈时间实虞太促，其中艰巨，屡次函申，明察如△君，其必有成竹在胸进而教我者矣。然△△等质本庸愚，肩兹大任，抚衷自问，夙夜旁皇。转瞬诸务纷乘，实恐贻讥覆疏，所有下情，实有不得不急陈于各派尊长之前者。谨查△

贵支，自华泉公移松以来，关山远隔，音问久疏，顾世系必有本源，而同宗已形陌路，兹何幸彝伦不昧，灵爽式凭，查出"文瀚"之芳名，原系性公之一脉。检阅之下，合族欢欣，一似久旱之田适逢甘雨，已枯之木大可回春。此族人之希望于△贵支者，早已大众一心，无可讳论也。今兹佳期已定，各事指日开工，需款甚巨。兹已公议数次，咸以贵支下应缴历年丁口正项，计具有十余次之多，每丁每次以一元外或二元计之，约数实亦非轻。族内公议，总以尊处应缴连年丁口正项实数非六百金不可，又上二代恒牌，两项约计实洋一竿之数。此乃合族之见解，非△等一二人可以擅为增减，私相授受也。此中曲情，又不得不为我族台密切陈之。至于恒牌，前议功绩牌每二百金，长生牌每三十金。长生牌之设，实指族中贫乏者而言。以贵支下通达明理之人多，尊祖敬宗之念切，务祈鼎力向彼等晓谕，无不乐为输将，断不至枘凿不入，拒人于千里之外也。前承寄联句及谱序，均已一一载登。包柱长联金字者，每对约计二十番之谱，现下招工承办，尚未有人，将来议定尺寸，尚须拜烦书写一二对，由邮寄来。又，谱局开印，各派如有登传记节略，每篇不同多寡，须贴谱工洋十元。他如鸿文巨作、诗词之类，尤为同人等所欢迎。特此，附以告闻。是否，信到之日，即速酌定示覆，俾得遵行，是则祷切！盼切！谨此奉达，敬请筹安，诸唯霁照，不宣。

张叙伦祠相关执事在致张伯彦信中，反复描述此次修谱、理主之各类开支，并提及松江一支需要交纳的费用，包括应缴历年丁口正项实数以及二代恒牌，费用相当可观。另外，登载传记节略，每篇不论篇幅长短，皆须补贴谱工洋 10 元。可能是后者认为张叙伦祠方面是狮子大开口，故而双方似乎开始龃龉不断：

> 伯彦宗兄赐启：顷奉快邮，惠书三复之余，无任惘怅！前者屡承惠及，并辱寄诗文以及谱序，足征雅意拳拳，是以阖族瞻依，无时或已。兹者，回谕云云，虽实时势使然，而较之当日初衷，实始愿所不及此。吾叔通达明理之人，饱经世故，必不言过其行。既然族众决创支祠，何必言出嗫嚅，多烦手续？若谓外居出外而不补给丁口，居然与众一例施行，而使贫无立锥、饘粥不给者尚且不能认可，何况身在台上、手中有蛇可弄之人？若因富裕而转狗情，恐族中之指摘频来，转生他人观望之心，族等经手维难，实在不能为力，相应请宗台一再深思。如系仍照前信，而无尺寸之补助，则各办各事，毋须再事烦苛，转增口实。所寄诗文、谱序，或暂存徽地，或即速寄出，悉听尊便。至于个人私谊与日俱增，山高水长，有日道左相逢，再容负荆请罪于长者之前。是所悃忱直词，草率一切，希望涵容为祷。手此，敬颂台安，诸唯鉴照，不宣。

信函落款写作："宗弟兰馨手启"。从书信内容来看，因前信张叙伦祠方面要求松江一支"应缴历年丁口正项，计具有十余次之多，每丁每次以一元外或二元计之，……族内公议，总以尊处应缴连年丁口正项实数非六百金不可"，再加上其他的各类费用，即便是经过反复谈判后提出的金额，为数仍然相当可观。关于这一点，显然遭到了张伯彦的断然拒绝。于是，双方因费用的问题恶语相向。张兰馨甚至提出，从此以后两不来往，此前对方寄来的诗文、谱序，可以原璧归赵。这些，都反映出双方的关系已走向决裂。

类似于此因修谱收费问题而导致的纠纷，还有不少例子。例如，在这册文书中，署作"张叙伦堂公具"、寄给一位叫"莲伯族台"之人的信函计有数封，其中之一曰：

> 莲伯族台惠鉴：前接瑶章，适因公事未曾就绪，以致裁答迟迟为歉！辰维财祺筹吉，均符如意为颂。前议捐丁口一节，系一元三角，女口七角，奈因贫富必求一律，只得从廉。兹又酌议恒牌等捐，开列一议长生位，而恒牌每对计洋四十元，为中户计，功绩位（零［另］有特别龛座，外有特别赠品）每对计洋五百元，男上功绩位，女上长生位，合成一对，送族谱一部，另捐洋三百元。窃思理主、修谱诚非易事，统计丁口捐不满五百元，各项用度甚为浩大。兼之重刻族谱，非集二千余元不能告竣。举目一观，吾族能踊跃捐恒牌及功绩位者，甚属寥寥。虽系为各自祖先荣耀，亦必肯慷慨解囊。素仰阁下孝思敦笃，水源木本，谅切关怀，公拟劝阁下上功绩位两代，令尊翁与本身，一则为先君光耀九泉，二则阁下不又可流芳于奕禩，岂不两全其美？望即慨然允诺，万勿推辞为荷。即赐函知，以便筹办，不胜翘企，手此

布覆，并询冬祺！

　　"连伯"亦即下文的"莲伯"。这是十月初十以快信方式寄往苏州甪直镇北港内张祥盛号的快信，由张安锐、张安照和张树和三人落款。在该信中，三人对修谱理主的设想、收费标准等都做了细致说明，再次强调了为祖先报效的种种好处，诱导收信人捐资上功绩牌位。此后，双方的讨论还在继续：

　　莲伯族台惠鉴：适接瑶章，附来《祖先节略》两册，又丁口洋十元，均已照收。敬谂财祉筹祺，均符如意为颂。前者开祠酌议修谱、理主之事，兼之祠内西墙形势已斜，意拟同时兴工修理，非集三四千金不能开办此举。查人丁不过四、五百元左右，是以开办功绩、长生等位，故价目较昂。但此捐款虽系为各自祖荣耀，奈值纷乱时势，各业均受影响，捐助甚不易易。兹又开公［会］再议，修理祠墙只得暂为停办，捐款一节，资格另议减低，功绩位只捐二百元，长生位照前。要领族谱一部，另捐一百元。以上捐牌，于祖先有何利益？立此牌于座上，永远不得理去安葬，可与金石同贞，与河山并寿。□甪直有人肯为自己祖先报效者，即赐函知，以便筹办，专此奉复，并询炉安……

　　这是当年十一月二十一日由叙伦堂公具、经理人附候的一封信函，开头的"财祉筹祺"，以及末尾提到的"甪直"二字，亦可见"莲伯族台"应是在甪直经商的张姓族人。想来是因为"莲伯族台"对修谱理主一事并不十分热心，或者是因为他的捐输并没有达到家乡族人的预期，故而另外一封不具年月，也是由"张叙伦祠公具"的信函就显得相当不客气：

　　莲伯族台惠鉴：前者奉到手缄，备悉种切。猥以族事，因山向不利，未有定期，所以迁延未复。兹者，族事因今岁大利，继续发起，爰于本月初择定吉日，克日开工，动用浩繁，兹将原单抄奉台阅，到祈察入。唯是理主、修谱两层，费用甚为艰巨。前议丁口等费，为恐其价过大，贫乏之家不能一类，不得已创立恒牌之说，又因贫富分作两种：甲等功绩，每牌一对价洋两百元，加一费用；次等长生，每牌一对价洋卅元，亦加一费用。此等作用，吾徽大族世家修族（谱）者，往往如此，甚且牌费有一千元或五百元者，比比皆是。吾族初议亦不止此，因年时关系，殷实者鲜，只得减省从事。夫恒牌者，所以光美先代，历久不湮。先人之一生勤俭立业，遗之子孙，子孙所以报答先人者，莫非前人省俭而后人外务浪用者可比。来书云"以先人之心为心"，此中尚有误会之处。凡一族之事，如视祖宗为过路之事，则族事何人担任？其中总有一二殷实者，倡捐巨款为之先导。吾乡各村最重祠宇门楣之高，闬闳之大，谁不修造一新，令人过而指之曰：此某姓也，此某人也。所谓祖宗为子孙积银钱，而子孙为祖宗守名誉，孝子贤孙之所为，犹有过于此者。今族之家业兴隆、号称巨富如族台者曾有几人？处族台之境地，而于此等大事，不肯破费分文，置祖宗之事而不顾，是不以族等办事为然也。族等自愧无能，妄肩大任，曾是名正言顺之事，不能见信于同族者乎？如此再四思维，作最后之忠告，相应请族深虑而三思之，勿以祖宗之灵爽视之渺茫，勿以同族之要求等于需索。今日为祖宗尽一份力，将来收效于子孙者，何可限量？是否有当，即请酌定。酌定宗台补助若干，速为回复，以慰先人望而妥先灵，切勿置诸不论不议也可［可也］。手此拳拳，即请秋安，不尽。

这封寄往苏州甪直镇北港内张祥盛号的信函，其中所言"今族之家业兴隆、号称巨富如族台者曾有几人？"反映出张莲伯应是财聚力厚的徽商之家，实系族中理应"倡捐钜款"的"一二殷实者"。桑梓故里的张叙伦祠指责他不肯为祖宗之事破费分文，显然，这是最后通牒式的信函，倘若日后将此信刊刻入谱，则当事人相当难堪，必为族人所不齿。

事实上，类似于"莲伯族台"这样的族人并非个例。由张荣全、张树和同具、寄往苏州昆山吴信泰内转给"金生族台"的信函也写道："祠中修谱理主，需款非常紧急，兹已拣就日子，抄呈台阅。惟你家中丁口等费分文未缴，兼之你父一族之长，若果拖延期日，晚辈更属尤 [1]，明察如君，毋庸细述。信到之日，即行从速掉款寄来，以资公用，免得大众藉口。你父家计如斯，无从设法之处，想亦不言而喻也。专此飞函，火速汇寄，盼切！祷切！专此布达，敬询财安！"收信人张金生为族长之子。从"敬

---

[1] 引者按：原文如此。

询财安"一语可见，此人亦是旅外徽商。这封信也写得相当不客气，充满了不满和指责。

另外，一封寄往"浙江衢县小南门外大洲镇晋茂源宝号交张燮林先生亲启"的信函也写道：

> 燮林族台惠鉴：月之初八润生兄来里，并携先太祖字讳，今已核对无讹，自伦偉、伦仁迁西安，年已久远，如不热心追考，真是湮没先灵，一大罪也。连年修祠等费以及丁口捐费，均与润生兄言明，请祈接洽可也，先此关会，免得悬切。此请春祉，诸宗兄均此。

这封信由经理人张兰馨（树和）附候，于三月十六日发出。从中可见，张燮林之祖先迁往衢州府治西安县，张树和向他开具了修祠以及丁口捐费等，要求他缴纳，不过，似乎并没有什么反应。于是，便有了第二封由"张叙伦堂公具"的信函：

> 燮林宗台惠鉴：近数月来，因族事停顿，以致少信问候，歉仄奚似！今者复由族人发起继续进行，大众一心，因此邀公集议，已经拣就佳期，发表在外，兹将原单抄寄台阅。所有尊处名下该补缴历年丁口正费以及格外补助，前信已经达及。今为期已促，不得不重申前说，相应请台驾即速动身来里，以好与祠内诸耆老当面接洽。凡事一秉大公，非一二人可得擅专，并祈备款带来，以好呈缴。缘事在燃眉，一旦兴工，在在需用孔亟，全赖各派踊跃输将，以裏大

事。至于尊处世系全图以及生殁、婚娶，切望填写明白，以好谱局接续。是否，台从即速动身，务祈先行示复。盼切！祷切！

这封信仍然是要求收信人及时缴付款项，并将西安一带族人的世系全图和生殁、婚娶状况填写明白，以便编入新的族谱。八月十八日，张树和又写了一封信：

燮林宗兄台鉴：前奉还云，雒诵之余，足下孝思之诚，溢于言表！当即将尊意向族众宣布，切实磋商。佥谓发起之初，订是补费之例，非指贵支一处而言，百余年来，迁居外籍者不少，皆视其年分之久远也，人丁之兴旺，酌量取资，外而以表各宗台亲亲之谊，内以助祠内大工之用。若果得议免补，兹事何堪告成？设从情于尊处，难禁效尤于他支，是则办事诸人，更形棘手。再四思维，代贵支着想，公决除丁口费，减轻补给费额为六十元，此乃最低限度，万难再少。明察如君，当能原谅也。至于丁口等费，男丁无论长幼，每丁派洋一元三角，妇口每人七角，合成男妇共洋两元。其有妇无夫者，统须七角。来信似当未明真相，今再补叙耳。吾兄有暇，赶九、十月间来徽一行，以预盛举，乃所望也！但补照等以及生殁、娶室姓氏、年龄，逐一查明，从速交邮寄下，以应急需。谱局现已开工，查点接缘，约在九月间草谱可就，十月初即可开印。时间已迫，祈勿再延，以免后来向隅……

此封信底涂改较多，反映出抄写者仍在反复斟酌如何措词，其中提及将"减轻补给费额为六十元"，可见，直到八月十八日双方仍在讨价还价。此后，张树和所写的另一封信又提到：

> 燮林宗台惠鉴：顷由汪君嘉墉传到尊谕，领悉种切，并知我宗台亲亲睦族之深心，远人闻之，曷胜感佩！当即将尊意认补历欠丁口费洋六十元，现届人丁照数缴纳，向族中宣告。当时众称此项补费，其数太少，意欲增添，经兰等数人复称，既已有言在前，如今再欲增，实失公家信用，众始允准。兰等即将尊款登之公簿，免得日后支离。相应请宗兄尽先将六十番由局汇来，并开具世系生殁，即速先行寄来。缘谱局自七月开工，各支草谱已经写好，目下较［校］对修改，大约十月初旬，谱匠即若开印也。此是最要之事，万勿再延，切切至要！又，汪君云及在七月底边，尊处总有人到徽，意欲领谱一部。窃以谱价未定，现下想领者，真不缺人，亦在观望之例。如果领者人多，尚须开公［会］重议，总不以贵支一份而外议价。好在此事既属公开，将来尊处有人到徽，是否当场自知底蕴，此时实不能悬揣也……

不过，张燮林仍在拖延。因此，抄稿本中收录了另一封写给他的信函："……唯尊处补缴屡年丁口费用六十元，至今尚未寄到，祠内人言啧啧，现经谱匠已于前日到徽，即日开印，尊处一支尚属悬悬，令人莫解其意。族事详载前信，毋庸屡渎，今一言以决，切望先寄洋来徽，以应公用，并详具丁口、生殁、娶葬，赶速由邮挂号寄来，以凭查核，交局补入耳。再如［如再］迟延，万不能再待矣，以后匆［勿］谓经手之人言之不早也。"可见，直到族谱开印前夕，张燮林仍未缴款。张叙伦祠方面发出的信函，从其措辞来看，颇有最后通牒的意味。

以上是张叙伦祠与迁往苏南和浙西的部分分支之相关交涉。此外，东源张氏还有不少人迁往苏北。早在清代前期，徽州民间文献中就有记载："我歙民家居十仅二三，淮、扬十有八九。"①关于这一点，在该册文书中也有反映：

芳培族台惠鉴：……启者，吾族失修，已经九十有年。若不急办，湮没先灵，大为不孝。阖族酌议，当即开办，里中支派，即时宣布，概行尽悉。贸迁客乡亦复不少，虽然搜罗寻求，亦有信无投递。后又登《新》《申》两报声明，族台不知见否？祠内稍有二百余丁，大数务农为业，稍有盈实之家，客塞［啬］者亦有。此番办理人员，殊属碍于各项用度甚为浩大，兼之重刻族谱以及修理等费，非集三千元光景难以竣事。虽有恒牌襄助，亦必肯慷慨解囊。素仰族台孝思敦笃，水源木本，谅切关怀。公拟劝族台上功绩恒牌两代，令尊翁与本身，一则为先君光耀九泉，二则族台又可流芳于奕禩，岂不两全其美哉？天禄及芳寅并子均皆去世，惟独寅嫂

---

① 《告请捐输》，见清代前期诉讼案卷抄本，该书佚名无题，内容是有关清康熙、雍正、乾隆三朝歙南的诉讼案卷，少量涉及徽州邻近的浙江淳安和宁国府泾县。

及媳孀居，并无后嗣，甚为可惨。族内管祠先系安椿（号孝思），因安椿已故，其子芳澜接续办理。里中近况，后日细详，伏乞金诺，立待佳音……

这是张安锐和张树和寄给张芳培的信函。在该册抄稿本中，另有一信函之末注明"江苏西坝"，据此推测，张芳培系在江苏西坝从业的族人。上揭信函则介绍了修谱的过程，指出重修族谱等，约需大洋三千元，希望对方能出资捐助功绩恒牌两代。关于这一点，此后一信又写道：

芳培族台惠鉴：日前由邮挂号信一封，谅早投呈，所详近况，定必明瞭。前者开祠酌议修谱、理主之事，兼之本祠西边墙形势已斜，意拟同时兴工修理，非集三四千金不能开办此举。查人口捐不过五百元光景，是以开办功绩恒牌等捐，故议价目较昂。但此捐款，虽系为各自祖先荣耀，奈值纷乱时势，各业均受影响，捐助甚不易易。兹又开公［会］再议，修理祠墙只得暂为停办，奈银根吃紧之故也。捐助一节，资格另议减低，功绩位只捐二百元。以上捐牌，于祖先有何利益？立此牌于座上，永远不得行去安葬，直可与金石同贞，与河山并寿。如尊意肯为自己祖先荣耀者，即赐惠覆，以便预为筹办。专此飞函，并问炉安！

这封信是十一月二十一日夜由张安锐、张树和撰写，其中提到祠堂兴修需要三四千金，而当时的人口捐不过五百元光景，故而亟需旅外商人的资助。信末有"海州生殁节略，望早寄来，以便办理，捐助一节，统希代达，勿吝乃祷"，所谓海州生殁节略，也就是迁往苏北海州一带的族人之生卒年以及相关事迹。收信人张芳培，被张兰馨称作"商场之领袖"，"骏业时隆，鸿猷日茂"，这说明其人应为旅外的徽商（其身份应是在苏北西坝一带活动的盐商）。翌年巧月（即七月）十一日，由张叙伦堂署名寄给张芳培的一封信中也写道："再者，海州一派至今未见确音，前奉谕及，已经树镛上过，而历年既久，生殁、嫁娶必有增减。今次若不重行对过，势必支系紊乱，并祈信催明告。历年补缴丁口之费，亦有数次之多。倘彼有意坐上恒牌，则功绩、长生悉可听便。唯是路途较远，为日无多，务请明以晓谕，请其将五代表册填写，赶即寄来，以便完全手续。其费用补缴与恒牌两项，亦祈酌实回覆。"这说明歙县东源之张叙伦祠早就将编修族谱的相关资料寄往海州，但该派对于修谱、理主显得颇为消极。

在当时，对于修谱、理主诸事颇为冷谈的情形还有多例。以另一封一月二十九日由叙伦祠发出的信函为例："国成族台惠鉴：旧冬由启祥附来生卒一本，已经核对，修祠越今数次，而开消[销]甚大，查族台分文未缴，谅已明晰。此番理主，彻查底蕴，势必补齐预先之费，能得代为考正[证]入谱，以免族中啧啧。公众集议减便滋事，以作捐洋一百元。仰蒙许可，以便酌行。想族台致有热心，务必竭力以襄盛举，岂不美乎？"可见，这位族人张国成也是在拖延交款。后来，张叙伦祠再度发信催促："国成族台惠鉴：……族事于月初继续进行，兹已拣就日子，谨抄录呈台阅。缘为日无多，筹备不易，即日开工做事，在在需款，大众一心，岂容推却？尊处名下历年丁费数次之多，计算实亦不菲。今次若不补缴，深虑人言啧啧，别派效尤，万难遵命继续接去。族等会议数次，事在必行，又非一二人可以擅专，一切祈酌夺，飞示遵行可也……"正是因为各地宗支的漠然，类似的催讨信，在抄稿本中还见有多份。这些，都反映了修谱、理主之艰难过程。

三、结　语

根据明朝万历时人方承训所著《复初集》的记载，歙县东门有一著名的"张国医"，因其医术高明而蜚声远近，其人就出自东源①，可能也就是本文聚焦的村落。不过，在明清时代，东源一地并未见有多少文献记载，而歙县东源张氏显然亦非徽州的强宗巨族。从抄稿本的记录来看，迄至民国，以东源为中心的张氏宗族之规模仍然相当有限。1927 年前后，前清举人江友燮在张氏族谱序文中指出："今张氏居厚坞者仅数十家，居鲍家庄者亦仅二十余家。"②从规模上看，在传统时代的徽州，东源张氏只是歙

---

① 参见王振忠：《徽州社会文化史探微——新发现的 16—20 世纪民间档案文书研究》，上海社会科学院出版社 2002 年版，第 81 页。
② 不过，刊载于《东源重修张氏宗谱》卷 31 中的江友燮之《东源张氏重修宗谱序》曰："今张氏居厚坞者不下数百家，居鲍家庄亦有数十余家，迁居外省、散居他邑者一时不胜详举。"与文书之描述差异甚大，显然是刊本的夸大其词。

县一个普普通通的宗族。迄今遗存的东源张叙伦祠文书，反映了20世纪20年代徽州修谱、理主的实态，其内容具体而微，具有较为重要的史料价值。书中收录了大批信函，为我们了解修谱、理主之复杂过程，提供了诸多生动的细节。由此可见，在温情脉脉的宗情族谊背后，宗族成员之间有着诸多讨价还价甚至恶语相向的对话与谈判。较之正式刊行的族谱文本，此一文书展示了宗族社会中颇为真实的一面。从中可见，民国时期，旅外商人与桑梓故里的关系呈现出松弛的迹象。而之所以出现此一现象，有着多方面的原因：一是迁居外地的支派，有不少已将生活重心由祖籍地缘转向了新的社会圈，他们以侨寓地为中心重修族谱，重建祠堂[①]。随着岁月的流逝，因年深日远，对于故土乡族的感情日趋淡薄，对于祖籍地的修谱之事亦不再热衷。二是故土乡族对于异乡侨居族人的资金支持有着太高的期待，而在年年军阀混战、传统商业普遍不景气的时代背景下，期待后者为远在数百里之外的修谱活动提供太多的支持，显然颇为困难。因此，宗情族谊与经济利益时常发生矛盾，彼此之间的冲突亦在所难免。

---

① 参见王振忠：《明清徽商与淮扬社会变迁》，"三联·哈佛燕京学术丛书"第3辑，生活·读书·新知三联书店1996年版，第58—74页。

徽州文书与旅外徽商研究

清代徽商编纂的三种《商贾格言》

一、三种《商贾格言》解题

目前所见题名为"商贾格言"的著作计有三种，其一藏于安徽省图书馆古籍部，此一抄本与《商贾启蒙》一书合抄，题作"商贾启蒙、商贾格言"，清徽州汪鸣时编。其中，《商贾格言》的篇目包括"商贾格言引""商贾格言之一""商贾格言""进谀论"、琴棋书画等诗以及"辨银谱总论"。个中的"商贾格言之一"计有十条，最后有"康熙丙戌［戌］冬月朔日岐凤手书"的字样。而其后的"商贾格言"（以下根据前后的具体内容，将其定名为"商贾格言之二"）中有"初往西省，予因书三要以赠之"。实际上，书中除"三要"之外，还抄录有"十则"（其中的第一则漏抄），末有"格言以勗之学生意者，勉之！望之！"可见，这些都是为初学生意者所作，属于商业启蒙读物。

关于该书的成书年代，书前的《商贾格言引》曰：

汪子鸣时，数年来舌耕为业，而经营四方，道言之亹亹，提纲挈领，语皆中肯，人以为汪子固尝专心于此，而不知其皆本于圣贤之理，为此小诚之道耳。盖汪一心救人为善，故其所录，平日示子弟及出门者，语中浅近，而其所以教后生，端趋向，正人心，甚深且远也。使令之父、兄能以是教其子弟，则为贤父、兄；子弟能以承父、兄之教，即为贤子弟。于以希圣希天之学，皆枷以一念扩充之。矧区区挟奇赢之术，而有动罔弗臧者乎？然既为子弟者言，不妨姑以商贾之书目之，爰为题曰"商贾格言"，是行远登高之卑迩也。时康熙辛卯年春，松门程先泽题。

汪鸣时为何许人，未见其他文献记载。不过，其人既被尊称为"汪子"，则当为饱学之士无疑。从上揭的《商贾格言引》来看，汪鸣时原为塾师，后来亦外出经商，应是一位"贾而好儒"的徽商。文中的"道言之亹亹"，典出西汉贾谊的《新书·君道》："《书》曰：'大道亹亹，其去身不远，人皆有之，舜独以之。'"一般认为，文中所引的《（尚）书》，后代已佚。而亹亹，则是平坦貌。此处还提及，汪鸣时所言，"皆本于圣贤之理""希天希圣之学"，也就是以儒家伦理规范初入商界的行为。末句的"行远登高之卑迩"，典出《中庸》"行远自迩，登高自卑"之警世名言，这说明该书的确是作为初学者的入门指南。引文末署"康熙辛卯"，即康熙五十年（1711年）。"引"之作者为程先泽，其传记信息较少。根据其他典籍的记载，他字子乘，徽州府歙县人①。

《商贾格言》卷首，还有另外一个序言：

> 吾郡在万山中，地狭民稠，其土产不足以给生民，所以商贾往四方者什六七焉。其人大率多老成练达之子，然后小生［生小］子不得其道，亦往往愆尤，不免堕声名而戕身命者，所系正不独在饥寒饱暖间也。竹山叔氏笃志行力，有古君子之风，常惕然念勖之，故平日之勖其子弟者诚恳笃志，挚录之成帙。余偶展读，见其思则周密，虑则深远，言则质而切，旨则淡而永，诚训世之良箴，而服贾之药石。程子松门题曰"商贾格言"，洵不诬矣！以余思之，岂仅商贾言而已哉？乃士君子处世之格言云尔。
>
> 　康熙壬辰夏月　　程天麟题

此一序文首先谈及徽州地处万山之中，因地少人多的生存环境缺陷，当地人纷纷外出务工经商。为了给后生小子以指导，"竹山叔氏"编写了这本书，"程子松门"则将之命名为"商贾格言"。此处的"竹山叔氏"应即汪鸣时，而"程子松门"则系程先泽，其人可能亦字松门，并被后人尊称为"程子"。康熙壬辰即康熙五十一年（1712 年），此文作于前一序文之翌年。

此外，在《商贾启蒙、商贾格言》之后，还有琴棋书画等

---

① 陆林：《清初总集〈诗观〉所收徽州诗家散论》，载安徽大学徽学研究中心编《徽学》第 2 卷，安徽大学出版社 2002 年版，第 17 页。

诗，诗后注曰："柏稿 / 嘉庆拾四年孟秋月中浣日抄　立。"可见，此书可能抄誊于1809年。

第二种《商贾格言》1册也藏于安徽省图书馆古籍部，题作"清黄山谢光燧撰"，此书为清刻本，封面残破，剩余部分仅可见"黄山谢光燧右佩…… / 商贾格□ / 延古楼……"字样。"延古堂"为徽州比较著名的书坊①。另外，在该册刊本的首页，有"清黄山谢光燧右佩著"的字样，但从其字迹上看，显然是后人所添加，推测其依据应是封面上的标注，实际上并不准确。换言之，《商贾格言》一书，并非谢光燧所编著。

第三种为笔者收藏，现已收入本人主编的《徽州民间珍稀文献集成》第15册（复旦大学出版社2018年版）。该书序文与安徽省图书馆所藏延古堂谢光燧本大同小异，但颇有错讹。书中内容除了"商贾格言"之外，还有"商贾十则"和"摘录天下土产"。

二、三种《商贾格言》的成书脉络

明清时代，众多的商书往往辗转传抄，故而通常难以厘清彼此之间的传承脉络。不过，现存的三种《商贾格言》，具有明确的

---

① 以管见所及的现存刊本来看，"延古楼"在歙县者计有两处：一是歙西著名的虬村延古楼，刊刻有《珠玑杂字》等；另一处则为水南深渡上市的延古楼，刊刻有《昔时贤文》。以前者最为著名，推测此《商贾格言》应为虬村延古楼所刻。

编纂者及年代信息，故而有助于我们了解书籍的大致成书过程。

安徽省图书馆收藏的《商贾启蒙、商贾格言》抄本（以下简称汪鸣时《商贾格言》），从内容上看，应当是最早的一种文本。这不仅是因为该书卷首康熙辛卯春程先泽和康熙壬辰夏程天麟二人所作的《商贾格言引》皆有明确的年代，而且在二引言中亦颇为细致地阐明了作者的创作过程。另外，正文中的一些内容，也反映出该书的原始性。抄本开首有：

> 士农工商，各执一业，后生既不能读书为士，不能习农工之业，则其为商也必矣。然商贾之道，未有不学而能知也。予因兄子上仁之有志于商贾也，特举其要如左以教之。

这一段文字是说汪鸣时为其侄子上仁出门经商，而编写了这册《商贾格言》。关于这段话，在延古堂谢光燧本中则作：

> 士农工商，各执一业，后生既不能读书为士，不能习农工之业，则其为商也必矣。然商贾之道，未有不学而能者也。今特举其旨要于左。

上述文字则略去了具体的人物，并抽象而为一般的描述，这一点，反映了从抄本到刊本形成的动态过程。

除了汪鸣时《商贾格言》上述的前言之外，其后的文字亦多有不同。例如：

凡后生出门务学，生理二字，时时习学，切不可于生理之外邪思妄想。今有十要附汝，须当警省。

这是汪鸣时《商贾格言》本中的文字，而延古楼谢光燧本则作：

凡后生初出门务生理，即当以生理二字，时时存心习学，切不可于生理之外邪思妄想。今立有十三件事，须要常存警省焉。

由此可见，二者的文字颇有不同，延古楼谢光燧本的文字更为完整，意思亦更为明晰。

除了前言之外，其后的内容也颇有差异，以第一条为例：

两种《商贾格言》第一条的差异

汪鸣时本	谢光燧本
第一要谨勤。勤是不懒惰，谨是小心谨慎。如客途歇息，或进店、出店、上船、下船，俱要检点行李，恐有遗失。凡进店、歇店，住宿客房之中，先须携灯照看，或楼上、楼下，记其出入要道，或房中有空缺，有别门户，必须道明，要留心提防，一则防小人，二则防恐火烛、仓猝之事。如称饭钱中伙，亦须预问同伙之人，某处系某常例，存心记之，不可多与，亦不可小与。歇店人多杂乱，不可东行西走，亦不可高兴多饮，致误事。遇客房及在彼称银，俱不可近前观看之，以避嫌疑。无论店中、船上，同伙交谈，	第一要谨勤。勤是不懒惰，谨是要小心。如客途歇息，或进店、出店、上船、下船，俱要检点行李，恐有遗失。凡进店、歇店，住宿客房之中，先须携灯照看，或楼上、楼下，记其出入路道，或房中有空缺，有别门户，须要留心提防，一则防小人暗算，二则恐有火烛、仓猝之事，以便行走。如称饭钱中伙，亦须预问同伙中人，某处系某常例，存心记之，不可多与，亦不可少与。歇店中人乱杂，不可东行西走，亦不可高兴多饮，恐致误事。遇客房及在彼称银，俱不可近前观看之，以避嫌疑。无论店中、船上，同伙交谈，切不可在傍评论。或有人失言，亦不可哂笑，总以慎言为妙。或有

　　　　　　　　　　　　　区域社会史脉络下的徽州文书研究

汪鸣时本	谢光燧本
切不可在傍评论。或有人失言，不可耻笑，总以慎言为妙。或有人言语不合，亦以让人为高。水路登舟，须要小心，盖水面上非儿戏所在。肛家最忌者，肛头上小便，如搁翻瀼亡覆等字，尤为忌讳，故凡言语，不犯此等字。又如船上搁脚、碗上搁筯等事，俱为舟人所忌讳，亦为担心，不可犯到。到了本店， 便当虚心听受，见诸行事，不可自作聪明，以负人之教。我一有人，便即寄信归家，以免家中父母之挂怀。店中夜间饮酒，不妨提壶斟酌，不可大模大样，有骄人之心，盖此乃学理所在，不是会亲宴客所在，必要扯体面也。每夜到将睡的时，必须携灯，前后四方照看一番，门户拴好，恐藏躲了小人。如店中众人未寝，不可自己图自在先睡，必待众人既睡，然后自己去收拾再睡。睡时必须吹灭灯火，一则费油，二则恐防火烛。切记！切记！睡到五更时候，听得鸡鸣，即思家中父母所嘱之言，一一警省一翻。清早不要待人呼唤，先起来，开了店门，揸灰扫地，打扫店堂，收拾停妥。如安置东西，色色件件，俱要有个次第，一则不碍手脚，二则便手取用。若生意稍闲，或学打算盘，或学看银水， 愈熟愈妙， 不是才晓得便丢开，	言语不合，亦以让人为高。水路登舟，须要小心，盖水面上非儿戏也。即如小便，宁可用便壶，大便宁可等上岸为要。肛家最忌者，肛头上小便，如搁翻滚沉覆等字，尤为忌讳，故凡言语，不犯此等字。又如船上搁脚、碗上搁筯等事，俱为舟人所忌，亦须担心，不可有犯。到了本店，凡事不妨请教于人，或本东，或店友，一有指教， 便当虚心听受，见诸行事，不可自作聪明，以负人之教。我在外，遇有便人，即寄平安信归，以免家中父母挂怀。 店中夜间，或饮酒，不妨提壶斟酌，不可大模大样，有骄人之心，盖此乃做生理所在，非比会亲宴客之时，必要扯体面也。每夜到睡时，必须携灯，前后四下照看一番，门户拴好，恐藏躲小人。如店中众人未寝，切不可图自在先寝，必待众人既睡，然后自己再收拾睡。临睡时，必须吹熄灯火，一则费油，二则恐防火烛。切记！睡到五更时，听得鸡鸣，即思家中父母所嘱之言，一一警省一番。清早不要待人呼唤，先起来，开了店门，揸灰扫地，打扫店堂，收拾停妥。如要放东西，件件色色，俱要有个次第，一则不碍手脚，二则便于取用。若生意稍闲时，或学打算盘，或学认银水，或学写文字，并书启、信稿、帖式、算盘银水，愈熟愈精，字义书启，愈深愈高，不是才晓得些须，便丢开手，

汪鸣时本	谢光燧本
若不熟精，则依旧无用，故此要常常习学。	若不精熟，则依旧无用，故算盘银水，要时时习学，字义账目，须刻刻记抄，如废纸字迹，残烂书字，眼见必要随手拾起，积聚烧灰，或自己托人，送入长流之水，即街衢过路字迹，亦须拾起，或高墙壁缝处塞住，或安放净处，候收惜字纸人收去焚化，事不费力，而功甚大。予每见惜字纸者，久后必发达昌盛，即如店中遇清闲月分，正是习学之时，切不可趁闲，即东游西荡，以误正业。若到生意忙时，又须启眼洞烛，倍加勤劳，不可事事要人吩咐，若待人吩咐再做，别人不说我懒，定笑我呆，不但生意不能长远，且将自己心先坏了，岂不是勤谨为妙乎？
不可因闲，便去东游西荡，以误正业。若生意忙时，又须启眼洞烛，倍加勤劳，不可事要人吩咐再去做，则人不说我懒，定笑我呆，不但生意不能长远，且将自己名先坏了。	

两相对照，文字及其详略皆有所不同。另外，两种本子在条目上也稍有差异：

两种《商贾格言》条目上的差异

条目	来源	汪鸣时本	条目	谢光燧本
1	《商贾格言》一	勤谨	1	勤谨
2		诚实	2	诚实
3		谦	3	谦和
4		忍耐	4	忍耐
5		变通	5	变通
6		心有主宰	6	心有主宰
7		俭朴	7	俭朴
8		重身命	8	重身命

条目	来源	汪鸣时本	条目	谢光燧本
9	《商贾格言》一	知礼义	9	知理义
10		不可忘本	10	不可忘本
1	《商贾格言》二	虚心	11	虚心
2		诚实	12	正道
3		勤俭谨慎	13	上紧

汪鸣时本《商贾格言》一分为二，前十后三，而谢光燧本则总计十三，十二、十三与前者完全不同。另外，汪鸣时本在论述完"十要"后曰：

> 以上十事，乃学做生理之大慨［概］，为人不可少者也。予因你未尝为客，今一朝远别，恐你无寻头绪处，予又不能时相依教导，以故书此，附你便带随身，时时展看，以当知予之嘱咐，愿你此行生理通达，不独你一人之幸，实一门之幸也，汝勉之！
>
> 康熙丙戌［戌］冬月朔日岐凤手书。

"康熙丙戌"即康熙四十五年（1706 年），要早于《商贾格言引》下署的时间。关于这一点，谢光燧本则曰：

> 以上十三要，乃学做生理之大概，亦为人不要少者也，而其中实有终身受用的益处。盖天下事，不过一理，今予所言理也，从来惟认理为足据，言必不爽也。凡后生初出门，

恐无处寻头绪，可将此书随身便带，时时展阅，若能虚心纳此实言，试看何如？

两相对比，一是前者的读者为作者之亲戚，为特定的对象；而后者则是学做生意的普罗大众，亦未标明具体的时间。二是前者只有"十要"，而后者则有"十三要"。不过，谢光燧本多出的"三要"，也主要来自汪鸣时本《商贾格言》。汪鸣时本在《商贾格言》（之一）之后，仍有《商贾格言》（之二），其前言曰："初往西省，予因书三要以赠之，凡人初出门习学生理者，第一要虚心，……第二要诚实，第三要勤俭。"此处再次提及特定的省份——西省（可能应指江西）。而"第一要虚心"，在两种本子中的文字略有差异，兹列表对比如下：

两种《商贾便览》"第一要虚心"条文字的差异

汪鸣时本	谢光燧本
第一要虚心，人若有此实心了，故虽有终身受用不尽的好言语，彼亦视为不紧要，安肯听之？ 故无受教之地，	第十一要虚心，人惟此心实了，故虽有终身受用不尽的好言，彼亦视为不紧要， 以其先将此心实了，无有受教之地，故不知听之。
及至终身无出头之日，再去怨天怨命，终不知自己幼时不肯虚心听受，以致于此，由是言人之不可虚心受教乎？	及至终身无出头日，再去怨天怨命，不知自己幼时不肯虚心听人的好言语，以致于此，由是言之，人可不虚此心以受教乎？
盖凡事之不知者，惟问可知，如怕羞不肯问人，则终身不知矣。若再逞聪明，强不知之以为知，未有不知者，大误事也。故凡事有不知者，不妨请教于人，有指教，又当牢记于心，细写于纸，久而勿忘，不可令	盖凡事之不知者，惟问可知，如怕羞不肯问人，则终身不知矣。若再要逞聪明，强不知之以为知，未有不大误事者。故凡事有不知者，不妨请教于人，人有指教，又当牢记于心，久而不忘，不可今日问了，顷刻忘却，明日又去问

汪鸣时本	谢光燧本
日问了了，顷刻忘却，明日又去问人。再，朋友有规矩之言，当知深感其德，不可心头火炽，怒行[形]于色，阻人之教道[导]。只想我此行，乃生之要紧关头，虽有难当之言，亦当忍耐。况我有过失，原当痛自切责，岂可辩以自益其过也？如此思想，心自平矣。若满腹私意，不然忍耐而远恨于心，将来无人指教，做事日渐忘了规摸[模]，自又无拘束，此处定难久留。再又另作区处，即寻得别有所在，自思不能如从前合式，必致愈皆无心，再又辞出，如此数次，则终身岂不误乎？试问父母将来年老，何以养膳[赡]？娶妻生子，如何蓄育？种种重任，将来何以支持？据予所见，只在此时，能虚心纳人善言，不自满，不猜疑，一闻善言，即铭心刻骨，将来所行，自合于理，日渐昌盛，一切重任，庶可支持矣。	人也。或朋友有规戒之言，当知深感其德，不可心头火炽，怒形于色，阻塞人之言路。只想我此行，乃一生紧要关头，虽有难当之言，亦须忍耐，况我果有过失，原当痛自切责，岂可强辩以自益其过？但如此思维，而心自平矣。若满腹私意，不能忍耐而怀恨于心，将来无人指教，做事日渐失了规模，自己又无了拘束，此处定难久留。即你别处另寻得所在，自思又不能如从前合式，必致愈加无心，再又辞出，如此数次，岂不自误终身乎？试问父母将来年老，何以养膳[赡]？娶妻生子，如何蓄育？种种重任，将来何以支持？据予所见，只在此时，能虚心纳人善言，不自满，不猜疑，一闻善言，即铭心刻骨，将来所行，自合于理，日渐昌盛，一切重任，庶可支矣。

可见从抄本到刊本，在内容上做了很大的删削、整理。汪鸣时本中的"商贾格言"第二条曰：

> 第二要诚实者，无伪，实者不虚，无伪是一片真心，不虚是满腔实意。如此存心，则天下皆去得，不如此存心，则寸步难行。如银钱出入，分文不可苟且，设苟取了分文，失我诚实之心矣。假如临财或起苟取之心，即切自责曰：如此不诚实之心，岂可取起乎？今我一起此心，则将来寸步难

行，如何任得大事？且银钱至小，名节至大，如失了名节，则普天之下皆无所容身之处。但如此警省，自然诚实不欺于人，人知我诚实，亦不肯欺我，自然受用不尽。

这一段也是谈诚实的相关问题，与同书"为商十要"中的第二条内容大致相近，试比较如下：

第二要诚实，诚是无伪，实是不虚，诚实之说，犹云不自欺耳。凡店中亲友，买卖客人，以总［总以］实心诚意待之，言语必信，逐宗逐件，须要来清去白，不可含糊了事，或有紧急要务，不妨禀告本东，支取应用，不可私取分文，苟且应急，不可因无人看见，窃取分毫。一有此心之本，何等正大光明，自然一心在正路上走，何患不能成立？何止万倍之利？如谓分厘甚微，私积何妨？不知一积，举动自然出神捣鬼，言语自然敷掩支吾，未有不被人窥破者。俗语云：一遭是真，百遭是实。以致言语无人信，举动令人着疑。倘或别人有失，即疑是你，店中谈起来，即为话柄。当此之时，或蒙耻归，或忧郁成疾，纵能追悔自咎，已不及矣，此不诚实之过也。戒之！戒之！

而在谢光燧本中，其第二条与之大同小异。《商贾启蒙、商贾格言》本中的"言语必信，逐宗逐件，须要来清去白"，作"言语必信，举动至诚，如银钱经手，交代往来，分分厘厘，逐宗逐件，须要来清去白"；"不可因无人看见，窃取分毫。一有此心之本，何等正大光明，自然一心在正路上走”，作“不可因无人看见，即爱小窃取，私积分毫，一有此心，即思不可自欺四字，立心如此，何等正大光明，自然一心在正路上走”；“如谓分厘甚微，私积何妨？不知一积，举动自然出神捣鬼，言语自然敷掩支吾，未有不被人窥破者”，作：“如谓分毫甚微，私积何妨？殊不知一有此念，举动自然出神捣鬼，言语自然敷掩支讹，未有不被人窥破者”；“俗语云：一遭是真，百遭是实”，作：“俗语云：一遭抵千遭”；“倘或别人有失，即疑是你，店中谈起来，即为话柄”，作：“倘若别有所失，店中人提起来，即是话柄”；“戒之！戒之！”作：“戒之！慎之！”可见，刊本较抄本在文字上有较多的润色和改动。不过，就其总体结构和表述方面，并没有太大的变化。

在这种情况下，谢光燧本《商贾格言》第十二条若再谈“诚实”，至少在形式上显得严重重复，故其内容只能稍作变化：

> 第十二要正道。古语云：常把一心行正道，自然天地不相亏。惟如此存心，天下皆去得。不如此存心，则寸步难行。如银钱出入，分文不可苟取，设苟取分文，即失我正道之心矣。假如临财，或起苟取之念，即自责曰：如此不正道之心，岂可起乎？今我已起此心，则我将来寸步难行，如何任得大事？且银钱至小，名节至大，如失了名声，普天之下，皆无容身之处矣。但如此警省，自然正道，不欺于人，人知我正道，亦不肯欺我，自然受用不尽。

若将此条与汪鸣时本相对照，则其中只是将开首的"第二要诚实者，无伪。实者不虚，无伪是一片真心，不虚是满腔实意"一句，改为"第十二要正道。古语云：常把一心行正道，自然天地不相亏"。其后的部分，则基本上没有做什么样的改动。

汪鸣时本《商贾格言》之二第三条：

> 第三要勤俭谨慎，勤俭只是一个不懒惰，慎谨是小心，不懒之人，天明即起，把生理事务，一切料理停妥，所以操持者，做事出力，不拔他人。大凡生理事务，要认定我所当为，便竭我心力，不可自图安逸，又不可视为公共之事，不应我一人出力，盖一有此两种私心，则事皆废弛遗误。如对客买卖银钱出入，收货发货，俱要斟酌，防闲小人，谨慎！

此处的"勤俭谨慎"，与《商贾格言》之一中的"勤谨"，在内容上亦颇有重复。关于这一点，谢光燧本的第十三条则改作：

> 第十三要上紧用心，上紧者，做事出力，不拔他人。大凡生理事务，要认定我所当为，但竭我心力，不可自图安逸，又不可视为公共之事，不应我一人出力。盖一有此两种私心，则事皆废弛，遗误不小，诚能反此，则事无停滞，从容布置，井井有条，非惟养德，亦足见处世之方矣。用心者，凡事用心，不敢忽略，以致错误，如对客买卖，银钱出入，收货发货，俱要斟酌，防闲小人，谨慎言语，不可妄为，总要遵守规矩，谦和接人，俭约持己，照应门户，留心

火烛，早起晚眠，受人所托，始终尽心，一切事务，悉能如此，则所为必斟酌而无错误之事矣。夫人惟勤谨，方能尽在我之职，而无愧于己，惟诚实，方能副我知之望，而不负于人，加以虚心受教，则所言所行，自然尽善尽美。

这一条是将"勤俭谨慎"改为"上紧用心"，上述划线部分的表述，皆来自前引汪鸣时本的《商贾格言》(之二)。

不过，汪鸣时本《商贾格言》也是一种抄本，从三种文本对照来看，该书抄录的"商贾十则"显然少了第一则。因此，尽管该书成书较早，但我们也不能将之完全看作是全新创作的作品，其中的部分内容，可能也是将此前商业书的内容加以改编或照抄。据此推测，上揭"谨慎"二字之后，可能也漏略了其后的部分内容。

上述两种本子的《商贾格言》之后，皆有"商贾十则"，两种本子之内容大同小异，只是谢光燧本于十则之后另有：

右语十则，悉予所熟闻，然未历其境，或不能无疑，今则身当其任矣，尽去其从前之所疑者，体认而力行之，久久自见真味，慎勿以予言为迂而忽之也！

另外，在此刊本上，其后又以毛笔字添写了一则"孝顺父母"的条目："……家有贤夫妻，村少成家计。堂前孝子，可值千金，天下孝双亲，孝父母，敬如天，爹娘年老莫埋怨，孝顺双亲，胜吃素和念经，由他快活在堂前，强似做过年。"封三另有

"胡继述辨［办］"的字样，这说明谢光燧本虽为刊本，但其使用者仍然在书后添加了部分内容。

三、余　论

1. 随着大批徽商的外出经商，不仅出现了很多反映经商技术规范的商业书，与此同时，约束商人道德规范的商人书也大批出现。这与徽州人在富裕之余，努力加强自身修养，以改善整体形象的努力分不开。

早在明代，程春宇编纂的《士商类要》中，就有《客商规略》《为商十要》《买卖机关》《贸易赋》和《经营说》等[1]。这些内容，对于明代以来徽州商业书之编纂，有着颇为重要的影响。例如，安徽省图书馆收藏的《客商规略》抄本，成书于乾隆以后，该书就包括《客商规略》《买卖机关》《贸易赋》《经营说》《为客十要》《处事格要》、长江图、路程歌、休宁县由饶州至汉口、汉口由东流至休宁县、休宁县由东流至汉口、佚名无题长江路程图和由小姑山至九江府至湖广长江洞庭湖永州府等处水旱路之图。其中的一些内容，就与前者一脉相承。

与此同时，清代亦有新的商书出现。其中，康熙年间新编的

---

[1]　此外，李晋德亦有《客商一览醒迷》，见杨正泰校注：《天下水陆路程、天下路程图引、客商一览醒迷》，山西人民出版社1992年版。

《商贾格言》，即是其中较为重要的一种。此书后来被刊刻成书，迄至晚清仍有售卖。笔者手头有一册《支用总簿》①，其中的光绪壬午年（1882年）条，就有"又支钱廿文，《商贾格言》一本"的字样。

除了此一单行本之外，还有的一些百科全书式的商书中，也将《商贾格言》作为一个重要组成部分加以收录。例如，咸同年间刊刻的《新增酬世群芳杂锦》中，就收录了《商贾格言》。该书题作"陇州居士原本"，但从其所引的《商贾格言》来看，其内容便是汪鸣时的《商贾格言》②。

2. 商书（商业书和商人书）为商界阅历中人所编，一般情况下最初是以抄本形式呈现，其后则经过不断修改及系统整理，并最终刊行于世。刊本形成之后，仍然会有不少抄本行世。这些抄本，有的就是依据刊本重新抄录或辗转抄录而成，在此过程中，常有一些删改、补充。谢光燧本的《商贾格言》序曰：

> 商贾为四民之一，其中之大成事业者固多，而倾败贻讥者亦复不少。勤俭和慎，成之源也；骄奢淫佚，败之渐也。然非老成历练，熟悉夫行货、居货之宜，而又精明乎持己、接人之道，鲜有能撮其旨要，发一片婆心，详载以示人者。夫既详载以示人矣，又虑夫言之非艰，行之维艰，不啻谆谆

---

① 封面除书名外，另有"升代兄写／光绪捌年正月吉日立／九年附／拾年附／拾壹年附"字样。
② 鞠清远：《清开关前后的三部商人著作》，载包遵彭、李定一等：《中国近代史论丛》第2辑第2册，正中书局1958年版，第212、224页。

面谕也。此右翁老先生经世之方，发为格言，于课蒙之暇时，讲明而切究之，俾知夫商贾之不易为，而不可不循其矩矱也，爰属余赘数语，以弁其端云尔。

榆山居士拜草。

而笔者所藏的同名抄本中，也同样抄录了以上的内容，只是文字颇多漏略及讹误。如"倾败贻讥者亦复不少"作"倾败贻者亦不少"，"谆谆面谕"作"谅谅面谕"，"右翁老先生"作"右翁先生"，"课蒙之暇时"作"课蒙时"，"榆山居士拜草"作"榆山居士"。可见，文字上作了简略处理，这应当是抄录过程中出现的问题。

上引谢光燧本序文中提及的"经世之方，发为格言"，是明清时代诸多商书的特色。具体说来，当时大批出现的商书之编纂愈加精细和多样化，出现了不少歌谣式和格言化的商书。如在明人程大位的《算法统宗》中，除记录各类算法、度量衡及田亩制之外，还收录了先贤格言、珠算加减法歌诀等。此外，在商编路程歌中，人们将沿途的地名景观、人文风俗串连起来，琅琅上口，以便初学者记忆和背诵[1]。而一些格言化的商书，有的与启蒙读物密切相关。譬如，徽州启蒙读物《眼前杂字》[2]，全书就

---

① 参见王振忠：《新安江的路程歌及其相关歌谣》，载《史林》2005 年第 4 期；《清代徽商与长江中下游的城镇及贸易——几种新见徽州商编路程图记抄本研究》，载《安徽大学学报》2019 年第 1 期。

② 刊本 1 册，扉页题作"光绪戊子年新镌／屯溪大盛梓行"，光绪戊子年即光绪十四年（1888 年）。

分为几个部分，分别为《眼前杂字》《行旅紧要》《贸易紧要》和《乾惕宝箴》。其中的《贸易紧要》，所述者就与《商贾格言》颇相接近①；而《乾惕宝箴》部分，则融汇了民间的诸多劝善格言，如："肩挑贸易，小本度日，不占便宜，德留儿孙""常存善念，吉神保护，逢凶化吉，人自不知""言从谨慎，事合中庸，由此积德，百福骈臻"。此类的格言，也是反复劝导人们行善积德，反映了民间善书与商业书的相互杂糅②。这些，与《商贾格言》的内容亦颇相类似。

---

① 《眼前杂字·贸易紧要》："商贾为业，先学谦虚，公道存心，店业之本。古人传授，后学为法，莫买初跌，莫卖初涨。价高莫赶，见滞莫弃，生行莫入，熟行莫弃。莫嫌利薄，不宜贪险，生意守店，业在其中。从稳妥当，不致误事，开店交易，来路通处。再三斟酌，切莫轻举，柜友学生，均要和气。自禁放荡，各务本分，格言引路，善与人同。敬守中庸，事勿偏执，求福积善，求寿惜身。顺理则裕，从欲惟危，朝乾夕惕，事事顺遂。"

② 安徽省图书馆所藏抄本《珠谱》（作者自题"海阳毓和主人"，序于清乾隆二十七年，1762），其中除了"辨认首饰诀""绸缎纱罗"和"皮货"三部分外，还附录有《王文肃公本箴》和《朱伯庐先生治家格言》等。其中，《朱伯庐先生治家格言》也作为劝善书，被收录于徽州人所编的格言、座右铭中。如清海阳竹林人录《座右铭类编》（漱经斋藏板），首先抄录《太上感应篇》《文昌帝君阴骘文》《关圣帝君觉世真经》和《朱子治家格言》，并在之后以"好生""善恶""祸福"和"报施"等，分门别类地列举了诸多的劝善格言。参见王振忠：《清朝民国时期的善书与徽州社会》，载《法国汉学》第13辑《徽州：书业与地域文化》，中华书局2010年版，第466—543页。

清代徽商在江西鄱阳县石门镇的活动

明清时代，来自皖南的徽州人纷纷外出务工经商，开行设铺，以至于长江中下游各地素有"无徽不成镇"的说法。以往，有关徽商的研究成果已颇为丰硕，学术界对于各地繁华都会及市镇中徽商的活动，已有较多的揭示。不过，因明清时代徽商无远弗届，活动的范围极为广泛，故而他们在一些市镇中的活动，仍囿于史料不足征而难以窥其堂奥。

数年前，笔者在皖南收集到一册佚名无题抄本，其中包括有徽商在江西鄱阳县石门镇贸易活动的珍贵史料。兹将相关内容稍加整理，并以此为基本史料，希望对徽商在江西各地的活动，提供进一步研究的线索。

一、南宋以来石门镇的商业

石门镇位于鄱阳县北部，北邻安徽省东至县铁炉乡，石门港西南流过漳田渡注入鄱阳湖。此处三国时吴置广昌县，晋改名广晋。早在宋代，商业就有所发展。南宋《淳熙新安志》就记载："婺源阻五岭，其趋鄱阳径易。"① 著名文人洪迈在其著述中曾多次提及石门一地，《夷坚三志》更讲述过一个胡人前来中国寻宝的故事："鄱阳石门镇外二十里，一山阜高峻深杳，名曰珠岩。土人七八十岁者，能言承平时曾有波斯客经过，徘徊凝望，留连再宿，语逆旅主人云：'兹气象奇秀，当孕珍宝，其兆已露见，特里俗不能别识耳，我须复来营之。'遂去。后二年复至，以所携破山刀，剖岭骨成蹊，得大珠数十颗，藉以毯蓐，置之笥中。其圆多径寸，小者犹如樱桃。野山无主，但略犒傍近居民而行。今取珠之穴尚存，当剖开处，两下各有迹，至或四五十栲栳者。天产至宝于是，果何为哉？"② 这个故事显然是中古以后常见的"胡人识宝"之传说，虽然未必真实，但似乎也从一个侧面反映出石门镇一带所具有的商业开发价值。

及至明代，此处设有巡检司。到了清代，鄱阳县"地杂湖山，襟连吴楚，百货归墟，帆樯安泊。洎明时，醯引、质库皆土著者主之，故势不相轧，而情不相耀。今胥分属徽、西，服饰器用，务极鲜华，渐染薰蒸，日雕其朴"③。可见，在当时，包括石门镇在内的鄱阳县商业，有不少都被徽商所控制。光绪《婺源县

---

① 《淳熙新安志》卷1《风俗》，见中华书局编辑部编《宋元方志丛刊》，中华书局1990年版，第7604页。
② （宋）洪迈：《夷坚三志》己卷第10《石门珠岩》，见朱易安、傅璇琮、周常林主编《全宋笔记》第9编，大象出版社2018年版，第283页。
③ 同治《鄱阳县志》卷2《舆地志·风俗》，"中国方志丛书"，成文出版社1989年版，第219页。

志》就曾记载："詹世铃，庐源人，事节母汪，承欢无间。服贾石门，赀渐裕，遵慈训，与弟锟财产维均。时遇善举，辄多佽助，修祠赈饥，尤为竭力。子兴沂、孙树屏俱遵庭训，为乡里典型。"[1] 当时，石门镇亦称为石门街。例如："（清婺源清源人）曹崧……初负贩治生，……年艾后家计稍裕。鄱阳石门街创建徽州会馆，崧捐费约千余金，买桑枣园以为义冢。"[2] 类似于此在石门镇务工经商者应当颇不乏人，只是方志中的相关记载仍然相当有限。

二、徽商在石门镇活动的三个案例

有关江西的市镇，此前学界对四大名镇（景德镇、河口镇、樟树镇和吴城镇）之研究颇多[3]，而对于其他市镇的探讨则相对

① 光绪《婺源县志》卷35《人物十·义行八》，"中国方志丛书"，成文出版社1985年版，第2726页。
② 民国《重修婺源县志》卷39《人物十一·义行五》，1925年刻本，"爱如生中国方志库"。
③ 代表性的论文如徐晓望：《河口考察记》，载《中国经济史研究》1986年第2期；刘石吉：《明清时代江西城市与市镇的发展》，见第二次中国近代经济史会议论文，台湾"中央研究院"经济研究所，1989年版；萧放：《论明清河口镇的发展及其特点》，载《江西师大学报》1989年第3期；萧放：《试论明清时期江西四大工商市镇发展的特点》，载《九江师专学报》1990年第2期；王根泉：《明清时期一个典型农业地区的墟镇——江西抚州府墟镇试探》，载《江西大学学报》1990年第2期；梁淼泰：《明清景德镇城市经济研究》，江西人民出版社1991年版；梁洪生：《吴城商镇及其早期商会》，载《中国经济史研究》1995年第1期；许檀：《明清时期江西的商业城镇》，载《中国经济史研究》1998年第3期；刘朝晖：《明清以来景德镇瓷（转下页）

区域社会史脉络下的徽州文书研究

少见。本文聚焦的这册抄本，则主要反映了徽商在石门镇活动三个方面的内容①。

1. 石门镇的土布贸易及相关纠纷

在清代，鄱阳和余干为饶州一带的主要产棉区②。虽然鄱阳的土布生产并不有名，但在鄱阳、乐平一带，却有不少徽商从事土布贸易③。该抄本中就有数份文书，反映了徽商在石门镇上的布业贸易。如：

> 为承挑自盗，报叩讯追事。生店寄银至鄱邑石门镇布行买建布，向系朱朝寿等包揽，承挑郴行，收银买布挑回，非只一次。前月廿六早，寿等承挑生店银一千二百两，计十二封，又用本店布袋六只，分作四百两一包，作为三包，上盖本店图记，重重封固，交放笼内。寿又承挑恒顺、源生两布店买布银

<hr />

① 关于徽商在鄱阳湖流域的活动，比较详细的资料主要有安徽黄山学院收藏的晚清徽商志成号商业账簿 76 册，以及清末光绪年间婺源典当商江永泰的数件文书（见周向华《安徽师范大学馆藏徽州文书》，安徽人民出版社 2009 年版）。就现有的研究成果而言，则主要有卞利：《从鄱阳江永泰典铺歇业看清末徽商的衰落》，《淮北师范大学学报》2012 年第 6 期；马勇虎：《乱世中的商业经营——咸丰年间徽商志成号商业账簿研究》，《近代史研究》2010 年第 5 期。

② 康熙《余干县志》卷 2《土物》载有该县的"木棉双线布"，"中国方志丛书"，成文出版社 1989 年版，第 169 页。

③ 数年前，笔者在徽州收集到一批信函，信函书写于"祥云阁"朱丝栏八行信笺上。在这批信函中，有一信上写着"甲戌九月念四日"，"甲戌"为同治十三年（1874 年）或 1934 年。关于这批资料，拟另文探讨。

（接上页）业与社会》，上海书店出版社 2010 年版；王振忠：《商帮、产业分布与城市空间——17 世纪以来景德镇徽州会馆之管理与运作研究》，载《历史地理》第 33 辑，上海人民出版社 2016 年版；〔韩〕吴金成：《矛与盾的共存：明清时期江西社会研究》，江苏人民出版社 2018 年版。

四百四十两，另计一大包，配成两担，寿等旋挑而去。外又有各布铺银信三挑，与寿同行，至廿八日到石门镇布行，开笼取银，内有生店一包不见，惟见新白土布九尺，包黄土石块大小六只。生弟思恭时坐郡行帮买布匹，见此惊异，比诘寿等同行五人，俱各支吾莫辨，急即信与生知，来信粘呈。切寿包挑买布银信，银有疏失，应向寿问，向捏失银，形迹尽属荒唐，叩验自昭，显系自盗重金，捏此掩饰，心毒难问，风不可长。为此，齐送寿等到案，报叩宪廉严加讯吐，究追维风，激切上禀。

　　被：朱胡寿，汪观旺，占尊，余社保，张印。送案叩讯。

　　证：粘呈生弟信一纸，笼内形迹叩验。盗去生店买布银一包，计四百两。

　　批：候提朱胡寿等查讯跟究，粘信附。

　　在这册抄本中，还有因建造会馆发生的纠纷案卷（见后），其中提及"生等投治石门镇贸易，议盖公祠，……原置祠基，坐落对河，地属建邑"，可见，此石门镇当位于皖、赣交界处，其北面即为安徽省建德县。故此，这里所谓的建布，应当是指建德一带出产的布匹。[①] 店主是在鄱阳县城开店，到石门镇布行购买

---

① 在乾嘉时代，江西东北部和北部的土布业似较落后。根据民国时人的追溯，"查南昌市上销售之土布，于逊清咸丰以前，皆非产自本地，有来自江苏之苏州、松江者，有出自鄂省之武、汉等处者。盖其时南昌乡民，大都不谙编织，偶有少数乡人自织自用，然亦并不入市出售。于是该地布匹需用，不得不仰外省之供给。至同治年间，该业有王公朋者，始起而提倡，劝导附效农民，从事织布，利之所在，群要仿效，于是织布技术，风传四乡，土布产量，逐年增加，南昌产布之名，用是而播传于遐迩矣。"参见吴德麟：《江西南昌之土布业（民国二十五年六月调查）》，载《国民经济月刊》1937年第1卷第1期，第179—185页。

布匹。

在此一抄本中，其后的"镇主报"，"为承挑自盗，报叩移办事"，基本上是重复前述的叙事，只是增加了一个新的情节："……寿等供至镇头歇店住宿，离店上街吃酒等供，似［拟］将寿押候，提歇店质讯在案。"其后所抄的"签票"，提及报案者是捷坑监生曹进辉。捷坑是婺源十二都的一个村落，这一带以曹姓为大姓，一些曹姓徽商活跃于饶州府鄱阳县等地。据此签票，官府当时下令差役"协同约保，立提镇头开歇店之许周保刻即赴县，以凭案讯详办"。正月初四，县府派出差役陈凤和张苗二人前往调查。正月二十三日，徽商又以"赃重供狡，叩提严追，按究甦命事"为题进词，催促官府办案。及至二月初五日，案情终于有了重要的进展：

> 盗已亲认，赃供尚浮，叩赐讯追事。旧冬汪广兴与余社保各挑银担，合伴同行。保起不良，窃兴担银四百两，昨蒙宪讯，供认不讳，是此案正贼委系保窃无疑，惟寄赃处所，供情闪饰。切社保胆敢盗此重赃，定必携带回家隐匿，否则串嘀匪党寄顿。如藏在家，刻可搜查，通同匪党许周保现押在案，即系他人提质刑求，不难水落石出。至该犯供称在洗马桥地方埋寄土中等语，冀图狡展，似未可信。即果寄在该地，犯供确凿，正可专差关获。为此急叩宪天，迅提严鞫，追起重赃，无任花消，按拟定案，穷商戴德激禀。

文末以"穷商"自称，故应是徽商所提交。当时官府批曰：

"此案现在备文，将余社保等解赴浮邑勘办，其赃艮［银］据供埋藏洗马桥附近土洞内，亦移明浮邑查起。至许周保已讯明无干，毋得任意牵控。"从该段批文来看，洗马桥应在浮梁，故官府要求与鄱阳毗邻的浮梁县协助处理。

可能是因事涉二县，此事后来还闹到了饶州府。关于这一点，抄本中抄录有"府词"：

> 为监盗鲸吞，恳提究追事。缘生店向在鄱邑石门镇收买建布，每年雇夫运送银两至石，不下数万。挑夫必择殷实之家为包，所以防不测，可以赔偿。其挑银工钱，较挑货必重倍，以其原有监临典守之责。祸因旧十一月廿六日，包头朱胡寿挑生店银一千二百两，交伊雇工汪广兴及伊甥汪干旺转挑至石。外又有各布铺银信三挑，一伙全行。讵广等见财起意，胆将石块调换生银四百两。廿八至石门镇始觉，生弟思恭信报，生知当以承挑自盗等情，禀报县主，叠沐研讯，殊寿等狡不供认。泣思受人雇托，挑送银两，监守之责匪轻，如果系挖壁穿墙，黑夜被窃，抑或被邪术迷闷，情有可原。似此银两被换，又不能指明何地、何店、何时，显系自盗，若不赔偿，万难甘服，为此抄粘县词，急叩宪台，迅赏亲提，究盗追赃，奕世衔恩，上告。

此处提及，婺源布商雇佣挑夫挑送银两到石门镇，每年都有数万两，可见具有相当的贸易规模。由于此案涉及的场所地跨两县，故抄本中还收录了二月十五日徽商向浮梁县的提告：

区域社会史脉络下的徽州文书研究

盗确赃呈，奔案认领，叩拟详办事。生隶婺源，揭借微资，向寄银至鄱邑石门镇买布，挑回婺城发卖，银交包头转付挑夫，历无差失。旧冬廿六，生店寄买布银担内，被掉窃去银四百两，当接鄱信，即扭挑夫汪广兴等，并送本邑县主，蒙讯分别保押。本月初一日，差带挑夫余社保庭讯，该犯供认到洗马桥饭铺内，将土布石块掉换。窃广兴担上银四百两，藏入附近土洞内，今正十四潜往扒取，银已不见，闻是锄麦人捡得，等供。经县主移解，宪恩勘办。生昨奔投案下，闻宪差督同地保，已起出原赃贮库，政迅风行，神明普颂。为此，伏乞宪太父师赏准认领，按拟详办，俾奸究敛迹，远近沾恩，邻商戴德上禀。

被证俱列，婺主移父，伏乞查核。

此处明确提出，事主出自徽州婺源，所买之布也是运往婺源县城发卖。至此，原赃已被起获。关于此案的结局，抄本录有徽商出具的"领状"，其中提及："实领得生于余社保窃去银两一案，今蒙饬差追缴赃银四封，共一百卅两，曹平，系身一并领回，不敢冒领，所具领状是实。二月十五"。可见，当时有部分赃款已被追回。

2. 石门一带的低潮银

由于石门一带商业的发展，银两之使用颇为频繁。抄本中就提到低潮银的问题：

为严行示禁，以除民害事。奉特简江西分巡广饶九南道、布政使司参政加二级李宪牌内开卷，查石门地方各村镇牙行、银匠，倾造低潮银行使，哄骗乡愚，久经出示严禁，并饬鄱阳县勒石永禁查取，遵依互结。嗣又特饬该司，就近不时查察，各在案。兹据刘茂章、陈礼义等禀称，出备赀财，买有碑石一套，请发碑文，等情。为此，仰该司可即将碑文发下，碑文上紧督刊印刷，碑摹呈验，仍即晓谕各村市镇，务使永远实力遵奉，该巡司不时留心密察，遇有违犯，随时究报，等因。奉此，除差押刘茂章、陈礼义等星即刊就碑记，合遵出示晓谕，本司屡行示禁。为此，示仰各村镇牙行、银匠、居民人等知悉，嗣后倘有不遵示禁，仍行使低潮银，诡骗乡民，许受害之人即持银首禀，以凭严究，言出法随，各宜凛遵，毋贻后悔，特示。

这一告示颁布于乾隆七年（1742 年）十一月廿五日。在此之前，当地就有人立有服约："立服约人曹公亮，今奉巡宪大老爷赏示勒碑，严禁行内行使，银色以九六、九七为准，日后行内行七八九呈银买布，听从送官究治，自愿立约，恳爷订印存证。七年十一月廿三立约人押。"这位曹公亮，显然是被人告发在棉布买卖过程中使用低潮银两，故立有服约，保证今后以七八九呈银买布。从"行内行七八九呈银买布"一语来看，此人应是布商，而从前述的婺源监生曹进辉来看，此位曹公亮极有可能也是出自婺源的徽州布商。

当然，由于石门一带地处二省交界，官府监管力度有限，再加上行使低潮银有利可图，故而这一带的低潮银问题并未彻底解决。此后，外地的低潮银仍然不断流入：

> 嘉庆十二年十月，因府宪示禁银色，接又司主传知行客□古牌文，《周官》严办六齐，司市饬伪有禁。我等石门棉布一行，向来银色，久经酌定章程，递经申禁，商贾均便无异。近因外路新倾各色低潮流行入境，以及不投行之短庄土贩，间有挽和行使，积渐日久，本镇须向无倾炉，而银色迥非其旧，不惟地方受害，即我等亦遭鱼目混珠。现奉府宪示禁，又蒙司主传谕谆谆，仰见便民通商至意，爰集同人公议，暂行停止买布，各将银色酌看，所有九呈以下，信知本号，概行寄回，以后发来银两，务如议定银色，准以行元为率，其余各色低银，永远禁止不用。今议本月廿三日出庄买布，择期置酒，申明地方，演戏申禁，以期垂诸永久。

由上揭可见，在石门镇内有"棉布一行"，而且还有相关的"酌定章程"，规定在固定日期出庄买布，届时还有一定的相关仪式。当时已是嘉庆十二年（即1807年），距离乾隆七年（1742年）已过了六十多年，此时酌定的章程仍规定：

> 一、银色概以九三已［以］上行使。
> 一、行使银两，逐日互相查点，如有低潮，即行检出。如违，故私自行用者，公罚。
> 一、行等前经较正，以曹平为率，如有遵乡大等及私用

小等者，公罚。

　　一、本地土贩，银色亦照此例行用，如违，查出公罚。倘有恃强不遵，鸣官究惩。

　　这些，对银两之成色以及城乡戥秤度量，皆做了细致的规定。为此，还通过演戏申禁，以昭信用。抄本中收录的"戏台正扁［匾］"为："改弦合调。"正联："曹等尚公平莫逐蝇头微利，朱提严饬伪庶无鱼目混珠。"外柱联："五权起自黄钟数不尽四钧一龠五都上三尺无欺（好藉清歌歌五夜），三品首推紫胆说甚么七青八黄三等中三色莫絭（偏宜妙舞舞三更）。"所谓改弦合调，显然是希望大家皆改掉使用低潮银的旧习。

　　由于不少低潮银是由外地涌入，所以并不完全是鄱阳一县的问题。嘉庆十三年（1808年），由鄱阳县和九江府之彭泽县以及南昌府之新建县三县合呈，"请禁用低潮"。可见，在当时，江西东北部和北部，低潮银之使用应当相当普遍。九月二十三日，奉鄱阳县令冯批查，"行用低银，最为闾阎商贾之害，叠来各宪给示严禁，并经本县查拿究办在案。今按照议乾隆七年各宪批旧规，概以九五呈色行用，自相稽查，尚属可堪，准给示晓谕，便尔等务当实力奉行，以保身家。倘敢阳居公禁之名，阴逞搀和之术，一经访闻，或被告发，定当置之以法，断不曲为宽贷也。"当时还订有公约，可惜抄本中未见载录。

　　3. 文公祠和文公书院

　　此一抄本中的第三个案例是有关徽州会馆兴建而引发的纠纷。书中首先抄录了"嘉庆元年蔡姓藉坟讹索，未遂贪心，以致兴讼（此系伊词）"，也就是由徽商抄录的当地土著蔡姓之告状：

　　为势塞祖塚，人鬼两惨事。缘蚁祖遗蔡家港风水地一
片，自明迄今，排葬祖二十余塚，谱载确据。坟前一派军
地，历来耕种无侵。祸富徽贾吴启茂、汪裕发、曹蓝玉，纠
集数十群凶，积金巨万，谋坟面地，大建会馆。本月初十
日，周围挖砌墙脚，扣祖阳门。比闻哭阻，投保邻验，哀求
或前或左或右，听从竖造。茂恃一府六县人财两炽，欺蚁目
瞽四茕，烟丁仅二，抗公莫制。泣思坟与军地，一望平坦，
耕种则祖无塞，若坟居高位造，焉敢饶舌？况会馆阔大高
昂，稍隔丈余，坟前犹堪容膝，紧靠高砌，墓水未出，良心
安在？似此理不容阻，势莫能敌，人虽孤懦，祖骨难忘，势
挖拼阻，定成大患。幸宪荣临，泽及枯骨，为此哭叩台前，
恩赏差遏，止挖保祖，人鬼两安，泣切上告。

　　蔡姓指责的被告，包括吴启茂、曹蓝玉、陈秀川、汪裕发、
胡启丰、项世珍、程烈万、曹礼仪和江昉南，这些人应当都是徽
商。而站在蔡氏一方的，则有"族尊，公亲，一、二、三图地保
共十三人"。根据文后的说明，该词系嘉庆元年（1796 年）四月
十五递进，次日出批。当时，鄱阳县官府的批文如下：

　　吴启茂等建造会馆处所，有无碍及蔡姓祖茔？应否饬
止？听候便道勘明，饬遵可也。

四月十九日，鄱阳县令发布：

　　鄱阳县正堂李为势塞祖塚等事。据蔡兴宦具控吴启茂等势塞祖塚等情，到县。据此，县词批示外，合行差传，为此仰役前去协仝地保，立传后开有名人证，定限三日内赴县，以凭讯勘，去役倘违硃限，定行究处不贷，火速！火速！四月十九日差查、汪、严、徐。

过了四天（即四月二十三日），诉讼的另一方徽商提出辩解：

　　为奉票投陈乞恩鉴察事。缘徽俗敬奉朱文公，在家在邦，皆尽忱意。生等投治石门镇贸易，议盖公祠，虔祀香灯，遵崇道义，以迓吉祥。原置祠基坐落对河，地属建邑，嗣因曹景仪等闻盖公祠，乐为凑便，将伊万寿宫傍基址并地，凭中曹□亨等，议价立契，便与生等盖祠，择吉本月初十日定基起工。讵蔡兴宦等藉坟声说，比经保邻 Δ 等踩明取基，量隔蔡坟三丈以外，且坟朝东，石基向南，吴舜臣、陈廷耀等公论阻造非理，孰知蔡兴宦等原图讹索，经保邻理驳，无从遂欲，旋刁架词妄控，致奉票传。切生等盖造公祠，满望遵道迓祥，今始兴工，即遭妄造，斯地似非福基，妥议公祠不盖此处，随向原中与曹姓契价两退，兹奉差传，为此投陈，伏乞宪台恩赏鉴察，谨此上诉。

这一段话是说，徽商在鄱阳县石门镇经商贸易，在万寿宫旁盖造奉祀朱熹的"文公祠"，被土著蔡兴宦等"讹索"，徽商认为，他们刚刚开始建造会馆就吃了官司，故感觉该地并不吉利，遂打了退堂鼓，将所买的基地退回。五月初四日徽商一方再度进词：

> 为恳恩批示德惠安业事。缘生等遭蔡兴宦等于前月十五日，以势塞祖塚控案，十六日奉批，吴启茂等建造会馆处所，有无碍及蔡姓祖茔，应否饬止，听候便道勘明，饬遵可也。荷蒙票传，切生等伏读朱文公格训，戒勿争讼，理宜遵守，随于廿三日具以奉票投陈等事，陈明徽俗敬奉朱文公，生等盖祠虔祀，满望遵道迓祥，今始起工，即遭妄告，斯地似非福基，妥议公祠不盖此处，确情具诉，遵式盖戳挂号，当堂俯案投呈，蒙恩鉴受，恭候批示。及今仰诵宪榜各词批示，榜内并无生名，谨合再叩宪恩，迅赏差批示，叨安生业，戴德无涯，焚祝上禀。

五月十三日，徽商一方又进一词：

> 为再恩批示，以免守候事。缘生等遭蔡兴宦等妄控塞塚一案，奉宪批勘，生等前月廿三日备情具诉，迨廿九日奉发榜状，并无生词批示。本月初四日又进呈乞恩，初九日奉发状榜，又无批示。伏思商、民同属赤子，蔡词于前月十五日具呈，十六日即奉批发，生前后两词，延[迄]今未蒙赏批，向隅抱泣。切思生等不过小本生涯，因无托足，思建文

公祠，藉资栖止，况建造处距蔡坟三丈余，无论基属曹卖，生买蔡姓，不得藉口风水阻挠，即伊己地，就例载禁步而论，亦逾远甚，但生等因建文公祠，而辄［辄］违文公争讼之戒，于心不安，是以停止不造，似可邀恩销票，惟词未批发，生等若即远离，恐受差扰，而久候公庭，又未免旷时失业，为此再行冒渎宪恩，赏销差票，异民戴泣不朽，上禀。

因久拖不绝，故此次纠纷并未停止于鄱阳县的层面。五月十七日，徽商方面又进"府词"，也就是上告至饶州府：

> 为守训不争，三词未批，恳赏檄饬销差安业事。缘生徽籍，投治石门镇贸易，因买曹姓基地，盖造朱文公祠，藉资栖息，与该处蔡坟隔远，不碍禁步，且生等地内留出余基亦多。讵蔡兴宦等藉口风水阻挠，本年四月十五日，妄以塞塚控县，次日即批勘差传。生等客民，不敢结怨，且有违文公争讼之戒，是以情愿不造，于廿三日赴诉，廿九日状榜并批，五月初四日又禀，初九日又无批，急于十三日复再呈恩，今仍未批。伏思一切呈词，随期批发，独生之词三进三捺，询问经承，答云未发。生等虽不敢遽云书差弊朦，然客民徒守，未免向隅。具禀未吊销，生等若回，恐受差扰；若久候公庭，旷时失业，受累无穷。为此抄粘蔡兴宦等词批，并生等前后三词，伏叩宪天，俯鉴异民止造，例得销案，赏檄吊销差票，顶祝上禀。

对此，五月二十二日府批："既据退还契价，不复再造，已可毋庸履勘候饬，县吊销差票，毋任藉扰。"至此，这一因兴建徽国文公祠而引发的诉讼结案。

不过，石门镇上还是有徽州人的会馆组织。除了一府六县统一的徽州会馆外，鄱阳一地因与婺源较近，故亦建有单独的星江会馆（亦即婺源会馆）。曹德谦"自少贾鄱阳之石门，生业充裕，独力建星江会馆。又买山创置义冢，施棺瘗暴，凡徽婺之旅于斯土者均赖焉"①。这位曹德谦，即来自婺源捷坑坞头，与前揭从事布业经营的"捷坑监生曹进辉"应是同族。

至于石门镇徽州会馆的始建年代，抄本中有嘉庆十三年（1808 年）的两份文书，其中提及：

> 十一月廿一日，因书院南边园内堆放杉木被窃去七株，比邀邻人查看，系从黄氏公馆破壁而来，靠壁现有锯屑，查有都邑木匠赁彼后寝做贷，随至其处，见树森俱已锼断，材料将成，幸有二截，斧号俱在。木匠魏富宗恃蛮诳赖，比即扭送费司主，当时讯问，供出何耀、陈绍祖二人，即日拘拿到案，于廿五日各犯满杖责惩开释。

此处的"书院"，即为文公书院，也就是徽州会馆。关于这一点，另一份文书写道：

---

① 光绪《婺源县志》卷 34《人物十·义行七》，第 2664 页。

为人赃两获，恳恩讯究事。生籍安徽，在治建造文公书院，被贼窃去大小不等杉树十余株，上盖双字印记，旋即四处找寻，幸叨文公默佑，于本月廿一日被在书院帮工之许福、曹锦方，在书院隔壁徐洋海之家，查获生等被窃杉树，印记相符，并见魏富宗等将该树造作棺材，比将木匠扭送，沐恩讯传何耀一同研审，录供在案。切父台自荣任以来，志切除匪安良，通庆安宁，悉荷拼㦬之泽，今生树被窃，是否系魏富宗等肆盗，抑或另有窝伙，伏乞严行研讯，究伙追窝，将来道不拾遗，家颂而户祝矣，上报。十三年十一月　日。

由此可知，石门镇文公书院（徽州会馆）至迟在嘉庆十三年（1808年）以前便已存在。至于从嘉庆元年到十三年之间发展的具体情况，因书阙有间而难得其详。

三、余　论

"徽学"研究，除了关注徽州府本身以外，对于毗邻徽州的周遭区域，理应予以特别关注。从徽州的对外交通来看，"商之通于徽者取道有二：一从饶州鄱、浮，一从浙省杭、严，皆壤地相邻，溪流一线，小舟如叶，鱼贯尾衔，昼夜不息"[①]。在东面，

---

①　康熙《休宁县志》卷7《汪伟奏疏》，成文出版社1970年版，第1083页。

金、衢、严乃至杭、嘉、湖的研究，已受到较多的关注。而在西面，对饶州府的研究，亦有特别聚焦之必要。而近年来徽州文书的发现，使得此一研究得以展开。

徽商所到之处，纷纷建立会馆，即以鄱阳县为例，清代方志中就有不少徽商活动的资料以及建造会馆的讯息。如民国《婺源县志》卷8有"鄱阳船埠"条：

> 鄱阳彭家埠，本婺邑公买彭姓地，为婺舟泊岸之所。康熙二十六年，饶埠陈宗彝等勒索婺船，每只银二钱五分。又私用小票，勾通营汛查验。婺邑乡绅查魁、王大成、商人金鸣虞等呈控当道，立碑永禁①。

此处提及三个关键性的人物，一是婺源凤山人查魁，这在其人的传记中亦有提及：

> 婺有饶地彭家埠，为饶民所踞，婺船苦无停泊，魁目击其害，亲赴江右控理，道、府直魁议，遂立石永禁，今婺舟楫得通，食货无滞者，皆魁力也②。

第二位是王大成：

---

① 民国《重修婺源县志》卷8《建置七·津梁·附鄱阳船埠》。
② 民国《重修婺源县志》卷37《人物十一·义行一》。

王大成，字惟祥……鄱阳彭家埠有公地，为婺舣舟所，奸猾勾营汛，为商艇害，太成率绅士鸣当道，勒碑永禁。又输千金，买彭姓大厦，为婺商往来即次①。

所谓"买彭姓大厦，为婺商往来即次"，似乎即是徽州会馆建设之滥觞。

而第三位是金鸣虞，亦即城西人金一凰。传载："饶州彭家埠，邑绅买地造馆，为婺舟泊岸所，凰亦输金。后饶埠勒索舟人银，凤又偕婺绅控当道，立碑严禁焉"②。

当时，参与会馆兴建的，还有婺源龙溪人俞大樟"捐金三百余，赞造彭家埠会馆"③。由彭家埠一地的情况来看，因地处要冲，且徽人聚集较多，无论是码头停泊权的争夺④，还是徽州会馆的建造⑤，往往都会发生徽商与当地土著的诉讼纠纷，上述围绕着文公祠和文公书院的纠纷，便是一个典型的例子。

---

① 民国《重修婺源县志》卷 24《人物五·宦绩》。
② 民国《重修婺源县志》卷 37《人物十一·义行一》。
③ 民国《重修婺源县志》卷 29《人物七·孝友二》。
④ 在临近的浮梁县，也同样有类似的纠纷。如现在位于浮梁县瑶里镇东埠村的乾隆四十五年（1780 年）八月二十一日的《奉宪勒石永遵碑》，就是有关婺源船户与当地土著的纠纷。碑见李新才、曹建文主编《千年遗珍：浮梁县第三次全国文物普查成果图典》，江西美术出版社 2013 年版，第 219 页。
⑤ 有关在侨寓地建造徽州会馆引发的纠纷，最为典型的是六安州的徽州会馆案，详见范金民：《清代徽商与经营地民众的纠纷——六安徽州会馆案》一文，载《安徽大学学报》2005 年第 5 期。

从清代簿册看徽商在浙江龙游的典业经营

一、徽商在龙游的商业活动

清人范寅在所著《越谚》中曾记录："钻天龙游遍地徽州，绍兴人还在前头。"这句流行于浙东一带的俗谚，应当反映了明清时代江南各地商人的活动盛况。其中的龙游商人，早在明代就相当活跃，十六世纪后期的王士性就曾指出："龙游善贾，其所贾多明珠、翠羽、宝石、猫睛类轻较物，千金之货，只一人自赍京师，败絮、僧鞋、僧帽、蒙茸、褴缕［褛］、假痈、巨疽、膏药，皆宝珠所藏，人无知者，异哉贾也！①"

与此同时，龙游亦是徽人外出务工经商的要冲之地。明代徽人黄汴《天下水陆路程》中有"江西城由广信府过玉山至浙江水"，其中提及——若以江西铅山县河口镇为中心，东由广信府

---

① （明）王士性：《广志绎》卷4《江南诸省》，中华书局1981年版，第75页。

经玉山县入浙江常山县，前往龙游县、兰溪县、严州府，再溯新安江而上可至徽州，顺流而下则可经富春江、钱塘江抵达杭州府^①，进入富庶的长江三角洲。从此一商编路程所述不难想见，龙游一带也是徽商重点经营的区域之一。

上述记载，也得到了其他诸多文献的印证。从迄今所见的史料来看，较早记载徽商在龙游活动的例子见于歙县的《沙溪集略》："凌仲礼，号梅川，少随父游，之龙游，道拾遗橐数十金，虽行李困乏，觅其人数日，而卒还之。"^② 此处提及的凌仲礼为明朝人。及至清代前期，相关的记载更为细致。据歙县《程氏孟孙公支谱·程廷柱传》记载："（程廷柱）字殿臣，号理斋，永洪公长子也，国学生。……随父侧，奔驰江广，佐理经营。父殁后，克绍箕裘，友爱诸弟。总理玉山栈事，增至田产；兰邑油业，命二弟廷柏公督任之；命三弟廷梓公坐守杭州，分销售货；命四弟廷桓公往来江汉，贸迁有无。创立龙游典业、田庄，金华、兰溪两处盐务，游埠店业，吾乡丰口盐业，先绪恢而弥广焉。公生康熙庚寅，卒于乾隆辛丑。"^③ 从传记可见，程廷柱生于康熙四十九年（1710年），卒于乾隆四十六年（1781年）。其兄弟在长江中下游各地广置产业，自己则于乾隆年间在龙游建立了田庄，并创立了典业。

到了晚清、民国初年，有关徽商在龙游活动的记载就更多了。

---

① （明）黄汴：《天下水陆路程》卷7，见杨正泰校注：《天下水陆路程、天下路程图引、客商一览醒迷》，山西人民出版社1992年版，第203页。

② （清）凌应秋：《沙溪集略》卷4《文行》，安徽师范大学出版社2018年版，第121页。

③ 转引自张海鹏主编：《明清徽商资料选编》，黄山书社1985年版，第267页。

区域社会史脉络下的徽州文书研究

以歙县岔口为例，近人吴景超曾指出："村人又有经商于外者，其地多在北京、上海、苏州、杭州及江西之景德镇，浙江之金华、兰溪、衢州、龙游，安徽之寿州、霍山等处，或为人作伙，或自设店业，……行业以茶、漆为多云。"[①]另外，在一些口碑资料中，也有徽人在龙游经商的例子。譬如，在徽州歙县棠樾盐商鲍氏的后人中，就流传着"龙溪兰姑解连环"的故事："龙游兰姑鲍氏女，守节卅年多凄苦。镜里乌云变白发，解尽连环九九数。长夜漫漫何时尽？复朝苦海抛青蚨。寻寻觅觅九折肱，熬完寒冬历炎暑。青蚨一子飞不还，到头又成九九数……"[②] 这是描述一位商人妇苦熬岁月的事迹，其丈夫就是出门前往龙游贸易的徽商。

不过，以上的资料都颇嫌笼统，对于徽商在龙游当地的经营活动多是一笔带过，缺乏更为细致、丰富的细节史料[③]。

二、许姓商人在龙游的典当经营

此前由笔者主编、出版的 30 册《徽州民间珍稀文献集成》

① 吴景超：《皖歙岔口村风土志略》，《癸亥级刊》1919 年 6 月卷。参见王振忠：《20 世纪初以来的村落调查及其学术价值——以社会学家吴景超的〈皖歙岔口村风土志略〉为例》，载《安徽大学学报》2015 年第 3 期。
② 鲍树民、鲍雷：《坊林集》，安徽文艺出版社 1993 年版，第 108 页。
③ 此前概述性的论文参见，祝碧衡：《论明清徽商在浙江衢、严二府的活动》，载《中国社会经济史研究》2000 年第 3 期；陈学文：《明清时期徽商在浙江衢州》，载《史林》2008 年第 4 期。

中，收录有多种徽商史料，其中之一为《清同治歙县岩镇夏官第许氏辑录道光许惇大号典规文约簿册》①（以下简称为《典规文约簿册》），是反映徽商在龙游贸易活动较为详细的资料。

《典规文约簿册》一书为抄本，1 册，抄写于"会文楼"十二行朱丝栏账册上，内容包括余书青、程易田合股惠和典之转让合同、开张吉期、初运镖数、再运镖数、典规章程、原道光二十五年（1845 年）十一月惠和典余时房并约、余和房并约、原道光十五年（1835 年）余清房并约、道光三十年（1850 年）六月十六日浙江布政使司衙门发给典户许惇大号收执的印帖（执照）和出顶典契等。

根据《徽州民间珍稀文献集成》第 4 册编者吴敏的介绍，《典规文约簿册》是由歙县岩镇夏官第许氏所辑录。许惇大号典业的主人为许绍曾，字用先，号探梅、梅花道人，晚号林下老人，"诰授通议大夫，晋授资政大夫（正二品），原任兵部武选清吏司正郎。其祖考许辅，字翼之，歙县许村惇睦堂许氏族人；显考名鹏龄，讳士淑，字仪一，又楷荀，号颖庄，又号随缘主人，乾隆五十六年（1791 年）生，卒于道光二十七年（1847 年）。许绍曾家居歙县岩寺夏官第，……能诗善画，略通堪舆与医道，著

---

① 关于歙县岩镇夏官第许氏文书，收入《徽州民间珍稀文献集成》（复旦大学出版社 2018 年版）者，尚有《清同治许绍曾〈先资政寄庵营造账〉及账附两件》《清咸丰歙县岩镇夏官第许氏〈妆奁汇记〉》《清同治歙县岩镇夏官第许氏古董汇记》《清同治歙县岩镇夏官第龙游许春和号〈酿酒登记〉》，以上分别见本人主编的《徽州民间珍稀文献集成》第 2 册、第 4 册、第 5 册。其中的《清同治歙县岩镇夏官第许氏古董汇记》，可能也与许姓的典当业经营有关。

有《林下人诗集》《诗说》《杜诗评选》《盛唐诗选》《保赤心书》《谈兵》《禅机语录》等，多半已佚"①。

以下就结合相关资料，对许姓商人在龙游的典当经营，作一较为具体的分析和研究。

1. 从"惠和典"到"许惇大号"：股权转让及重组

根据《典规文约簿册》一书的描述，衢州府龙游县城内河西街原先开设有惠和典，由余、程二姓合开，其中，余姓又分为不同的房派，分别占有相应的股份：

> 立并约余清房，今因惠和典账均已算明，自情愿将四股得一之架本、物件，分作三股，将一股出并与任房为业，得受并钱三百三十三千三百卅三文，以立约之日为始，任凭接并开张，嗣后永无异言，恐口无凭，立此存照。
>
> 道光十五年六月初十日立并约余清房（押）
> 见并张炳章（押）
> 道光三十年批（此约于惠和出替时，交存许姓）
> 余羽丰（押）
> 代笔程庭植（押）

可见，该典业中余姓的股份，原由和房、清房、任房和时房四房分别拥有。道光十五年（1835 年），余清房把自己所得之股份分成三股，并将其中的一股转让给任房，获得报酬 343333 文。

---

① 见王振忠主编：《徽州民间珍稀文献集成》第 4 册，第 47—48 页。

"架本"是指贷出金额，相当于典当铺的资本。若以十二分之一平均计算，则此典当铺的总架本当在4119996文以上。十年之后，余任房继续购买其他房支的股份：

> 立并约余和房，今将关分惠和典得己股分，并并得清房股分，合行出并与任房为业，得受并钱一千九百七十一千七百零四文，所有招牌、架本、物件一概在内。自并之后，任凭以务字号为始接并开张，永无异言。上手分关老约，不批不缴，见日不用。从前坐本均已支清，外欠账目亦经派讫。嗣后倘有存银，议定长年一分行息，凭折支取，不得透支。如能积蓄万金，仍准凑本合业，恐口无凭，立此存照。
>
> 道光二十五年十一月　日立并约余和房（押）
>
> 　见并　　清房（押）
>
> 道光三十年批（此约于惠和出替时，交存许姓）　　和房（押）
>
> 　汪上贤（押）
>
> 　代笔程庭植（押）

道光二十五年（1845年），余和房将自己名下的股份，再加上先前合并清房之股份，一起出让给任房，获得1971704文的收益。文中提及"上手分关老约"，显然说明该典业是余姓的祖业，和房、清房不过是通过阄分而来。另外，该契还反映出，道光十五年至二十五年之间，余清房也将自己的相关股份出卖给了余和房，只是相关的契约并没有保存下来而已。

另外，道光二十五年（1845 年）还有一份契约提及：

　　立并约余时房，今将关分惠和典得已股分，并并得清房股分，合行出并与任房为业，得受并钱一千九百七十一千七百零四文，所有招牌、架本、物件一概在内。自并之后，任凭以务字号为始接并开张，永无异言。上手分关老约，不批不缴，见日不用，从前坐本均已支清，外欠账目亦经派讫。嗣后倘有存银，议定长年一分行息，凭摺支取，不得透支。如能积蓄万金，仍准凑本合业，恐口无凭，立此存照。

　　　　道光二十五年十一月　日立并约余时房（押）

　　　　见并　　清房（押）

　　　　道光三十年批（此约于惠和出替时，交存许姓）　和房

　　　　汪上贤（押）

　　　　代笔程庭植（押）

此处提到，余时房将自己所得的股份以及此前购得之清房股份，全部转让给余任房，也同样获得 1971704 文的收益。由此可以推定，道光十五年（1835 年）以后，余清房是将所得股份分成三股，分别卖与时房、任房和和房。及至道光二十五年（1845年），余时房便完全拥有了"惠和典"的全部股份。

翌年，余时房邀请程姓加入，合开惠和典：

立出顶典契人余彩昭、程絅之，缘昔年余姓请帖，开张龙游城内河西街惠和典，于丙午年间，乃聘程姓合开，今两姓资本不敷，自愿托中立议，出顶与许用先先生名下开张，所有在架衣饰、铜、锡各货，盘见架本连贯利，共计大足钱三万四千七百零三千八百三十五文。又包架、柜台、生财、家伙、装修等项一应在内，议定计足大钱七百五十千文，总共计足大钱三万五千四百五十三千八百三十五文，又小贯计足大钱九百八十三千零二十七文，印手计足大钱四十三千文，字号礼计足大钱十二千九百文。其钱当即面中结算，照数一并收讫，不另立收字。自顶之后，任凭换帖，择吉开张。契中凡有未及各条，另有议单开载可凭，两姓内外人等，俱无异说，典中所该各款，自行前往理直。倘有重出当票、纠错等情，在典生端滋扰，亦系出顶人自行理直，均不涉受顶人之事，恐口无凭，立此顶契，永远大发存照。

道光三十年六月日立顶契人余彩昭、程絅之

凭中：余书青、程荫书、程易田、程公达、汪仰瞻、余世翰、程绶章、汪庚虞、汪庆星、程锡祺、鲍青之、王越坡、程德川、马敬邦、余忠、方卫科、张庭华、许成全、余定、傅大旋、程照亭、汪丽霞

代笔郑解堂、汪上贤、虞文美

"丙午"即道光二十六年（1846 年），这个典当铺转让的费用为 35453835 文。该顶契详细厘定了典铺交接的程序，并规定了彼此的权利和义务。

许用先（绍曾）接手该典铺后，首先延请风水先生择定"开张吉期"，《典规文约簿册》一书中就收录了当年的选单：

　　一、店屋坐北朝南
　　店主乙酉生
　　执事辛未生
　　一、开张选庚戌年六月十三癸酉日（十二夜）丑、寅时大吉
　　忌丁卯，生人免见
　　天地开通，太阳照日，天富、天仓、金柜星
　　店主大利
　　查六月廿四甲申日（廿三夜）丑时开张，亦大吉
　　忌戊寅，生人免见

　　这份"开张吉期"开列了典铺的坐向、典当业者之生辰八字等，据此推定典铺当于该年之六月二十四日丑时开张大吉。此一选单书于红色帖纸之上，从中可见，"店主"（东家）当即许绍曾，生于"乙酉"，即道光五年（1825年），及至道光三十年（1850年），他正好是二十六岁。而"辛未"则是嘉庆十六年（1811年），执事当年则为四十岁。由此可见，两人皆属年富力强。
　　其次，对典铺之推收过割作了相应的处理：

　　　　一议在架衣包、首饰、铜、锡等货自留，取驹字号至

讯字号止，一并定议，每典本足钱一百千文，加赀利钱十六千五百文。

一议小赀三厘三毫，均照架本作算，连下牌礼在内。

一议中资一厘，均照架本作算，两家对分，各酬各中。

一议代笔五毫，均照架本作算。

一议财神印手，以作四十三个月，并留取在内，计算钱四十三千文。

一议生财包架、柜台、灶厨、神龛以及动用家伙等物，并装修一切等项，另立账簿一本，交许姓收执，成契之日，以便稽查共议，照典足钱七百五十千文。

一议成交，开印盘货之日，惠和字号账簿，一并交与许姓收执，取下本利，尽归许姓收管，另立挂号。

一议开印之日，另立伙食账簿，至成契日止，两家对派。

一议开印之日，许姓先付惠和洋一千员［圆］，惠和出具收字，与许姓收执，其余应找之项，俟货盘清结账成契之日，许姓照账找楚，将前惠和收字缴还，毋得异说。

一议立议据之日，惠和止当，将典帖上首出替原据，交存许姓收执，缴换新帖。

一议余、程两姓合同，缴付居间者处收执。

一议当货倘有情当不到本者，以及假饰花色与号簿不符者，均皆剔出不印，退还余、程两姓，另立号簿寄取，如期满不取，余、程两姓自行收去。

一议洋价前后所付，总以应付日，照龙游城典行市作算。

一议典伙，任凭许姓去留。

一议惠和花押、图印、汇票，余、程两姓合本，以及私债等据在外，并典伙挂欠，出替之家自行理值，不涉受替人之事。

一议开印之日，倘有各汇票友人，不得在典留歇，均归余、程两宅料理，不涉受替人之事。

一议字号礼，以作四十三个月，留取在内，计足钱十二千九百文。

一议所赁典屋房租，本年春季，余、程两姓自认；夏、秋、冬三季，已归许姓交付。

一议之后，照议据行事，毋得节外生枝。所议各条款，公同议定，出自两家情愿，各无翻悔。如有悔者，照依议罚，仍不准悔，以此为据。

道光三十年四月　日立议据余书青押
　　　　　　　程易田、程绶章、鲍青之
出替允议：余彩招、程絅之
受替允议：许用先（花押）
居间：余忠、余定、程照亭、汪上贤、汪仰瞻、汪庆星、程德川、张庭华、程霈思、王樾坡、方卫科、傅大旋、汪丽霞
代笔：郑解堂

上述的文字，对典铺转手过程中各方的权益，都做了细致的

规定。

再次，由于许氏接手典铺后将"惠和典"改名，故而必须经过官府的认证：

钦命浙江等处承宣布政使司布政使加三级纪录十二次汪，为严杜漏典以裕国课事。照得典铺向例，每户输税银五两，于康熙十六年起至康熙十九年为始，每典共增征银一十五两。后奉恩诏，仍照旧例，止征银五两，奉旨通行，钦遵在案。今据龙游县详请，给发典户许惇大印帖，到司，合行给发。为此，帖给本典收执。所有应输税银，务要争先上纳。倘有地棍、兵丁借端骚扰，以及赃私质当，该地方官藉此需索株连，并违例借贷，许该典户即赴本司衙门告理。敢有朋充隐漏，并无帖擅开者，即系私当，或被首告访闻，定行按律究治，绝不宽宥。如有歇业预补，即赴司缴换，毋违，须至帖者。

计开：

衢州府龙游县典商住在城地方，原籍徽州府歙县人。右帖给典商许惇大号，准此。

道光三十年六月　十六日给

帖　藩字第二百七十八号

上述的"三十年"两侧，注一"印"字（两侧分别为半字）。此一认证，亦即发给许惇大号的典帖，典帖为典当业之营业执照。其内容基本上与乾隆十五年（1750年）严州府遂安县典商王有兴（原籍徽州府婺源县）的典帖①相同，可见应是清代浙江统一的格式。

2. 对"许惇大号"典规的分析

"惠和典"改名"许惇大"号之后，重订了"典规"。此一"典规"开宗明义指出："大凡立业之道，必有一定章程，开设之初，自宜重加整理，旧典之规模俱在，新章之款目宜循，酌量申明，揭诸厅壁，庶有条而不紊，亦纲举而目张，维望诸公互相明晰，永远遵行，切勿视为虚文，尤须行以实力，谨将各条开列于左。"这段话的意思是说，此一典规，是在此前旧规之基础上加以增删，进而拟定了新章。从"揭诸厅壁"的表述来看，此一典规应当是在典铺之内正式张榜公布②。

此一"典规"新章的最后部分，系对典业中人统一的要求。如第一条是有关回乡探亲的规定："诸公回宅，以三足年回家耽搁六个月，逾期不到典，照扣辛酬。迟至四个月不到典者，即行辞谢。司总、楼饰、钱友，须先信寄徽，俟回信，交代下手，方可动身。余在司总处告假，亦必信照徽州。"这是说，典业中人每工作三年，可以回家半年，超过时间不返回典铺的要扣薪资。如果十个月还没有回到典铺，就要被辞退。司总、楼饰和钱友是典当铺中的高级职员，他们在回家之前，必须先寄信到徽州东家

---

① 安徽省黄山市中国徽州文化博物馆收藏，承陈琪先生提供，特此致谢！
② 民国时人杨肇遇就曾指出："典当营业，在我国旧式商店中，规模比较为大，雇用人员自众，不有规章，何以明责任而资信守，故各典当多将典员应遵守之规约，胪列于粉牌上，悬之典中，以昭示大众。"（《中国典当业》，商务印书馆 1932 年版，第 25 页）

那里，等到东家回信确认，并安排好接替人手之后，方才可以离铺返乡。至于其他人，应当在司总那里请假，同时也必须写信到徽州东家那里报备。第二条是典业中人如果有亲友前来典铺探望，即使是日暮路远，也不允许在典铺中留宿。这是鉴于其时的世道人心，典当铺必须特别注意自身安全，防止歹徒浑水摸鱼、乘乱打劫。新章的第三条是典业中人的"辛工酒钱"须按月支取，不得预支，为此制订了相关的条例。第四条和第五条，则分别规定了典铺中从事后勤工作者的职责。如值灶、杂更之人必须洁净、勤俭，不可糟蹋柴、米，无事不得出外看戏、游玩。应谨慎火烛，典铺中长设巡更（或曰司更）一人，夜半击柝巡逻。为防止其人日久懈怠，每夜应再派店友一位，轮流稽察。若见典业各友之卧房有灯尚未吹灭，就应当提醒他们小心。直到其人将灯熄灭后，方可走开，继续前往别处巡查。具体稽察的方式，应由司总者斟酌处理。第六条是规定典铺内禁止私自豢养猪、鸡以及鸟雀等类，这应当是预防疾病发生的举措。第七条规定典中上下诸人，一概不许赌博、酗酒及争闹。每天过了酉时（太阳落山以后）如果仍然未能返回典铺，就属于不遵典规，这与其他作弊一样，皆应被典铺辞退。第八条是对典中满货的处理，规定"本典同人不得提货，亦不得销货"，这主要是防止典业中人徇私舞弊甚至监守自盗。规定凡是任意提取货物或借端销货者，就属于违规行为，可以随时将其辞退。

以上是总的规则。此外，"典规"还对典业中的各类角色都做了重新的定位和规范：

（1）司总："司总"一职并非仅见于典当业，在有的传统行

区域社会史脉络下的徽州文书研究

当中亦称为"董事"（俗称"管事"），由东家延聘。而在典当业中或称"执事""大总管""大当家"，为东家之全权代表，是总揽全局的人物。此一"典规"认为，司总"乃一典表率，责成綦重，务宜公正和平，方能服众，事无钜细，皆当查察，即非有错，亦难推诿。偏执任性，固在必除。徇情容隐，亦宜切戒。典存银钱，断不能挪移，会借进出，更所不准。设有需本应当预假，寄徽布发。应用图章，逐晚勤收印票，查核发出。督率巡查门户、火烛，约束上下同人。其他凡有所当为者，在因时因地权宜办理"。可见，司总相当于典当铺中的经理，受东家委托，举凡分配红利、任免人事、增减资金，以及对外一切交涉事宜，皆由其全权掌控。此处特别指出，典中所存银钱，不能随便挪移他用或借给他人。如果确有需要，必须请示在徽州本土的东家，并慎重使用图章及印票。

（2）司楼："司楼"也叫"管楼"或"管包"，是典当铺中的内缺。"司楼宜勤察，货物查对出楼，皆要逐日核明。至勾销取票，照应卷包，教导学生，皆系专责。包架倘有失落号牌，即查归号，毋稍迁就，以启挪移、重当、错号诸弊。铜、锡器皿，毋使损坏。凡遇大雨，细心看漏，设有霉烂等情，皆要赔认。如有老号舞弊空货，照数追偿，后即立辞"。司楼相当于典当铺中的管理员，既要管理各类当物（在清代，典当货架多置于楼上，而首饰之外的衣物、铜锡器皿之类，也通常贮存于楼上，故称司楼），又需负责指导学生，所以有"众学生之领袖"的说法[1]，

---

[1] 昭记《典规》，光绪五年（1879年）抄本1册，私人收藏。

亦称"先生"。对此，成书于清代后期的《典业须知》中有一首《典内竹枝词》曰："……典中也有先生管，各样条规要恪遵。先生即是管楼人，指教严明最认真……"[①] 与此可以比照而观。

（3）司饰："司饰"也叫管（首）饰、饰房，专管储藏于柜中的珠宝首饰。"司饰出入货物，逐日核楚，不得停留过夜。当进之货，封包务要细对清楚，花色倘有不对，以及不值本假货，立即交代经手认赔归号，自无推诿。每日大账，必须复核，恐有错讹"。由于珠宝首饰之价值较大，不能混同衣服、器皿，故有的典铺特设司饰一职以昭慎重。

（4）司钱："司钱"也叫管钱、钱房，负责每天早晨将钱款交与柜友，及至晚上则收受柜台交回的款项。除此之外，还负责与钱庄、银行等的来往收支，以及店内之开销、支出等。"司钱专以钱为责，务当秉公。洋钱长落，从实收支，不得私自擅用，亦不得徇情借与同事，查出即辞。每日取票本息，掐利复核，以免错误"。从职责上看，司钱相当于典当铺中的出纳，专司银钱账目，亦即典铺中的银钱流水，由司钱专门登记。

（5）司账：司账也叫管账，也就是典当铺中的会计。"司大账关系甚重，倘有少错，即嘱赔机。必专一意，手快耳明，留神下笔，庶免赔累争端。不得任意走开，或有要事，必交代妥人照应。在柜友亦当留神照看，若有差讹，随时改正教导"。大账亦即典账（或称当簿、字号簿），司账将司钱所记的银钱流水，誊

---

① 杨联陞辑：《典业须知》，载《食货月刊》复刊第 1 卷第 4 期，1971 年 7 月，第 53 页。

入各项总清账，编制"月总"。此外，还负责与行庄接洽交谈，"挽结往来折，并写客信等事"[①]。

（6）柜友：柜友属于典当铺的外缺，或称"朝奉"，分为头柜、二柜、三柜和帮柜等，专门负责鉴别当物，评估其价值高低，以及赎取时为顾客计算利息等。其人往往经验丰富，业务娴熟。"柜友乃生意进出要紧之所由关系也，所有花色，报明金银首饰，必须两分，嘱司要注清，免后争端。必须谦和勤谨，出入公平。货物细心估值，切忌疏忽，过松有伤成本，过紧有关生意，在酌乎其中。情当、假当，虽系经手认赔，莫若先行禁止。倘仍有徇情者，察出论辞，应催赔本。遇有疑难之物，公同嘀酌估值，自无失机赔累之事。一有不值本之货，司楼、饰者随时查察，不得徇情收入。至于日取银钱，当要本利逐晚销讫，清交司事者收，不得停留过宿，牵扯套搭，宜各自爱"。通俗地说，柜友也就是典当铺中的营业员，站在最前面的为"头柜"，亦即头柜朝奉，俗称"徽老大"（"徽骆驼"）。头柜、二柜、三柜和帮柜，因负责接待出典者，鉴定和收赎各类典当品，故而典规要求他们必须"谦和勤谨"，公平待人。对典当品之估价应当恰如其分，杜绝"情当"和"假当"。所谓情当，就是收入熟人的典当品，而假当则是以赝品前来骗钱的行为。一旦出现此类情况，应当由经手人负责赔偿。而司楼、司饰等，则应对此加以严格督察。

（7）卷包与挂牌：卷包有的也叫"折货"，凡质物押入后，

---

① 参见杨肇遇：《中国典当业》，第12—13页。

由卷包将其包裹折叠保存。"卷包须先看明小票，对过件数、货价，始可转折。如遇大包，即邀管楼看过再卷。倘系细软之件，须折存厨，幸勿卷约，有误生理而损成本"。卷包必须极为小心。譬如，收到的皮货用布包时，里面必须衬纸，以防"走风虫蛀"。否则，取当时若有虫伤，不但要赔钱，而且还会引发不必要的口舌争执。此皮货后来若成死当变为满货，衣客也看不上眼，届时，东家就会亏蚀不浅。又如，有的女衣领口处总有头油，虽然收典时并不明显，但每逢梅雨季节便会发出。卷包时若不用纸隔好，后来就会现出斑痕。取当之人见此情形，肯定不会善罢甘休。挂牌，也就是将写明字号、品名、件数和当本等的标签，扣在卷包者卷成的包上，典规提醒"其挂牌，切宜细心对字号、件数，本钱一有少错，即有赔累，慎之！慎之！"有的典铺将"卷包"与"挂牌"二职分立，而从此处的表述来看，许惇大号似乎是合二为一。

（8）清票：在当户赎取质物缴还当票时，要将当票按字号排列整齐，每隔一旬，由管包核对当簿，盖上"取印"注销。期满而当簿未打"取印"的，就是"满当"（流当）货物[1]。"清票内账，除专司日逐销票，掐利结算，汇清月取之外，凡装订账簿，照应学生刷票，料理木牌，一切杂务，不得怠惰"。清票者立有草销簿，逐日誊录及复核本利，以防止发生错误及滋生弊端。

---

① 参见罗炳绵：《近代中国典当业的社会意义及其类别与税捐》，载台湾"中央研究院"《近代史研究所集刊》第 7 期，1978 年 6 月。

除了上述这些规范外，此一典章还对学生的行为规范有着更为详细的规定。学生亦称"小郎"或"小倌人"，通常统称学缺，他们白天要负责卷包、取当，以及侍候来客、冲水倒茶、揩柜抹凳等诸多事务。及至晚间，还要习学珠算、练习当字等，学缺期限一般为三年左右，其后才有可能升任中缺。对于他们的具体规定计有五条：其一是要求学生"理当早起洒扫，勤谨得当，不得稍怠"。要爱惜货物，不可糟践。如有"好嬉戏、懒惰、贪口者"，由司楼负责戒饬。典铺中负责对外买办工作的有"杂更"，"司厨承应，原非学生分内之事"，如果有找借口外出的，初犯者应当批评处罚，再次违反的则要辞退。这是因为学生既然是来学做生意的，平常不准出外，而且若没有大事，也不能回家。其二是处理出入银钱账目的事情，经手者应当"谨守奉公，不得任情滥借，私悬分文"，如果有账目不清等情弊，除了必须赔偿典铺损失之外，还要坚决予以辞退。其三是有关日常作息的规定，典铺大门规定是"辰开酉闭"，辰时也就是上午七时至九时，而酉时则是太阳落山以后的五时至七时。过此时间，即将锁匙交由执总收入账房，等翌日辰时，再领匙开锁。"门户火烛，关系最大"，大柜内包房禁止吸食水烟，所有人都应小心行事。特别是负责此事的学生，更要"细心提调，照看门户"。他们在早晚关锁大门时，必须亲自验看。典内各友安寝吹灯，他们也要谨慎巡察。规定大门闭锁后仍不归典者，即行辞退，包庇者也将受到同样的处罚。其四是有关"情当"的问题，"凡有诸公至亲好友持票来典看货，概不得徇情。虽看衣饰、货物，尤不得空票借出。即有抵押，亦不得徇情。珠饰更防调拟，多费唇舌"。其五则是对典中同事，特别是学生的约束。"典业同事最易招非，凡看戏、看会一概不准，无事亦不得出门闲游，足不履外，自无物议"。如果有事情需要上街，必须如实告知司总，不能自己寻找借口随意外出游嬉。

综上所述，这些规定与江南各地其他的典当规章并无二致，基本上反映了徽州典当的普遍原则。从中可见，此一典铺职员包括司总，外缺的柜友（头柜、二柜、三柜和帮柜），内缺的司楼、司饰、司钱、司账，中缺的卷包（含挂牌）、清票以及学缺（学生）、杂役等，具备了典型的典当铺之基本结构。虽然从上一文书中我们还看不出典当铺职员的人数，但从其中的角色分工来看，仍然可以大致反映它所具有的规模。在当时，在有的典当铺中，司楼与司饰两缺由一人兼任。而在许惇大的典规新章中，则将二者分立。另外，除了有司钱、司账二席之外，还另外提及了钱房："钱房不准收押，包间有不得已抵押者，三日之内，即要换钱归款，久迟既碍转运，抑恐因生弊端。"似乎还另立有"钱房"一席。这些，皆较常见的典铺分工组织更为复杂，可见许惇大典应当是一中型的典铺[①]。另外，上述文字中颇多删改添补，可能反映了主事者对于"典规"的不断完善。

---

① 刘秋根曾认为，"20人左右便足以使一座大型典当有效地运营了"。（《中国典当制度史》，上海古籍出版社1995年版，第91页）而从上述的典业角度分类有九类，每类至少有一人，整个典当大约在10人。另外，根据抄本昭记《典规》的记载："凡副楼、副事二缺，大典有之，此乃中缺之类，帮扶照应各事而已。"而《典规文约簿册》中，并未见有"副楼""副事"二缺，故当非大型典当无疑。

　　　　　　　　　　　区域社会史脉络下的徽州文书研究

三、结　语

　　1. 在已出版的 30 册《徽州民间珍稀文献集成》中，与《典规文约簿册》相关的文书还有《清同治歙县岩镇夏官第龙游许春和号〈酿酒登记〉》等。从中可见，许氏在浙江龙游县经营粮食生产，所开设的"许春和号"为其酿酒作坊，这同样也反映了徽商在龙游一带的活动。另外，从《清同治许绍曾〈先资政寄庵营造账〉及账附两件》来看，许绍曾自称"唐模派岩市"，书中还提及"惇睦堂"[1]，这说明许绍曾一支虽定居岩镇，但实出自歙县唐模，若再往前上溯，更早的则应源自许村（为许村西支一脉）。此一线索，让人联想到晚清俞樾《右仙台馆笔记》中"许翁散财"的故事——根据许承尧的说法，此一故事讲述的是"吾族尚义门四房某公事也"[2]。许承尧也出自唐模[3]，而从"许翁散财"可见，唐模许氏在江浙一带开设的典当铺计有"四十余肆，其人数几及二千"。由此看来，许绍曾在龙游开设的许惇大号典当铺，

---

① 据许村志编纂委员会编：《许村志·大事记》，惇睦堂是明嘉靖十五年（1536年）在许村动工兴建的祠堂，于万历七年（1579年）完工。（黄山书社 2015年版，第 6 页）

② 许承尧：《歙事闲谭》卷 17《唐模许翁》，黄山书社 2001 年版，第 569—570 页。

③ 许承尧：《父命代作先大父行状》："我许氏上世，宋时有曰桂二公者，始自歙县北乡之许村，迁西乡之唐模村。"（安徽博物院编：《许承尧未刊稿整理研究》，安徽美术出版社 2017 年版）

似乎也可列入此一故事的总体框架内加以分析。

虽然《典规文约簿册》主要开列的都是些制度性的典规等，缺乏更细致的运作细节，但它毕竟为一个典铺重开的具体过程有了颇为详细的描述。在这方面，我们需要累积更多的个案史料，方能对江南各地徽州典当之活动有进一步的深刻认识。

2. 从《典规文约簿册》来看，自清代以来，在龙游商人的桑梓故里，徽商的活动颇为活跃。关于这一点，该书提供了一个较为细致的个案。

围绕着龙游相关的商业活动，1958 年，傅衣凌曾发表《明代浙江龙游商人零拾——明清商业经济史札记之二》一文。此后，陈学文在傅氏的基础上，进一步提出了"龙游商帮"的概念①。及至 2004 年，包伟民、傅俊撰文认为，龙游一带实际上是"有商无帮"，"龙游商帮"是个虚构的概念②。龙游商人是否成帮固然可议，但至少在明代，"遍地龙游"之说显然亦非空穴来风，只不过是在明清数百年间前后可能发生了一些变化。

在明清时代，徽商与龙游商人有时被相提并论，互为映衬。《笑林广记》卷 11《讥刺部》中就有《十只脚》条：

> 关吏缺课，凡空身过关，亦要纳税，若生十只脚者免。
>
> 初，一人过关无钞，曰："我浙江龙游人也。龙是四脚，牛

---

① 参见陈学文：《徽商与龙游商帮的比较研究》，见氏著《徽商与徽学》，方志出版社 2003 年版。
② 《从"龙游商帮"概念的演进谈学术失范现象》，载《福建论坛》2004 年第 3 期，第 58—63 页。

是四脚，人两脚，岂非十脚？"许之。又一人求免税曰："我乃蟹客也。蟹八脚，我两脚，岂非十脚？"亦免之。末后，一徽商过关，竟不纳税，关吏怒欲责之。答曰："小的虽是两脚，其实身上之脚还有八只。"官问："哪里？"答曰："小的徽人，叫做徽獭猫，猫是四脚，獭又四脚，小的两脚，岂不共是十脚？"

"龙牛"为"龙游"方音之讹。揆诸史实，《笑林广记》是民间笑话的集大成之作，其刻本最早见于宋代，元、明、清三代不断充实，现存最为常见的是清乾隆四十六年（1781年）刻本。该书所讲述的故事，有不少可能早在清代之前。上述这则笑话既反映了关卡之婪索，也反映了徽商百计规避关税的事实。需要指出的是，在这里，浙江的龙游商人与皖南之徽商是同时出现的。

在历史时期，龙游商人一度颇为活跃，前引晚明王士性的描述即是重要的例证。对此，民国时期的《龙游县志》亦指出：

"遍地龙游"之说久不闻矣。万历壬子志以为积习可慨。嗟夫！今又安得有此积习也。为商贾者，既不轻去其乡，所业悉甚细微，其稍大之商业，皆徽州、绍兴、宁波人占之，乌在其能商贾也！昔人曰以地瘠民贫为忧，而又轻商贱贾，以鸣高尚，此愚所最不解者①。

---

① 民国《龙游县志》卷3《地理考·风俗》，"中国方志丛书"，成文出版社1970年版，第44页。

"遍地龙游"之说，见于万历年间的《龙游县志》卷5《风俗》①，这当然反映了龙游商人外出经商的盛况。此后，康熙《龙游县志》和雍正《浙江通志》也沿袭了此一记载。不过，及至民国十四年（1925年），新编县志则感叹此一说法久矣不复闻问。最合理的推测是，"遍地龙游"之盛况应当主要是在明代。此后，随着生存竞争的日趋激烈，龙游商人逐渐位居下风，而其他商帮则乘势而起。

揆诸实际，与龙游商人相关的俗谚，一是"遍地龙游"，一是"钻天龙游"。最晚到乾隆年间，玉山草亭主人所编的《娱目醒心编》卷1中就提及："常言道：钻天洞庭遍地徽州，故徽州人作［做］客最多。"在这里，"遍地龙游"被"遍地徽州"所代替，而"钻天龙游"则被"钻天洞庭"所取代。其实，"钻天龙游"被"钻天洞庭"所取代的时间还要更早。明末清初刻本《今古奇观》中就提及："话说两山之人善于货殖，八方四路，去为商为贾，所以江湖上有个口号，叫做钻天洞庭。"②

晚清范寅《越谚》所言："钻天龙游遍地徽州，绍兴人还在前头。"其原意可能是指明清时代突出的几类商人现象，但根据《杭州冬日杂咏》后所引谚云："遍地徽州，钻天龙游，绍兴人赶

---

① 志曰："贾挟资以出，守为恒业，即秦、晋、滇、蜀，万里视比舍，谚曰：遍地龙游。其积习可慨焉。"（"中国方志丛书"，成文出版社1983年版，第64页）

② （明）抱瓮老人辑：《今古奇观》第27卷《钱秀才错占凤凰俦》，广东人民出版社1981年版，第473页。亦见《醒世恒言》第7卷。

在前头。"对此的解释却认为:"谓徽州人作爆竹,龙游人作纸马,绍兴人酿酒。祀神毕,先奠酒,次放爆竹,焚纸马、灰马,上下因有此谚。"① 可见,晚清以后,在杭州一地,无论是"遍地徽州"还是"钻天龙游"之谚所描述的,已皆与其时的商人现象无关。不过,从其他的文献资料来看,当时的徽商仍然为世人耳熟能详,而龙游商人则早已成了明日黄花。

---

① 胡朴安:《中华全国风俗志》下,岳麓书社 2013 年版,第 524 页。

晚清徽商在皖西大别山区的贸易与纠纷

一、徽商在皖西大别山区贸易活动概述

皖西是安徽省西部大别山区一市四县的统称，即六安市与下辖的霍山县、舒城县、霍邱县和金寨县。本文所说的"皖西大别山区"，亦称皖西丘陵山地，其地域范围主要包括清代的六安州和安庆府。

关于徽商在皖西大别山区的活动，迄今所知比较系统的资料仅见有《嘉庆朝我徽郡在六安创建会馆兴讼底稿》抄本[①]。从中可见，清嘉庆年间，徽商"在六安州城地方开设典铺、银庄数百家"，此外，还有杂货、钱店、油坊、盐店、茶叶、粮食和衣庄

[①] 原件藏安徽省黄山学院图书馆，后经标点，收入李琳琦、梁仁志整理《徽商会馆公所征信录汇编》（人民出版社 2016 年版）。关于该册抄本，范金民教授作有《清代徽商与经营地民众的纠纷——六安徽州会馆案》一文（载《安徽大学学报》2005 年第 5 期），对此有较为全面的研究。

等。对此，清乾隆《六安州志》在描述当地的经济状况时这样写道："工作技艺，非土著所长。凡宫室器具，悉取办外郡，故城市村墟饾食者所在多有。商所货粟米、竹木、茶耳、药草诸物，盐筴则来自淮阳，徽人掌之，土居无兴贩者。"①此处提到，在六安各地执掌商界牛耳者，皆是外地的商人。而其中的盐商，则是来自"淮阳"（应指苏北的淮、扬一带）的徽商②。除此之外，就现有资料来看，徽商在六安从事茶业经营，至少可以上溯至明代③。及至清代前期，两地的交流更显密切。乾隆《霍山县志》记载："茶本山货属，以茶为冠，其品之最上者曰银针，次曰雀舌，又次曰梅花片，曰兰花头，曰松萝。"其中的"松萝"，系"仿徽茗之□，但徽制截□，霍制金叶"④，这是皖西茶业生产对徽州制作工艺的摹仿。而在徽州府祁门县，当地则仿照皖西的六安茶，发展出一种名叫"安茶"的茶叶，远销岭南及东南亚地区⑤。晚清时期，李光庭有"金粉装饰门面华，徽商竞货六安

---

① 乾隆《六安州志》卷6《风俗》，成文出版社1985年版，第471页。另，同治《六安州志》卷4《舆地志七·风俗》照抄了此一记载。

② 清乾隆歙县《岑山渡程氏支谱》末，有"岑山渡派转迁于外略辑以备查考"，其中首列迁往六安州、霍山等地的程氏家族成员，这些人，可能就与盐业经营有关。（见王振忠主编：《徽州民间珍稀文献集成》第17册，复旦大学出版社2018年版，第202页）

③ 《四库全书存目丛书》集部190册，收录《程仲权先生诗集》（齐鲁书社1997年版），该书是由程可中（仲权）之子程胤万、程胤兆二人所编，书中有《六安州菊花店建茶庵募缘疏》，反映了徽商在六安州一带的活动。

④ 乾隆《霍山县志》卷7之2《物产志·货属》，成文出版社1985年版，第825—826页。

⑤ 笔者另作有《清代祁门"安茶"之运销及相关问题研究——以新发现的徽州商编路程为中心》，待刊。

茶"的说法①，状摹了徽商在京城销售六安茶的盛况。对此，光绪《霍山县志》中亦提及该处茶业经营与徽州的相互影响：

> 近徽郡仿外洋，以机器烘焙，制精工省，颇获其利。本邑绅商如能集股设公司，精其制造，则利权操之在我，诸弊不禁自除矣。西人亦云：霍茶香味较胜徽产②。

从此处的"西人亦云"来看，霍山一带生产的茶叶，曾与徽茶一起运销外洋。

除了茶叶经营方面的相互借鉴和影响之外，徽商对当地商业的影响也是多方面的。光绪《霍山县志》记载：

> 夫古所谓四民者，士、农与工、商也。今邑中所号为土著者，耕读而外，无所事事，凡贸迁工作，无往非仰承楚、豫、徽、英、潜、太之人③。

---

① （清）李光庭：《乡言解颐》卷5《物部下·开门七事》，中华书局1982年版，第108页。

② 光绪《霍山县志》卷2《地理志下·物产》，成文出版社1974年版，第189页。同书同卷亦提及："货之属，茶为第一，……南乡之雾迷尖、挂龙尖二山左右所产为一邑最。采制既精，价亦倍于各乡。茶商就地收买，倩女工捡提，分配花色，装以大篓，运至苏州。苏商薰以珠兰、茉莉，转由内洋至营口，分售东三省一带，近亦有与徽产出外洋者。次则东北乡与西南近城一带，多北运至亳州及周家口，半薰茉莉，转售京都、山西、山东。"（第183页）从花茶的制作工艺及其程序来看，显然受徽州的影响颇大，这与徽商在当地的活动应密切相关。

③ 光绪《霍山县志》卷2《地理志下·物产》，第212—213页。

当时，霍山县隶属于六安直隶州。上述这些史料，都反映出徽州与六安一带密切的联系①。

除了六安州之外，在安庆府一带也有不少徽商的活动。关于这一点，资料颇为零星。管见所及，比较早的一条资料提及，明成化、嘉靖间休宁商人汪平山在安庆、潜山、桐城一带从事粮食贸易。②及至清代，资料则稍显丰富。如"枞阳为桐城首镇，……舟车来往，百货俱集，多以贸易为业，徽宁商贾最多"③，这是19世纪中叶的一条史料，反映了徽商在桐城首镇枞阳一带的活动。至于具体的行当，例如在当地从事盐业经营的徽商，《清康熙歙县盐商锡〈疏文誓章稿〉》抄本中就提及："父到安庆开创盐店，起于康熙戊申年，初挂友善旗号，系安徽抚院张公，发本与程上慎太翁营运。上慎太翁与祖同铭（？）好友，故托父往皖掌管。"④文中的"程上慎"即康熙年间的淮南盐务总商程量入（歙县岑山渡人）⑤，由此可见，它的运营资本应为官商资本。此外，类似的盐商还有江嘉谟（字仲书，号勉亭），"嗣随父办鹾皖江，公开诚布公，不欺不贰，克襄父业"⑥。及至晚清时

---

① 光绪《霍山县志》卷11《人物志下·流寓》中，收录了不少徽州人的事迹，第838—846页。
② 休宁《方塘汪氏宗谱墓志铭》，转引自张海鹏、王廷元主编：《徽商研究》，安徽人民出版社1995年版，第273—274页。
③ 道光《桐城续修县志》卷1《乡镇》，成文出版社1975年版，第38页。
④ 王振忠主编：《徽州民间珍稀文献集成》第24册，第103页。
⑤ 关于歙县岑山渡程氏，详见王振忠：《明清徽商与淮扬社会变迁》（修订版），生活·读书·新知三联书店2014年版，第49—52页。
⑥ 歙县《济阳江氏族谱》卷9《清州同知覃恩驰封武义大夫南安参将嘉谟公原传》，转引自张海鹏、王廷元主编：《明清徽商资料选编》，黄山书社1985年版，第137页。

期，徽商程希辕在安庆枞阳一带开设合和盐行，开栈之日，竟打出"钦差大臣"的幌子[1]，据推测应是利用了与曾国藩的关系，亦属官商合作的一个例子。

除了盐商之外，黟县二都江村人汪廷琛，于同治年间"贸易于潜山县钱布业"[2]。另外，笔者收藏的一份阄书抄件提及："……四弟焜系汪殿华姻亲，带往六安州马头集大有杂货店惟业，不料于咸丰三年被贼掳去，至今杳无音信，不知存亡。"同治十年（1871年），他的其他四个兄弟集聚于皖垣（即安庆），共同妥议，将祖遗房产、田地和产业等加以阄分。阄书不仅提及在六安州一带的活动，而且其兄弟数人皆聚集于安庆商议分家事宜，可见他们一家在皖西大别山区的活动应由来已久。特别是在文书末尾，还署有"凭亲尊"（中人）和"代笔"的名字，分别为舒尧达和舒凤鸣（亲表弟），从姓氏上推测，上述诸人应当来自徽州府的黟县。

此外，还有的史料只提及徽州人在当地从事贸易活动，如：

> 方如斑，字子正，环山人。祖慕塘，以贾殁潜山，丁明季兵阻，榇不得归，旋失所在。如斑少即具寻墓志，而苦无的所，往还数数，饮泣而已。久之，询于适程姓之姑，姑盖自潜山归嫁者，时年已七十，知如斑寻墓，亦愿偕往。至复

① 《清实录》第 47 册《穆宗实录》（三）卷 115，同治三年九月辛亥条，中华书局 1987 年版，第 553 页。详见拙文：《从民间文献看晚清的两淮盐政史——以歙县程桓生家族文献为中心》，载《安徽大学学报》2016 年第 4 期。
② 民国《黟县四志》卷 7《人物·武略》，江苏古籍出版社 1998 年版，第 109 页。

区域社会史脉络下的徽州文书研究

茫然，或有言乱后枯骨无数，僧某以普同塔瘗之。或又言某石洞有敝棺。如斑偕姑入，棺无题识，亦难识矣。俄而得髻簪一于鬖鬖乱发中，姑乃大恸曰："是矣！此簪为敛，我年十四时见之，此来非我未死，无人知也。"如斑于是悲喜交集，重市棺衾，敛而归焉①。

上述一段文字讲述了歙县环山人方如斑前往潜山寻找祖父遗骨的故事，其中谈到其祖父方慕塘于明末曾在潜山经商，还提及从潜山归嫁徽州的"程姓之姑"，这些，都从一些侧面反映了皖南徽州与安庆府潜山县的交流。另外，道光《徽州府志》还记载："汪士铨字子芳，霞溪人。家素贫，母洪氏孕士铨时，父惟墀贸易潜山，财被劫，不得归。铨生十龄，未见父，朝夕忧思。稍长，请母命往访，得迎归。"②这是说康熙年间的汪如铨，有位前往潜山经商的父亲因财物被劫而难以返乡。类似于此在异乡穷困潦倒的徽商，想来不在少数。

此外，更多史料是涉及徽商在当地的慈善活动。譬如，嘉庆《休宁县志》记载："朱德粲，字英三，珰坑街人。贾于皖，尝成潜山县石梁，造救生船于大江以拯溺。制水桶于皖城以救火灾，并置义地，施茶汤，保姜氏子，赎许氏女，义行甚重。"③文中的"皖城"，亦即安庆府城。而同治《黟县三志》亦载："史世

① 道光《徽州府志》卷12之四《人物志·孝友》，江苏古籍出版社1998年版，第494页。
② 同上书，第512页。
③ 嘉庆《休宁县志》卷15《人物·尚义》，成文出版社1985年版，第1440页。

椿，字延龄，九都金钗人。少清贫，商皖起家。……在皖于救生局捐钱布，于体仁局施棺。道光中，皖水灾，刘抚部韵柯时守安庆，令世椿督赈，筹画周密，全活为多。"① 上述两条史料，都涉及徽商在皖城（安庆）的慈善活动。除了第二条提及的皖城体仁局之外，潜山也有类似性质的同仁局。例如，民国《潜山县志》就提及当地的同仁局，"在五显巷，新安同人捐赀设立，施送棺木，今废"②。从此处的表述来看，指的应是清代的情形。关于同仁局，该志还提及："同仁局公所堂舍在六都坂，嘉庆十七年，由钱、孙、汪、朱、程、储各姓倡办，……因其路当孔道，故联络之捐资筹款，收取界内业户移庄田费，置买义山、义田，每年备办棺匣，贫难殡殓，赴局领葬，及山原草泽暴骨露尸，随时给棺掩埋。其外来流丐，量计人口给散，不得在境骚扰等情，请示勒碑。迄今历置田租二百十余石，择人轮管，奉行不怠。"③ 从其中提供的信息来看，此一同仁局应位于乡间，是徽商与当地士绅合作经营的慈善事业。

另外，民国《怀宁县志》还提及："徽州会馆在大墨子巷，徽州人公立。"④ 怀宁是清代安庆府治之所在，此处的徽州会馆建于何时不得而知，不过，这也从一个侧面反映出当地应有不少徽州人活跃其间⑤。1921年，胡适前往安庆讲学，受到徽州同乡会

---

① 同治《黟县三志》卷7《人物志·尚义传》，江苏古籍出版社1998年版，第130页。
② 民国《潜山县志》卷5《公局》，成文出版社1985年版，第84页。
③ 同上书，第85页。
④ 民国《怀宁县志》卷4"会馆"，江苏古籍出版社1998年版，第97页。
⑤ 民国《怀宁县志》卷9《祠祭》："汪爷庙在赵家巷，祀越国公汪华。"，第155页。

　　　　　　　　　　　　　　区域社会史脉络下的徽州文书研究

的欢迎，在彼此交往中，胡适十分注意徽州旅外人事，根据他的观察，"省城徽州人不多，黟县人稍多，约有四五百人，绩溪人只有二十左右，黟县人颇占势力，商会的会长程□□［振钧］，就是黟县人"①。这种情况虽指怀宁一地，但大致也反映了徽人在安庆府的人数状况。

　　揆诸史实，安徽省城"黟县人稍多"之情形，与黟县与皖西各地的交通密切相关。在传统时代，黟县对外交通的陆路主要有"宁池古道""羊栈岭古道""章岭古道""方家岭古道""西武岭古

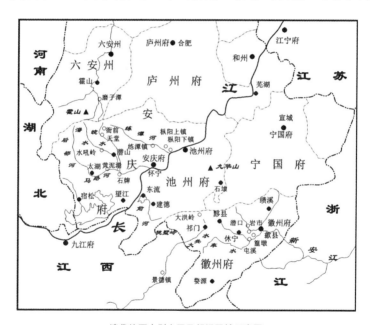

清代皖西大别山区及邻近区域示意图

---

① 《胡适的日记》，转引自王文岭：《陶行知年谱长编》，四川教育出版社 2012 年版，第 59 页。

道""渔亭古道"和"阜岭古道"等，其中的"方家岭古道"和"西武岭古道"皆是直接通往安庆的道路①，较之徽州其他县份，两地的交通显然更为近便。而本文所研究的《照抄知单议约禀帖告示稿》，就与黟县徽商有关。

二、从《照抄知单议约禀帖告示稿》看徽商在
皖西大别山区的活动

《照抄知单议约禀帖告示稿》抄本1册，已收入笔者主编的《徽州民间珍稀文献集成》②，全书虽然不到30页，但内容却相当丰富，其中收录了数份原始文书，生动、翔实地记录了徽商在皖西大别山区的贸易活动与诉讼纠纷。

1. 衙前镇土著七社的"扁担会"

《照抄知单议约禀帖告示稿》抄本中收录的第一份文书为：

> 具知单衙前镇七社人等，原[缘]我地田少人多，贫苦者多靠挑驮为生活之计，是以我等邀动同类之人，约于十月初一日，齐至关圣庙，酌议花钱若干，起匾[扁]担之会。凡往英、霍、六安、石牌、安庆等处，挑运来去杂货等项以

---

① 参见黟县地方志编纂委员会编：《黟县志》，光明日报出版社1983年版，第234页。

② 王振忠主编：《徽州民间珍稀文献集成》第1册，第481—509页。

及茯苓，所有挑抬力价，每处至每处，大家公同商酌：一则我地挑抬之钱，不致外方人得；二则贫苦竭力之人，不致束手受困。凡我同人，务宜踊跃向前，不宜缩后，每名各带米半升、钱若干。嗣后难以入禁，勿谓言之不早也。

光绪廿一年九月二十七日七社公具。

衙前镇即今安徽省岳西县治之所在，是大别山区的一个小镇。该地原属潜山县，1936年，析潜、太、霍、舒四县边地设立新县，因此处"适居潜岳之西"，故名岳西县。而在此之前，该处位于潜山县北一百里。当地地少人多，许多人以挑担为生。

上述文书提及，衙前镇等地所挑的货物包括"杂货"和茯苓。关于"杂货"，根据民国时期的调查，潜山县山内的松材多烧制成炭，以便搬运。该县所出薪炭，除供给本地外，也运销于安庆。薪炭之外，运出外销者还有皮油、漆、油桐等。皮油即柏油，可以制烛及皂，当地榨油坊颇多，榨出之油，皆运至安庆出售。此外，还有潜山朴席、纸等，也有一些出产[1]。此一调查虽然稍晚，但应当也可以从一个侧面反映当地的"杂货"流通状况。

从上揭知单来看，当地挑夫的活动范围，北至六安、霍山，西至英山，南到石牌、安庆。所挑运的货物，包括"杂货"以及作为药材的茯苓。光绪二十一年（1895年）九月二十七日，衙前镇的地缘性组织——七社，其成员相互串联，拟于十月初一日

---

[1]　周昌映：《安徽潜太两县森林视察记（附茯苓培养法）》，载《农林新报》第11卷第10期、11期，1934年。

到关帝庙成立"[圕]扁担会",共同商定挑抬的工钱。此次议定的结果,即第二份文书所述:

　　具知单衙前七社人等,缘我地人烟稠密,贫苦者半以挑驮为生涯,向有老议,量地远近,酌派力钱,均以制钱交兑。兹恐老议废弛,爰约同人,复申前议条规列后,开计[计开]:

　　一、议衙前至水吼岭,粗货十八两秤,每百斤派力钱,抬者二五,挑者力足钱二百文;由水吼岭至衙前,十六两秤,抬者力足钱二百五十文,挑者派力足钱二百文;

　　一、议由衙镇至潜城,十六两秤,每百①斤议力足钱五百;至石牌,每百斤派力钱七百文;至黄泥港,每百斤派力足钱六百文;至磨子潭,力足钱七百;至英山县,每百斤力足钱一千二百文;至六安州,派力足钱一千五百文,挑油者加钱一百文,议不除伙;至安庆府,每百斤力足钱一千二百文;至宿松陈家岭,每百斤派力足钱一千四百文;

　　一、议至徐家桥,每百斤派力足钱一千四百文;

　　一、议各处力钱,均以制钱交兑,如有循情私收禁钱,公同处罚;

　　一、议承挑者,不能舞弊,走失货物,如有此弊,着本挑者、抬者赔出,重罚;

　　一、议所有进出货物,无论何处人夫,一体搬运。兹因约议不无花销,派定七社内,每担抽大钱廿文,每抬抽大钱

---

① 百,原文作"伯",以下统一径改。

卅文；境外每挑抽大钱卅文，每抬抽大钱四十文。其所抽之费，由领议者结算，抽费期于明年清明日停止。

光绪廿一年十月初二日七社公具。

这里进一步指出，衙前一带人烟稠密，贫苦者有一半是以挑担运货为生涯。挑货的范围，除了前述的几个地点外，还有西南的宿松陈家岭一带。另外，还特别提及挑油者。在潜山当地，出产有麻油、菜油、桐油、茶子油和棉核油等，而这些榨油的渣滓，也可以用来作为农田的肥料。其中，以芝麻榨者为麻油，以菜子榨者为菜油（亦称香油），木棉核榨者曰棉油，桐子榨者曰桐油，茶子榨者曰茶油。此外，还有乌桕子榨者曰皮油、落油。从方志记载来看，在安庆府，油的买卖应是一桩较大的生意[1]。挑油者之所以需要特别加价，或许是因为较之其他货物，所挑之油常有泼洒之虞，需要格外小心。

衙前七社共同商议决定，对所有进出货物抽取一定比例的费用，用于七社公议条规的相关开支。由上揭知单可见，在此之前，衙前七社就有相关的"老规"，此时则重申前议。这一点，折射出挑夫的相关组织及规章俗例可能由来已久。

此处提及，从衙前至水吼岭，使用的是粗货十八两秤，而从水吼岭至衙前，则用十六两秤。今按旧制，一市斤等于十六两。用十八两的秤称东西，整斤没变，斤以下的不准，卖零时沾光，

---

[1] 关于这一点，民国《怀宁县志》卷6《物产》中有较为详细的描述，第110页。

买零时吃亏。民间有"只晓得一条蛮秤十八两",指人没什么见识,只知蛮横胡来①。从来往不同的度量工具来看,衙前与水吼岭之间的双向贸易,在货物品质上存在着一定的差异。

上述文书中提到的水吼岭又称水口岭,亦即今水吼镇,因潜水于此骤转,涛声如吼而得名。清人金梦先有《水吼岭道中》诗曰:"鸟道多崎石,游人费苦心,山高日落早,溪浅水痕深。峻岭难移步,寒梅应可寻,石龛才小憩,梵呗有余音。"根据诗歌的自注,当地"每午后即不见日"②。此处距离潜山县城24公里,山高峰险,云遮雾绕,漫山遍野生长着许多名贵的中药材(如灵芝、石耳、白芨、石斛、山枝、乌药和枸杞等)③。水吼岭西面与现在的岳西县接壤,直到20世纪,仍因交通不便,该县的天堂、响肠、五河、菖蒲等地的土特产及民众日常生活之必需品,皆由水吼岭进出,山路靠人肩挑,水路则有赖于竹簰转运④。以盐业运输为例,民国时期,北盐南销,在水吼岭设有司事二名。而在更早的清代,这一带的食盐都是由徽商所垄断。根据徽州文书抄本《誓文疏章草》的记载,清康熙五十三年(1714年),安庆盐店发往潜山县水吼岭的一批淮盐,尽化乌有,其原因可能是沉船或是被抢之类的天灾人祸。水吼岭是潜水河上运输的终点,山区

---

① 高歌东编著:《汉语描述语辞典》,天津教育出版社2006年版,第655页。
② 乾隆《潜山县志》卷20《艺文志·国朝诗》,成文出版社1985年版,第1329页。
③ 康熙《潜山县志》卷4《方物》和乾隆《潜山县志》卷2《民事志·物产》中,都列有当地的药类。分别见相关方志的第274、197—198页。
④ 林斗山:《水吼岭漫话》,见潜山县政协文史资料委员会《潜山文史资料》第3辑,1993年版,第273—275页。

所需的食盐都必须在此上岸，进而挑进山区各处分发销售。①

关于当地的货物经营，民国《潜山县志》中就提及一位精通内外科的医生李世林，他一生医治好许多人，特别是碰上那些贫苦无资者，往往为之代偿药值，前后长达十余年。等到其人去世时，还欠水吼岭吴同兴店的一些药价尚未清偿，不过，后者有鉴于李世林所买之药皆用以救人，也就只要了药价的一半②。可见，水吼岭一带应开设有一些药店，而从当地盛产药材的情况来看，这可能是从事批发药材的店铺。

除了水吼岭外，上引的第二份文书中还提及几处市镇。如怀宁县石牌镇，当时与水吼岭之货物运输是通过水筏走水路。再如黄泥港，即今黄泥镇，位于潜山县南部、长河北岸，为舟楫贸易之重要港口，此处既是四邻物产的集散地，更是上通太湖和今岳西，下达怀宁、安庆的天然良港，迄今仍为潜山、怀宁和太湖三县的农贸中心③。而磨子潭镇，则位于霍山县南六十里。

综上所述，衙前镇一带挑夫的活动范围较广，而从上述的两份文书来看，扁担会的组织颇为严密，该会成立之次日，即散发了知单。

2. 侨寓徽商的应对

针对衙前镇扁担会的挑战，侨寓当地的徽商很快便制定了相

---

① 江巧珍、孙承平：《徽州盐商个案研究：〈疏文誓章稿〉剖析》，《清史研究》2005 年第 1 期。
② 民国《潜山县志》卷 19《笃行》，第 321 页。
③ 民国《潜山县志》卷 2《市镇》，曾描述 20 世纪前期的情况："黄泥港镇，县南三十五里，与怀、太接壤，商铺二百余家，有警察局、警佐，有邮局，有厘卡，商货以棉布、米谷、竹箬为大宗。"，第 39 页。

应的策略及应对措施：

> 立议合衙镇铺户人等，缘我等贸易潜北，凡南北各路杂
> 货，必须挑抬，始便通商，其脚力身工，计斤扣钱，向有定
> 例，毋许增减。今因该地挑抬人等，请凭地方，议加力钱，
> 并阻境外挑抬，实有不便，是以公仝商酌，请凭合地议定搬
> 运货物力钱条规，逐一列后。

针对扁担会此前的抬价，徽商分别对从安庆省城、石牌、黄
泥港、潜山县城、水吼岭、霍山磨子潭、六安州、英山县和宿松
县陈家桥各地到衙前镇的挑抬力钱，分别提出了不同的主张，并
规定："承挑者倘有藉端滋事，公同理论。至一切花费，照老议摊
派，不得遗累经手之人。"从其中的"照老议摊派"来看，与当地
之衙前七社一样，徽州铺户也有约定俗成的规范，以处理贸易活
动中的日常纠纷。另，该文发布于光绪二十一年（1895 年）十月
初七日，参与立议的"新安铺户"包括汪永隆、汪广元、同仁堂、
培元堂、汪道生、黄义茂、汪泰生、大春和、汪祥隆和长春堂。
而从前文所引第一份文书中提到的茯苓来看，此处的同仁堂、培
元堂、大春和和长春堂等，应是徽商在当地所开药店之店名。

康熙《潜山县志》曾提及，当地的药类主要有何首乌、黄
精、茯苓、贝母、五蓓子、天南星、苍术、白术、五加皮、天门
冬、麦冬、天麻、马蹄香和茜草等[①]。根据当代医学的研究，大

---

① 康熙《潜山县志》卷 4《方物》，第 274 页。

别山区因气候温和，雨水充沛，地貌类型复杂多样，适宜于多种野生动、植物之繁衍和生长。这种优越的自然条件，使得此处成了天然的药材宝库。通过调查，迄今已发现野生、家种和家养的中药材品种近 1800 种，约占安徽省中药材总量的 80%，其中岳西 1136 种，金寨 1360 多种，霍山 1735 种，是安徽省中药材最重要的基地之一①。在历史时期，徽商在皖西大别山区各地开有不少药店。例如，根据地方文史资料记载，在黄泥镇有一同仁堂药店，开张于清嘉庆二年（1797 年），其开创者为程、胡二姓股东，后子孙世业，迄至 1956 年合作化时为止，共存续了 159 年②。而从程、胡二姓来看，基本上可以判断其人原籍应来自徽州。至于此一同仁堂，与文中提及的"新安铺户"有着何种关系，因书阙有间而难以确知。不过，结合前引民国《潜山县志》的相关记载来看，无论是水吼岭还是衙前镇，都分布着一些药店，而这些药店的主人，有不少就来自徽州。

上揭文书中提及，土著挑夫曾"请凭地方，议加力钱"，这似乎说明他们得到了地方上某种势力的支持。而在文书落款的"新安铺户"之后，也列有"凭绅"的名单，包括储蓉塘、金荣高、朱锦堂、储玉相、萧成龙、储春和、王联科、金享之、储秉璋、方贞修、方享五、储廷植、储聘章、储宜春、储晓湖、储荣

---

① 李典友：《大别山区中药材资源的开发和利用对策》，载《生物学杂志》第 17 卷第 2 期，2000 年。

② 汪亚英：《黄泥镇变迁》，载潜山县政协文史资料委员会《潜山文史资料》第 3 辑，1993 年版，第 272 页。引者按：原文作"194 年"，今据实际年数酌改。

枝、程含章、储鼎臣、储章甫、汪石渠、谢訏谟、刘正安、朱从仁、胡叶吉、程从之和程子文。个中提及的储姓、方姓等，应当都是当地的土著绅商。列名文书者共计 26 人，其中"打圈八人未作押，其余之人均作押了"，具体说来，仍有储蓉塘、储春和、王联科、储廷植、储聘章、储鼎臣、谢訏谟和刘正安共八人（其中储姓者共五人）未曾画押，约占三分之一弱。这应当说明，虽然侨寓徽商也希望得到当地绅士的认可，但结果并不能完全如愿。

过了数日，当地的"新安铺户"（包括同仁、培元、长春、永隆、道生、又茂、大春和、广元、泰生和祥隆）又立一议：

> 立议新安铺户人等，情因我帮贸易衙镇，往来货物挑抬者，向系各铺择取老成之人，力钱多寡，量地远近，历年于兹，相安无异。突于十月初一日，有储雍元、方德全、程宝贤、储振基鸠合众人，倡立私议，增加力钱，并阻境外之人不得挑抬，及有胆敢抽厘等弊。我等恐因多事，旋凭书院理处，伊仍恃众不遵，是以公同酌议，请示禀官。所有花销，照股摊派，不得贻累经手之人。

潜山北乡的天堂书院，在原潜山县治北百里的衙前，现为岳西县衙前老街东坡岭。另外，云溪书院，在天堂腾云上街[①]，现为岳西县腾云庙老街。由上可见，徽商最早是希望通过民间协调，由当地书院乡绅负责调解纠纷，但结果并没有成功，故而只

---

① 民国《潜山县志》卷 6《书院》，第 97 页。

区域社会史脉络下的徽州文书研究

能上诉官府。

根据光绪二十一年（1895 年）十月十四日的这份文书，"新安铺户"一方议定的应对措施共有三点：一是确定诉讼费用的摊派办法，"所需之钱，照二十七股摊派：永隆拾四股六厘，广元拾股四厘，同仁壹股，道生、泰生、长春、义茂、培元、祥隆、大春和共壹股"。其时，土著衙前七社是以抽厘的方式筹集资金，而侨寓徽商则是根据商家大小按股摊派。从中可见，在当地的徽商中，汪永隆是最大的商户，所以摊派费用时，在二十七股中占了十四股六厘；其次为汪广元，占十股四厘。二是推举了负责具禀的人员，从其他相关文件来看，吴东函、汪礼平和汪焕章三人都是具有功名者，故而由他们领衔上禀。三是确定了收取费用的负责人，即"敛费人胡襄衡、汪廷魁、汪永有"。由此看来，无论是经费筹措还是人员配备，相关的组织亦有条不紊。

上述的议中还提及："往来货物挑抬者，向系各铺择取老成之人。"揆情度理，以衙前为中心的贸易，北至六安、霍山，南至安庆、石牌，西至望江等地，徽商雇佣的挑夫应当不仅限于衙前一地。然而，及至光绪二十一年（1895 年）十月，归属衙前七社的土著挑夫，希望排斥来自其他地方的竞争者，并擅自抬高运输价格，从而引发了这一纠纷。接着，到了十月二十三日，众商人再次呈词：

> 为纠众蔑法，结党欺异，恳恩示遵，以安商贾事。生等原籍［籍］徽郡黟邑，来至贵治下北乡衙前镇开店生理，历有年久，生意往来无异。由省坦［垣］及陆地运货，并石牌镇转

拔竹筏，装至治北水吼岭，堆存客栈，由栈随时雇夫，挑送各店，以免遗失，由来久矣。不意今九月间，有近镇储雍元、方得全等朋嚣欺异，纠党于衙镇关圣庙内议起扁担会，凡水吼、衙前镇二处货物，必由伊等拨人搬运，不能挽越外人，并私抽厘金，胆敢议规条，知单四出。生揭呈核，该邀洞鉴。生系异地，无奈伊何，于这日初席，请绅举人储兆芹、文生方享正、地保金享之等向伊理论，伊恃党大凶横，形同化外，均莫伊何。窃思水吼岭至衙前均系陆地，路隔五十里许，若货准伊挑运，路隔甚远，又无总头，倘有遗失，坑累何追？仁宪爱民，均属一体，不求赏示究惩，截抢之祸，必在瞬息间矣。惟迫无奈何，只得粘呈伊等谕单缕情，迫叩大父师台电核作主，赏示安良，以靖地方，以通商贾，公侯万代，沾恩上禀。

呈词明确提及，在潜山一带活动的徽商皆来自黟县。呈词再次具体指明了衙前七社的目的——本来，从安庆府城到衙前镇的货物，既有陆运又有水运。水运由石牌镇下竹筏，运到水吼岭，堆积在当地的客栈中，由客栈随时雇佣挑夫，挑送到衙前客店，这是一向的惯例。而从水吼岭至衙前镇，则有五十余里的陆地。现在，衙前七社成立的"扁担会"，希望能垄断其中的挑抬业务。

3. 官府的处理

在前述十月二十三日的徽商呈词之后，有一注曰：

　　以上所呈情形，周父台言：而水吼岭之货物，由本岭人挑送；而衙前之货物，由衙镇搬送，不能阻挠。兼且储、方二人，何为夫头，又无老议，何能强挑此货？比时言过，赏示安碑。至二更之时，有房差到我帮，将所呈原词带到，我帮比言，此件公事，火速送稿出示，决不可拖久也。

此处的"周父台"，应是当时的潜山知县周凤梧。此人为湖北咸宁人，他于光绪十九年（1893年）赴任，连任八年，"善政累累"，官声颇佳[①]。根据他的调解，将货物运输分成两段：运往水吼岭的货物，由该岭人自行挑送；而衙前的货物，则由衙前镇搬送。显然，他是希望以此化解纠纷。

当日，徽商汪礼平、汪焕章等还具禀：

具禀监生汪礼平、从九、汪焕章等，为藉议挟遵，缕恳弹压，以安商贾事。缘生等自祖在本镇开店，百余年来，货物流通，听店择取人夫，无分疆域。前月突有近镇储雍元、方德全等鸠合大众，创立议条，一切到镇之货，不准境外人挑运，并敢自加力钱，擅抽厘金，挟生等遵照，而且四处张贴知单，迫生凭绅、保理质，伊反猖狂，致令各铺不敢进货。似此加力、抽厘，区分疆界，不惟绝生等谋生之路，势必酿成祸端。恭惟总爷久任分防，民情洞悉，为此缕恳呈底细，并将储雍元等悬挂议条呈核，恳即饬兵弹压，并赐移详，以靖地方，以安商贾，是为德便，上禀[②]。

---

① 民国《潜山县志》卷9《名宦（附政绩）》，第145页。
② 抄本中之前另有一份禀文，与此内容大同小异，其后注明"此禀未用，从改"。

从上揭的禀文可见，徽商在此处的活动已逾百年。禀中的"总爷"，应指潜山营天堂汛的把总。因此次变故，徽商迫切期望官府出面弹压。

对于双方的纠纷，官府很快做出处理：

钦加二品特授安徽潜山营天堂汛总司张，为示谕定章事。照得本年十月廿八日，据衙前铺户及挑抬人等面称，无论境内、境外一体通商情形，本总司查所属潜山县汛地，系通衢要道，惟衙前汛内首镇，该铺户在各处搬运货物，该铺无分远近，择取老成人搬运，倘力人遗漏货物，该铺比即禀报衙门，从重究办，是以会同绅士公同酌议，按程给价，永定章程。自示之后，各宜恪遵，无得滋生事端，此示。

一、议水吼岭至汛，十八两秤，抬每百斤力足钱二百廿五文，每件百多斤为抬；

一、议水吼岭至汛，十六两秤，每百斤力足钱一百七十五文；

一、议县城至汛，每百斤力足钱五百文，挑油者加足钱一百文；

一、议安省至汛，每百斤力足钱一千二百文；

一、议黄泥港至汛，每百斤力足钱六百文；

一、议石牌至汛，每百斤力足钱七百文；

一、议宿松陈家岭至汛，每百斤力足钱一千一百文；

一、议磨子潭至汛，每百斤力足钱六百五十文；

示力钱均用二八净典交兑，毋分远近，均照旧章，愿望尔等恪遵。如敢故违抗，照详移县录申，通详各大宪严加究办。莫怪本总司不仁，实凭神灵鉴察，毫不为私也，各宜凛遵毋违，特示，切切！

右仰通知。

光绪廿一年十月廿八日

这是潜山营天堂汛张总司出具的告示，"二八净典"系指质量很好的铜钱①。此一告示"实贴永隆店晓谕"，"永隆"也就是汪永隆，是"新安铺户"中最大的一个店铺。天堂汛之所在为天堂山，该处位于潜山县北一百四十里，四壁高峻，中敞如堂，内有温泉，四时可浴②。长江流域皖河水系之皖水上游的衙前河，自北流入。根据民国《潜山县志》的记载，清代天堂司衙署原建于天堂山衙前地方，距城百里，地势低洼，被水冲坍，历年久远，未经再建，而历任之员，俱在水吼岭镇赁租民居居住，其废址则召民开种，升科注册。乾隆三十一年（1766年），由北乡士绅公输资助，巡检杜昶价买水吼岭镇王姓空房数间，永为公署。乾隆三十五年（1770年），巡检张天保重修③。从巡检司之设置情

---

① 戴鞍钢、黄苇主编：《中国地方志经济资料汇编》一书，辑录了据称为民国《龙岩县志》卷17《实业志》所附币制考："至铜钱之使用，分净典、沙坏两种。每千钱中，净典七、沙坏三，名三七掺。如典六、沙坏四，则名四六掺。"，汉语大词典出版社1999年版，第1071页。不过，今查《龙岩县志》卷17，实未见"币制考"，出处或为传抄之讹，姑存待考。
② 乾隆《潜山县志》卷1《舆地志》，第91页。
③ 民国《潜山县志》卷2《公署》，第34页。

况来看，衙前镇及其附近的天堂山，在某种程度上，皆属潜山县政鞭长难及之处，因此，衙前七社之发难，亦令官府十分头疼。

除了巡检司外，潜山县令亦出有告示：

赏戴花翎四品衔特授安庆府潜山县正堂加四级纪录十次、记大功一次周，准给示禁，以安商贾事。据衙前镇黟邑铺户、监生汪永隆、监生汪广元、汪道生、长春堂等呈称，生等原籍［籍］徽郡黟邑，来至治北衙前镇开店生理，历年往来无异，由省垣及各陆地运货，并石牌镇转拨竹筏，装至水吼岭堆存客栈，由栈随时雇夫，挑送各店，以免遗失，由来久矣。不意今九月间，有储雍然、方德全等朋枭欺异，凡水吼岭、衙前镇货物，必由伊等拨人搬运，不能挽越外人，并私议抽厘规条，意在包揽把持。生等随邀同该处绅民，并各铺户申明，各处挑抬力价，恳赏示禁，等情，到县。据此，除批示外，合行给示晓谕。为此，示仰衙前、水吼岭各处地方脚夫人等知悉，嗣后务须遵照向章脚力价值，妥为搬运，毋得藉端加增需索。该铺户亦不得意外刻扣减少。至承挑之人必须老成，如有遗漏捐［损］坏情事，著落承挑之人赔偿。自示之后，倘敢故违，仍前藉端阻挠，以及从中包揽把持，一经铺户指名禀控，定即提案究惩不贷，其各凛遵无违，切切！特示。

光绪廿一年十一月初一日示。

此一告示，"实贴衙前镇晓谕"，从其内容上看，明显是站在旅外徽商的立场上，希望双方遵守既有规则。

因抄本《照抄知单议约禀帖告示稿》全书不到 30 页，内容至此戛然而止，我们并不清楚光绪二十一年（1895 年）十一月初一日之后的情形究竟如何。以下，我们只能根据现有的资料稍作分析。

三、余　论

《照抄知单议约禀帖告示稿》抄本，是在皖南发现、保存于徽州的民间文献，它明显是旅外徽商抄录的文书档案。毋庸置疑，这是站在黟县徽商的立场上，有选择性地抄录相关的文书，因此，虽然属于第一手的文献，但仍然存在着一定的局限性。例如，我们不完全清楚衙前七社突然组织扁担会的背景，也就无法对事件之发展作出全面的判断。不过，仅就目前的诉讼案卷来看，仍然值得进一步的讨论。

1. 相较于长江中下游的不少市镇，皖南大别山区的绝大多数地方属于僻野荒陬，以往我们对徽商在此一区域的活动所知甚少。在明代以来徽商编纂的商编路程图中，也很少见到与此处相关的路程[①]。只有安庆府城，被编入全国性的路程网络中。安庆

---

① （明）黄汴：《天下水陆路程》卷 7 "大江上水由洞庭东路至云贵" 的路程，经过安庆府；卷 8 "徽州府至湖广城路" 中，也提及安庆府。见杨正泰校注：《天下水陆路程、天下路程图引、客商一览醒迷》，山西人民出版社1992 年版，第 198、249 页。

府之下，也仅有一小地名"石牌"，见于商编路程的记载。例如，《天下路程图引》卷1"芜湖由安庆转至团风镇路"："安庆府。竹簰头搭石牌小船，八十里至石牌。如水小，就在此雇骡；如水大，竟搭船至太湖县起旱，头口钱略可省些。"① 至于六安州和安庆府境内的其他地方，幸赖具体而微的民间文书，我们才得以了解更为细致的徽商活动轨迹。

根据民国时期的调查，安徽的英山、潜山、太湖、六安、霍山，湖北的麻城、罗田、蕲水，河南的商城、光山诸县，是茯苓的重要产地。其中，安徽所产约占半数②。另据《中国各省产物调查录》，安庆府的物产主要有布、鲤鱼、茶、葛粉、茯苓、狐狸、果子狸、秋石、獭皮、獾皮和鲟鱼等③。其中的茯苓，就产于潜山以及后来设县的岳西一带。潜山县西北多山，山陵全为沙土，夹杂石英粒极多，为安徽出产茯苓最为著名之地。关于这一点，民国《潜山县志》曰："茯苓为出产大宗。"④ 另据乾隆《霍山县志》的描述：

> 山中药味多不胜数，姑举其著者……木本以茯苓为最，然实斸于松根者，绝少山中人截老松为段，以法窖

---

① 杨正泰校注：《天下水陆路程、天下路程图引、客商一览醒迷》，第408页。参见同书卷1"湖广由安庆至徽州府路程"，第427页。

② 储韵笙：《潜山茯苓调查纪要》，载《安徽建设季刊》第1卷第1期，1933年。

③ 高阳骏一郎辑：《中国各省产物调查录》，载《新民丛报》第3卷第20期，1905年。

④ 民国《潜山县志》卷4《物产》，第82页。

之，而生者居多，其力远不相及。药贾之老于此者，或不能辨[1]。

与潜山县相似，霍山、英山[2]一带亦有不少茯苓出产。《照抄知单议约禀帖告示稿》抄本中提及的徽商，有一些就是活跃在皖西大别山区的"药贾"。根据民国时期的调查，"茯苓乃松材之分泌物凝结而成，为吾潜物产出口大宗，先将茯苓切成种种形状，然后分售各口岸，如平片运销上海、杭，方（块？）运销宁波，骰子则到苏州，铇片则到广州、新加坡等处。盖茯苓为除湿利水之良药，南方低湿，多以此为饮料焉"[3]。因丸药中需要繁多，故此销路渐广。这些茯苓大都集中安庆，再由各转运公司分别转运至汉口、上海、广东等处[4]，其销路以上海、香港为最大，广东、四川次之[5]。此外，亦出口德国和日本[6]。

茯苓为安徽省四大名贵药材之一，根据当代方志的追述，潜山县以及1936年建县的岳西县，历来就有窖茯苓的传统，其历史可以上溯至明代中叶。当地的茯苓大多由水吼区的私人药行收购，然后走水路运到上海或销往国外。在1949年以前，县内的梅城、黄泥、王河等几家药店在自己的饮片加工厂加工丸、散、

---

[1] 乾隆《霍山县志》卷7之3《物产志·货属》，第829—830页。
[2] 民国《英山县志》卷1《地理志·胜迹》："蚕丝、茯苓、皮油、粉丝，均属出产之大宗。"，第164页。
[3] 施亮功：《潜山物产调查记》，载《安徽实业杂志》续刊第4期，1917年。
[4] 储韵笙：《潜山茯苓调查纪要》，载《安徽建设季刊》第1卷第1期。
[5] 《汉口之茯苓业》，载《兴华》第26卷第46期，1929年。
[6] 《汉口茯苓之贸易概况》，载《工商半月刊》第2卷第20期，1930年。

膏、丹等剂型①。而水吼、黄泥这两处，正是《照抄知单议约禀帖告示稿》抄本中所提及的，这也从一个侧面证实了徽州药商在当地的活动状况。此外，黟县商人在潜山一带的活动，与汉口等地的中药业密切相关。例如，著名的叶开泰主人，就是祖籍黟县的徽州药商②。

从《照抄知单议约禀帖告示稿》抄本一书所述，我们可以较为细致地了解徽商与长江中下游茯苓贸易的具体情况，这是近现代调查史料所难以提供的③。

2. 根据当代方志的描述，潜山、岳西一带为大别山余脉，山峦起伏，沟壑密布，素有"七山一水二分田"之称。从农业生产来看，水吼岭一带位于低山凉湿区，山间河谷地带的山田日照偏少，总辐射量也因云雾、地形之影响而明显减弱，由于光热条件有限，且光、热、水之要素匹配不良，故当地通常实行的是一麦一稻之两熟制，有的地方冷浸田多，甚至只能一年一熟④。因

---

① 安徽省潜山县地方志编纂委员会编：《潜山县志》第23篇，社会科学文献出版社1993年版，第836页。岳西县志编纂委员会编：《岳西县志》第15章，黄山书社1996年版，第240页。

② 参见王振忠：《叶名琛的家世与交游》，载《读书》2015年第7期。

③ 据1996年版《岳西县志》记载，民国时期，县内有养生堂、永济堂、复太堂、复生堂、仁和堂、同心堂、吴同春、汪左臣等六七十家药房和诊所。民国年间，安徽茯苓商筹集巨资，在汉口永宁巷内设立"安苓公所"，购置房产多栋，为茯苓商提供货栈和住宿之所。1916年至1937年，境内茯苓堂胡协吉、胡飞龙、吴国清、胡功业等，先后在武汉"茯苓公所"创办"同春""和顺""谦和"和"振安"四个茯苓行，经营茯苓，主要销往香港及东南亚，第245页。

④ 安徽省潜山县地方志编纂委员会编：《潜山县志》，社会科学文献出版社1993年版，第371页。

为农业生产条件较差，一直到晚近，潜山县还是安徽省缺粮少油的主要地区之一①。在这种背景下，当地发展出比较独特的经济格局。据1996年版《岳西县志》记载，在该县五河区茅山乡小河南村高屋组，有一块清乾隆四十七年（1782年）八月十八日所立的青石禁碑，其上刻有：

> 为条漏恩补给款勒碑等事。监生蒋明辨，生员陈国泰，监生王捷、蒋如楚、蒋如蕃，子民何大有、余绍周、叶耀彩、何宇谟、蒋匡朝、崔万林等禀称：生等居西隅小河南，乃西大河源流所也，山势崎岖，每遭挖根者深掘，山地崩泄，沙泥淤塞河路，致损田庐，受害非浅。禀请给示，详载禁条，等情。据此，查前据该生蒋明辨等具禀，节经出示条禁在案。兹据前情，合再示禁。为此，仰该地保、居民人等知悉：嗣后务遵后开禁约，各安本分，倘敢违犯，许被害之人指实禀究。但不得挟嫌诬控，及借称犯禁，邀众议罚，致滋事端。违者，查出重处。各宜凛遵毋违，特示。计开：
>
> 一、在山竹木，各拼各山，毋许超界侵伐，犯者重究；
>
> ……
>
> 一、纵放六畜践食禾苗者，究行重处；
>
> 一、毋许挖掘蕨根、葛根，违者重究；
>
> 一、窃取他人松杉、杂木、笋竹、山粮、田禾、菜果、

---

① 安徽省潜山县地方志编纂委员会编：《潜山县志》，社会科学文献出版社1993年版，第89页。

茶麻、茯苓、塘鱼等物，并纵火烧山者，定行按究；如被窃之人并不禀官绳究，混行邀众搜查议罚滋事者，查出重处。①

从上文来看，早在乾隆四十七年之前，官府即就相关问题"节经出示条禁在案"，此时不过是重申而已。由此看来，当地早已形成以山林经济为主的基本格局。松杉、杂木、笋竹最为重要，其次才是山粮、田禾，此外还有茯苓等中药材资源。

禁碑中提及的"挖根者深掘"，具体指的便是"挖掘蕨根、葛根"。这是因为当地缺粮严重，农家以山粮（玉米、山芋、高粱、麦子和豆类）为主食，"若遇天灾，往往靠打橡子、挖蕨根与葛根洗粉充饥"②。这说明，当地民众的生活颇为竭蹶困窘。由于地少人稠的现状，迫使许多人不得不另觅生计。其中之一就是通过腿脚奔忙，弥补生存条件的缺陷。对此，清人张必刚在《义济渡碑》中指出："吾潜本以山得名，而川水为多。皖水发源天堂，经龙潭至乌石堰，绕县东折而南；潜水发源五河，经水吼岭至吴塘堰，绕县南折而东。二川皆抵怀宁之西偏，始汇合为一，而潜水较皖水为尤大。"③可见，皖水、潜水皆发源或流经潜山，因地处交通要冲，这使得挑夫成了当地的一种重要生计。《照抄知单议约禀帖告示稿》抄本涉及的地域范围，即以潜、皖二水流经地区为中心。其中提到的天堂、水吼岭、石牌和黄泥港等，皆

---

① 岳西县志编纂委员会编：《岳西县志》第28章《文物》，第389页。上述引文根据本人的理解，作了一些调整。
② 岳西县志编纂委员会编：《岳西县志》，第114页。
③ 乾隆《潜山县志》卷22《艺文志·碑刻》，第1456页。

　　　　　　　　　　　区域社会史脉络下的徽州文书研究

是位于上述二水周边的市镇。另外，"水吼岭为潜北咽喉，各路总汇"①。白水湾，西去水吼岭约十五里，为通霍、太诸县之孔道。咸丰九年（1859年），太平天国将领陈玉成即曾由潜山走霍山赴六安。根据晚近的调查，在霍山，山货（主要是茶）源源外运，而盐和西药等外货则随之输入。以盐为例，英山等地的食盐主要依赖霍山，常十多人、数十人成群结队，由霍山挑盐回去。因此，霍山虽仅三里小街，人口亦仅万余，但当地就有大小盐店一百余家。由于山区河床浅窄，故而只能行簰②。正是在这样的大背景下，《照抄知单议约禀帖告示稿》抄本亦涉及霍山、六安一带。

在晚清，随着生存竞争的加剧，许多下层民众为了维护自身的利益，纷纷形成自己的组织。"衙前七社"即是此类的组织。由于文献不足征，我们不清楚"衙前七社"内部的运作③，不过，组织"扁担会"的场所——衙前关帝庙，在方志中有所记载："储枝杞，贡生，恤孤收族，倡修衙前关圣庙暨河西庙石桥。光绪十五年大饥，减价籴谷，乡里食其德。"④"关圣庙"应即关帝庙，这是衙前镇一带比较重要的庙宇。另据当地方志记载，早在康熙四十一年（1702年）之前，水吼岭下街也有一处关圣庙⑤。

① （清）曾国藩：《批余参将际昌禀移营进剿缘由》，见《曾国藩全集》(修订版）第13册，咸丰十年，岳麓书社2011年版，第135页。
② 徐志明、李贤梅、杨启见、李传轼：《皖西的簰民与茶馆及其它》，载《农业考古》1998年第2期。
③ 民国《潜山县志》卷30，记载有县境西北清慎里的"七社庙"，或许也是类似的组织。
④ 民国《潜山县志》卷19《笃行》，第317页。
⑤ 乾隆《潜山县志》卷23《杂类志·寺观》，第1524页。

光绪十五年（1889年）之前储枝杞倡修衙前关圣庙的事件，较《照抄知单议约禀帖告示稿》抄本所涉的年代要早一些。此一事件之主事者为储枝杞，与领头组织扁担会的储雍然同姓，二者之间的关系虽然不太清楚，但关圣庙与潜山土著的关系应当非同寻常。值得注意的是，当徽商求助于当地绅商时，26名绅商中，计有11名为储姓，其中有5人未画押（26名中计有8人未曾画押），这可能在一定程度上反映了当地一些土著士绅的基本态度。作为在地士绅，他们不得不更多地顾及本地民众的生计。

3. 徽商作为外来的富人，在侨寓地总会引发一些纠纷乃至冲突。仅以皖西大别山区为例，《嘉庆朝我徽郡在六安创建会馆兴讼底稿》反映了侨寓徽商与土著士人的诉讼纠纷，而抄本《照抄知单议约禀帖告示稿》，则反映了晚清时期发生在皖西大别山区的一桩冲突。从书中收录的第一份文书中提及的"凡往英、霍、六安、石牌、安庆等处，挑运来去杂货等项以及茯苓"来看，此一事件涉及的区域颇为广泛，范围相当于清代的六安州和安庆府。

徽商居廛列市、负贩商贾，在长途或短途的贸易中，最常打交道的就是处于社会下层的挑夫、埠夫、土夫等。在不少文献中，均可看到徽商与此类人群的冲突。在清代，各地的徽商纷纷建立会馆，以加强生存竞争的能力。与此同时，随着生存竞争的加剧，许多下层民众为了维护自身的利益，也纷纷形成自己的组织，以争夺此疆彼界，而"衙前七社"即是此类的组织。

由于文献不足征，我们不清楚"衙前七社"内部的运作，不过，类似的组织在全国其他地方亦有发现。例如，根据当代黟县志的记载，黟县古道崎岖，车辆难行，县城和渔亭有私营的"扁担行""水埠头"",运输路线远至大通、芜湖、屯溪、安庆、江西,力资按里程计算[1],这与潜山当地组织的扁担会似亦大同小异。在一些地方,埠夫对所挑运的货品类别、路途、界限范围,以及内部彼此之间股份转让的办法等,都有极为详尽的规范[2]。这些都说明,此类的组织应普遍存在,埠夫内部已形成颇为严密的组织,这就是光绪二十一年(1895年)衙前镇能够组织"扁担会"的原因所在。

官府在处理两造纠纷时,通常都面临着两难的选择。他们既要照顾到客商的利益,又要兼顾当地土著的反弹。兹将衙前镇七社、黟县客商和官府三方拟议的价格列表比较:

衙前镇七社、黟县客商和官府三方拟议的价格列表

路程	衙前镇七社		黟县客商		官府	
	秤	钱	秤	钱	秤	钱
水吼岭至衙前	粗货18两秤	挑者200文	抬者18两秤	每百斤力典足钱200文	18两秤	225文
	16两秤	抬者250文,挑者200文	挑者16两秤	每百斤力典足钱150文	16两秤	175文
潜山县城至衙前	16两秤	500文		500文,挑油者加钱100文		500文,挑油者加钱100文

---

[1] 黟县地方志编纂委员会编:《黟县志》,第246页。

[2] 例如,在景德镇,当地的"土夫生理"(扛业)也以股份的方式存在,可以相互让渡。参见拙文《商帮、产业分布与城市空间——十七世纪以还景德镇徽州会馆之管理与运作研究》,《历史地理》33辑,上海人民出版社2016年版。

路程	衙前镇七社		黟县客商		官府	
	秤	钱	秤	钱	秤	钱
安庆至衙前		1200 文		1200 文		1200 文
黄泥港至衙前		600 文		500 文		600 文
石牌至衙前		700 文		700 文		700 文
宿松陈家岭至衙前		1400 文		1150 文		1100 文
霍山磨子潭至衙前		700 文		650 文		650 文
衙前至英山县		1200 文		1000 文		
衙前至六安州		1500 文，挑油者加钱 100 文		1500 文，挑油者每百斤加钱 100 文		
衙前至徐家桥		1400 文				

由上表可见，官府在处理这个纠纷中，对于力钱有升有降，短程的有所上升，长程的则有所下降，有的则持平，从而基本上满足了双方的诉求。

从上引文本的内容来看，客商始终强调自己有雇工自由的权利，不应受挑夫对于划分经营范围的约束。而挑夫则往往认为，长期形成的经营范围赋予其人以特别的权利，经由他们的经营范围必须雇其承运。因此，双方都认为自己有理，互不相让。虽然光绪二十一年（1895年）十一月初一日潜山县出具的告示中，表面上看是站在客商的立场上，但作为仲裁者，官府也尽量照顾到土著挑夫的诉求与利益，这当然与前者竭力维护社会稳定的关注点有关。关于这一点，与衙前七社所在的地理位置密切相关。

根据当代方志的记述，衙前七社附近的天堂，素有"七冲十三畈"之称。"冲"指丘陵地带，而"畈"则多为山间盆地，其平均高程约450米。1936年以后新设的岳西县，其县城所在之天堂镇坐落在衙前畈，应即本文聚焦的"衙前七社"相关的地域范围。而附近的天堂山周遭群山环抱，地势险峻，在传统时代山寨林立（迄今仍存寨址四十余处），易守难攻，一向为兵家必争之地，历史上曾有多次踞山凭险、筑寨抵抗的各种势力活跃其间[①]。而清政府虽在此处设有天堂汛，但其衙署却并不在当地，而只能侨置于五十里外的水吼岭。这些，都使得官府在处置此类纠纷时多所忌惮，他们显然唯恐因过度施压让原本安顺、为数可观的良民无以为生，甚至落草为寇酿成大患，故殚思竭虑地在外来客商与土著挑夫之间寻求相对合理的平衡点，以期化解危机。

---

① 岳西县志编纂委员会编：《岳西县志》第25章，第350—353页。

太平天国之后淳安港口镇的徽商活动与诉讼纠纷

一、徽商在淳安港口镇的活动

在明清以来的商编路程中，淳安县港口镇一向备受关注。明末清初徽商西陵憺漪子（汪淇）纂辑的《天下路程图引》，就记录了徽州府由严州至杭州的水路程：

> 本府。梁下搭船。十里　浦口。七里至梅口。三里至狼源口。十里至瀹潭。五里至　薛坑口。五里　庄潭。五里　绵潭。五里　蓬寨。五里　九里潭。五里　深渡。十里　白石岭。五里　境口。对河　大川口。五里　小沟。五里　山茶坪。五里　结坞头。五里　横石。五里　牵䏮滩。五里　米滩。五里　八郎庙。五里　街口。巡司。五里　王家潭。三里　滚滩。二里　常潭。二里　和尚岭。三里　威坪滩。十里　竹节矶。五里至云头潭。五里　锡行渡。五里　老人窗。十里　慈滩。对

河　檀梓源口。十里　仰村冈。对河　向山潭。十里　小金山。即上石渡。五里　羊须滩。五里　淳安县。三里　东溪源口。七里　赖爵滩。十里　遂安港口……①

在上述的商编路程中,"遂安港口"连称,中间并未加以里数,从字义上看,港口似乎属于严州府遂安县。但实际上,从辖境隶属关系上看,港口应属于淳安县。

何以会出现这样的表述?明人黄汴《天下水陆路程》卷7有"休宁县至杭州府水",其中提及新安江中下游时写道:"……淳安县。遂安县河口。共六十里。茶园……"《天下水陆路程》最早刊行于明隆庆四年(1570年),较之前揭的《天下路程图引》所载应当更为原始。港口位于武强溪汇入新安江的入口处,而遂安正位于武强溪上流,因此,从地望上看,港口的确可以看成是武强溪的河口。据此推测,或许是汪淇误以为港口镇隶属于遂安,遂将"遂安河口"径改作"遂安港口"(当然,因武强溪为遂安港干流,将"遂安河口"称为"遂安港口"也属顺理成章)。而这一点,也因《天下路程图引》(《士商要览》)在明末清初之广泛影响,而影响到此后所有的商编路程。例如,1919年吴日法编纂的《徽商便览》中,有一"杭州由水路至徽州路程",与上揭的路程方向相反,是从杭州江头(即江干)逆流而上前往徽州,其中的新安江下游段部分就这样描述:

---

① 杨正泰校注:《天下水陆路程、天下路程图引、客商一览醒迷》,山西人民出版社1992年版,第360—362页。

……严州府 十里 倒潭 十里 宗潭 十重[里] 马没滩 十里 下衔 十里 杨溪 十里 白沙埠 三里 仓后滩 七里 试金滩 二里 童埠 三里 獭猭淇 五里 小溪岩 五里 白步街 五里 茶圆[园] 七里 瓦窑埠 二里 罗山墩 十里 藻河 十里 塔行 五里 遂安港口 十里 赖爵滩 七里 东溪源口 三里 淳安县 五里 羊须滩 五里 上石渡 十里 响山潭 十里 潼梓源口 十里 老人窗 五里 锅[锡]行渡 五里 云头滩 五里 竹节淇 十里 威坪滩 三里 和尚岭 三里 常潭 二里 滚滩 三里 王家潭 五里 街口……

其中也是将"遂安港口"连称。另外，近二十年来在徽州民间收集到的商编路程抄本中，有不少也都提到港口。如《杭省江中[干]至屯溪锦衣词曲》抄本中亦提及："遂安港口水如梭。"新安江并不直接流经遂安县城，故此处也不能将"遂安""港口"点断，只能默认编纂者是将港口视作遂安所属，这当然是受明代商编路程的影响。

从淳安港口被视作"遂安河口"来看，港口在新安江流域具有重要的交通地位——它地处武强溪汇入新安江的入口处，不仅与上流的威坪、淳安，下游的茶园镇关系密切，而且还与新安江支流武强溪流经的遂安县关系密切。

在新安江沿线，港口也是一个重要的城镇。民国时人"风尘余生"在《申报》上发表《新安江之观感》一文，其中有"新安江要邑之经见"："斯江要邑，由下流为首，即富阳、桐芦［庐］、严州、淳安、徽州、休宁、黟县。支江若汾水、金华、兰溪、遂安。要镇若渔山、里山、灵桥、中埠、场口、东梓、横山、窄溪、洼溪、仓后、茶园、港口、息埠、威平、街口、小川、深渡、棉潭、薛坑口、南源口、朱家村、浦口、屯溪等。"①因地处交通要冲，港口一带历来为徽商麇集之地。不过，由于20世纪50年代后期新安江水库的建设，淳安各地的历史档案保存较少，以往对徽商与淳安港口之研究，大多有赖于今人的口述回忆。②所幸的是，在徽州文书中，相关的资料仍有一些遗存。例如，《福元店屋讼底抄稿》就是其中较为重要的一种③。该书为佚名抄本（宽20厘米，高24厘米），最前面部分有"同治十二年岁在癸酉二月在乙卯十五即甲子日　立"字样，并注明："谨将王程氏被兰邑讼棍／邵聚泉诬告谋侵改情越朦图占／王贺元之母系王程氏，诬控混争港口上中街／福元店屋初呈一案，抄录邵、王二姓全卷，忝［恭］录于后。"这说明此一簿册初立于同治十二年（1873年），但通常情况下，簿册中的内容并不完全限于同治十二年之前，书中另抄有光绪十七年（1891年）的两份契约。

---

① 《申报》1921年10月1日。

② 如：章亚光《忆绩溪人麇集的淳安港口镇》一文，见《绩溪县徽州学研究会会刊》第1期，1991年6月。

③ 清光绪淳安县港口上中街《福元店屋讼底抄稿》，见王振忠主编：《徽州民间珍稀文献集成》第30册，复旦大学出版社2018年版。

二、太平天国之后的诉讼一例

1. 诉讼之缘起

《福元店屋讼底抄稿》中收录的第一份档案是邵聚泉的告状。在告状中，邵聚泉声称，他的父亲邵炳南（一作邵炳楠）原在淳安县南港口镇上拥有一处店堂，"系似字二百卅一止号止，全业坐四分零，地二分零"。咸丰十一年（1861年），因太平天国战乱逃往上海，另租房屋从事商业。当时，邵聚泉年仅七岁，其弟只有四岁，他们的父亲病魔缠身。及至同治九年（1870年）冬天，邵炳南因病去世，其妻携带两个儿子将灵柩运回。所有产业都在邵炳南户内完粮，契据也都还保存完好。同治十二年（1873年）二月十二日，邵聚泉来到港口镇，发现自己父亲原先的店屋内开有福元字号，于是进店交涉。不料福元店主回答说，此屋在太平天国之前原来是邵炳南的产业，他是兰溪人，兵燹战乱之后无人，所以现在开有福元店。其时，店中之人还指责邵聚泉执一废纸前来混争产业。面对这种情况，邵聚泉觉得自己势单力孤，遂将红契三张、契尾一张以及白契数纸作为凭据，上告官府。

对此，当月十八日官府有一批示，其中提及：官府经查核咸丰七年（1857年）白契后提出几点疑问：一是邵炳南与邵炳森一起购买港口店屋，本来是活业，这究竟是否存在一种可能？——原主人郭慎五赎回后，邵炳南后人邵聚泉再执废契混争。这是官府提出的第一点疑问。其次，邵聚泉声称一直是在邵炳南户头内交纳钱粮，这一点是否也有夸大其辞之处？为此，官府要求册书详细查核。

与此同时，与当下福元店相关的各方也纷纷出面反驳。其一是店主王程氏的诉状，个中提及：其夫王炳章于同治二年（1863年）契买应鞏斋店屋一堂，曾花费巨赀修理。该店业一向是在王炳章户头内交纳国课，已有十余年之久。"且前周宪给有该屋印单，又有册书收字，可谓铁凭"。

关于应鞏斋出卖与王炳章方面的契约，在《福元店屋讼底抄稿》中亦有抄录：

> 立杜契人应鞏斋，今因堂叔祖裹照公已故，遗孙年幼，葬祖无缺，情愿将港口镇遗有店屋一堂，并后三间厨房、横屋、厕所，坐东朝西，系似字号，东至德泰店厨房，西至大街，南至鼎利号店屋，北至德泰号店屋，四至之内，前被该镇徐江如强占，身已禀明县主，蒙准押全退交身边管业。今葬祖无资，将前店屋上瓦下基、四围墙壁、出入路道，共计基地税四分五厘，凭中出便与王炳章兄边为业，三面议定，时值契价纹银一百两，其价银当即两相交明，其税在坊八图古城庄应鹏源户推付与三十一都二图港镇庄王炳章户收税完粮。倘有收付字号不清，各自查明改正，不必面同关会。如有亲房外人争论，是身承当，不干王边之事。此系两相情愿，日后再无加找回赎、翻悔等情，恐口难凭，立此杜契存照。

再批：老契遭灾移失，倘日后检出，不作行用，又书。

同治二年十二月　　　　　　　日立杜契人应鞏斋

凭中　徐焕然、朱炳祥、王殿臣

代书　程兆福

从契约内容来看，该店周遭皆是其他商铺，可见所处地段颇佳。据该契可见，应鞏斋因葬祖无资，遂于同治二年十二月，将港口镇店屋以 100 两纹银的价格卖与王炳章，并立有杜契。所纳之税，也由在坊八图古城庄应鹏源户推入三十一都二图港镇庄王炳章户收税粮。另外，双方还立有加找契：

立加找杜契人应鞏斋，今因堂叔祖襄照公已故，遗孙年幼，葬祖无缺，情愿将港口镇所遗店屋一堂，并后三间厨房、横屋、厕所，坐东朝西，系似字号，东至德泰店厨房，西至大街，南至鼎利号店屋，北至德泰号店屋，四至之内，上瓦下基、四围墙壁、出入道路，共计基地税四分五厘，凭中加找与王边现管为业，三面议定，时值加找洋银一百员，其加我洋银，当即两相交楚，再不另交收字，其税在坊八图古城庄应鹏源户推付与三十一都二图港镇庄王炳章户收税完粮。倘有收付下［不］清，今因查明改正，不必面关会。如有亲房外人争论，是身承当，不干王边之事，此系两相情愿，日后再无加找回赎、翻悔等情，恐口难凭，立此杜契存照。

立此加找杜契遭灾移失，倘日后检出，不作行用，又书。

同治二年二月　　　　日立加找杜契人应鞏斋　押

凭中　徐焕然　押　朱炳祥　押

王殿臣　总押

加找利市　　　　书中　程兆福

此处的“同治二年二月”显然有误，因为通常情况下，“找契”应在“杜契”之后或同时订立，不可能早于同治二年十二月。而从一般的情形推断，此处也应是同治二年十二月订立。

从上述契约可见，应鞏斋应是淳安当地人，王炳章来自何方则并不清楚，但从其在港镇庄立有王炳章户的情况来看，应是在港口镇经商的商户。

王炳章获得此一产业四年之后，于同治六年十二月，又将之抵押给徽商金友玉。据当时的押契记载：王炳章将店屋抵押，获得光洋300元，议定十年后年满取赎。并约定十年之外另立租批，仍租金友玉方面开张生理，议定每年租钱60000文。

四个月之后，金友玉又将店屋租转给福元号，当时立有租批：

立租批福元号，今租到金友玉边新受淳安港口中街坐东朝西店屋一堂，一连三进，并右边毗连糕房屋一间，三面言定，每年租钱六串钱六十千，又年终送交，屋不欠租，东不辞客，欲后有凭，立此存据。

再批：此屋原议不要押租，今因代修理方柱门窗壁等，共计洋三十元。今金友玉边央中，嘀作押租洋三十元，俟王炳章边取屋之日，再行押租缴还不误，又照。

　　同治七年四月　　　　　　日立租批福元号

　　　　　　　　　　　中见胡耀如　押。

　　此处提及两项开支，一是每年的租钱 60000 文，另外则是押租洋 30 元。根据福元号店主黄尹衡的禀文，店主来自徽州黟县。当时，"粮仍王福荣完纳，房租系归金姓"。

　　根据前述王程氏所言，他们曾花费巨赀修理。同治六年的押契中，也提到"其屋遇有修理，代用钱文，取赎之日一并缴还"。而在《福元店屋讼底抄稿》中，就抄录有福元代王炳章装修店屋用账的详细清单（同治七年四月）。

　　就这样，邵聚泉方面提交了咸丰七年以后的红、白契及契尾数纸，而王炳章、金友玉方面则提交同治二年以后的杜契、加找契、押契和收据。如此，则双方似乎都有充足的证据。在《福元店屋讼底抄稿》中有两份"具领状"，其内容大同小异：

　　　　具领状职员金敬修，今领到大老爷台下，窃王程氏与（邵）聚泉互控店屋一案，今蒙庭讯断明，应领得邵聚泉呈案印契三纸，并契尾、白契二纸。又领得应翚斋杜卖王炳章印契一纸，并王福荣户推收清册、执业印单各一件，一并领齐，断具领状是实。

　　　　同治十三年十月　日，具领状职员金敬修押。

　　　　　　　　　区域社会史脉络下的徽州文书研究

金敬修应为金友玉之弟，他证实都收到了双方的证据。因此，孰是孰非，接下来主要是王程氏与邵聚泉之间的相互攻防。

2. 两造的攻防

同治十二年（1873年）二月二十五日，邵聚泉再次上呈，指出：港口镇店屋原先是开设烟店的廖人和卖与郭裕升，郭裕升之子郭慎五再转卖给邵炳南。产权虽然转卖，但应当是仍由廖人和开设烟店，所以邵炳南向廖人和收租，每年洋银60元。咸丰年间，邵炳南逃往上海，但港口镇仍然是"屋存契在"。自己现在奉母命前往执契管业，不料却遭到当下店主王老竹和程品三的抵制，为此，他再度上呈请求官断。对此，当月二十八日官府批曰："候册书查明签册覆夺。"当时，库书程登福在回复中提到：经过他的调查，同治三年（1864年），"王福荣收坊八图古城庄应鹏源户推基税四分五厘，又十五年分收基税二分一厘半，武举应安邦出卖"。同治六年（1868年），王炳章将之出典与金友玉为业，现开张福元号，其店主系生员黄尹衡，系向金姓租来。这些，就是该店屋基本的产权及经营权之传承脉络。

同治十二年（1873年）三月初三日，邵聚泉再次递交第三呈，除了重申前言外，还再次提及自己母子的近况："可怜身母在家，母子相望，回归无日，兼之老母常带痨疾，年逾六旬，身来治下，路费无多，告借无门，情惨已极！"为此，他希望官府能迅速办理此案。

对于邵聚泉的告状，王程氏方也提出反驳。关于这一点，《福元店屋讼案抄稿》中有一份"初呈"，内容是"王程氏全男王贺元覆邵聚泉讼棍谋侵诬告，图占港口福元店屋"，其中除了再次说明此业契买年久之外，还质疑对方：太平天国之后，港口镇店屋的产权过割已十多年，但邵聚泉竟然从未出现。他们指出："上海非外夷之地，浙省升平日久，十年不归，昧理昧情，难逃犀察。且泉运货，贸易港镇，来往人所常见，其中刁诈，希图侵占显然。"他们的质疑似乎也并非没有根据——太平天国动乱结束后这么长时间，邵家并未前来港口镇主张权益。而且，邵聚泉也经常前来港口镇经商，但此前也从未追索店屋的产权。

四月初八，官府在王程氏之呈上批曰："邵聚泉以该店基控呈生父业粘契呈控，似非无因。惟应鞏斋不应冒认背卖，氏夫王炳章在日，又未查明其底细，辄行承买，本亦冒昧。现既饬差传讯，应俟集证，讯明察断。该氏仍检印契，粘串呈核，抄件发还，保状附。"此时，官府倾向于认为邵聚泉之指控颇能站得住脚——推断应鞏斋曾"冒认背卖"，而王炳章则在不知底细的情况下贸然承买。为此，官府下令应再行查核。

针对官府的说法，四月十三日王姓复呈，指出：产权过割中，对方是位武举人，中证也都是当地的绅董。此后，产业经过官方的认可，契印税割也都符合相关的程序。此外，王程氏还大打悲情牌，说自己夫亡子幼，流落异乡，相当孤苦，所以请求官府秉公处置。

七月十二日，邵聚泉之母上呈，除重申前述理由之外，还请求官府"速提讯断"，并很自信地声称："氏业、伊业，如水之清；氏管、伊管，如月之明。"七月十三日批："候催差即集讯断。"七月二十八日，官府出票饬催，要求差役吴魁、洪锦、项魁协同地保，传集有名人证，包括原告、被告以及中人等。

八月初三日，王程氏提交第三呈，针对此前官府批文中所认为的"应鞏斋不应冒认背卖，氏夫在日，又未查明其底细，辄行承买"等提出反驳，说在前任县令时，应姓曾与徐姓因纠纷互控，当时将店业断归应姓管业，"在应姓自必有据可凭"。有鉴于此，王程氏对于官府方面的批示并不服气，认为那是凭空臆断。对此，八月初八日官府在邵章氏的呈子上批曰："此案屡经限提，原差竟不□饬带案，实属疲玩，候比催呈，补应鞏斋即集讯断。"而在王程氏的呈子上则批为："仍速检契呈验。"八月二十八日，又在邵聚泉的呈子上批曰："案已饬提候催差，集训察断。"九月初三日，复在邵聚泉呈子上批："候催差吊验集讯。"九月初六日，官府再次出票，要求差役将所有人证齐集，但结果似乎仍未能如愿。九月十八日，邵聚泉再次上呈，催促官府加快审理。二十三日批："王程氏等延不到案，显系情虚，候比差吊契，勒［勒］集禀讯，如再延宕，准于照据管业可也。"九月二十八日票传，催促提审被告及其他人证。

十月初三日王程氏上呈，其中指出：自己丈夫王炳章因生意欠顺，于同治六年将此店屋出典与金友玉名下。因为该屋最早出自应鞏斋之产，"理应鞏斋叩诉，自然水落石出，氏昨踵应姓之门，置诸不保［睬］，令其申诉，家属即云：自有铁据可凭，又有中证可质。并言邵姓白契活业，例不作用，且十有余年并不供粮、吟讼，本年始行投税。"至此，王程氏方面似乎也开始怀疑应鞏斋之产权颇有问题。关于这一点，如果我们回顾同治二年十二月应鞏斋出具的"杜契"，其末尾曾注明："老契遭灾移失，倘日后检出，不作行用。"可见，当时应鞏斋并不能拿出与店屋产权相关的上手契约，这一点，的确让人颇滋疑虑。

同日，金友玉也上呈，指出："职员金友玉，于同治六年典得港口镇王炳章店屋一所，计典价洋三百元。职员看王炳章尚交应姓原卖契据，职员见其业已契印税割，供粮多年，始放管典。自开力不能加，尚租福元字号开张，又经数年完粮无异"。后来突遇邵聚泉出面诉讼，王炳章妇索讨契约，但因自己在外卖茶，所以未能及时处理。他声称，"业凭粮管，税未隐匿，已屡明白交易"，当时主张"除王程氏自行投案外，并恳即传原卖主应鞏斋到案，庶可泾渭立判"。到了此时，金友玉似乎也认为，应传召应鞏斋，以厘清产权由来之脉络。

此后，十月初八日和十三日官府皆有批示，其时，勒提应鞏斋到案便成了当务之急。为此，十月十六日又发出传票，要求差役抓紧处理。十月十八日，邵姓再度上呈：

……普天之下，产业变卖，有与者，必有受者，必有与者，人情大抵皆然也。身故所受是产，系郭情五所与；王炳章断受是产，系应鞏斋断与。此同一清如水，无庸分辨。然而非有字号，身虽不知，册书难瞒，伊果实实，在前主已不批驳，伊业有坴无地，有字无号，即应鞏斋之产，究系何人所与？何地断受？与或有着，身断不敢屡控盗卖；与无所着，实在是盗，身定敢控伊盗卖。实系前主金批，应鞏斋不应冒认背卖。王炳荣不查细底，辄行承买，本亦冒昧，凿凿可据耳。身系客民，业在本地，如果来历不明，不用互讼，公庭早已五虎□革矣。况此是案身在王恩主始控之时，已蒙中人调处数次，实到洋银一百四十元，伊等转势欺异，心实不甘。后在恩主后控，又蒙中人孙寿山、邵葵安等再三再四屡次调处，实到洋银一百五十元，四城之内共晓，均可传问。身果情虚理亏，伊等亦不肯屡次调处；伊果捏［理］直气壮，岂肯屡次向身？而据蒙恩堂谕，两造中人随到随结，不到不结。身之中人，前主案下，差已禀明；伊等中人，到案亦明。似此与、受不明，混争无休，非格外详察，拖累无归……

上述这些质问，看上去合情合理。十九日批："候传集覆讯察断。"

王程氏再次上呈，声称："氏夫王炳章，于同治二年契买应鞏斋四围捐［损］坏店屋一堂，契印税割，历供国课，有十余年之久。且前周宪给有该屋印单，又有册书收字，可谓铁凭，粘呈在卷。"她还提及"且该业同徐江如盗卖，应鞏斋控前王宪，断令应鞏斋管业，有案可查，中证可质。更有凭者，应鞏斋虽已作古，斋妇洪氏自必有凭可对，乞叩传质，非该屋被寇折毁，氏夫装修，所费甚钜，周镇皆知，并无粮税受当白契，将何考实？"此处指出，应鞏斋已经过世，应提问其妇洪氏。

与此同时，金氏也上呈，说自己于同治六年在淳安三十一都二图港口镇典受王炳章店屋一堂，计典价洋300元，尚租与人，开设杂货生理，由来无异。"讵今二月，突有邵聚泉控争，奈王炳章已故，职即面章妇王程氏声说，程氏谓伊夫系买受武举人应鞏斋业，契印税割粮，系王炳章户供纳，已有十年。然此业因徐江如盗卖，斋于前王宪呈控，谓前业主欠斋银两，蒙王宪断斋管业，章始向斋买受"。他认为，在此前的产权交易中，"武举卖契，绅董作中，断无假冒之理"。

不过，官方的结论是："应鞏斋不应在背卖，王炳章不应受买，盗卖、盗买，照例均应究办。"因此，最后的处理办法是："该屋断归王程氏管业，怜念邵聚泉异乡，此断归洋一百六十元，蒙谕职加增典价。"由此可见，官方的最终判决是维持现状，但给予另一方以一定的补偿。

3. 诉讼之后的进展

讼案之后，王程氏与金友玉方面，又对彼此关系做了进一步的调适。首先是根据江南的惯例，又行加找：

> 立加典契人王程全男贺元，缘氏故夫王炳章，于同治二年买受淳安港口镇上街应鞏斋店屋一堂，自开永和字号菓子杂货生理。续因生意欠顺，于同治六年凭中出典与金友玉名下为业，当得典价洋三百元，听凭管业召租，载名〔明〕十年原价取赎。七年，招租开张福元字号。不期上年二月间，突有兰溪县人邵聚泉，执廖姓原受老契粘尾，并郭、邵二姓之典受契，共计一纸，呈县控争，讼累年半，至本年九月，蒙张县宪集讯，断归氏家管业，断与邵姓洋一百六十元，其洋系金友玉缴案寝事。今氏凭中，向金友玉加典价洋一百六十元，取赎之日，氏理应前、今两契如数兑出，分厘不少，余情前典契载明，今不再赘，欲后有凭，立此加典契为据。
>
> 再批：廖姓老契并郭、邵二姓典契共计五纸，金友玉收

执，取赎之日，一并缴完，不得揩留，又照。

　　同治十三年十一月立加典契人　王程氏全贺元　十字

　　　　　　　凭中　叔祖　王春逊　押　胡俊儒　押

　　　　　　　　　　黄伊衡　押　程品三　押

　　　　代笔　潘吉烜　押

　　在此一"加典契"中，福元号当下的店主黄伊衡也作为中人。同治十三年（1874年），金友玉再次向王程氏加典价洋160元。根据原先的规定，王程氏可以于同治六年十二月（1867年）之后的十年（也就是到光绪三年，1877年）取赎，但届时仍将店屋租与金友玉开张生理。及至光绪十七年（1891年），王程氏方面便完全将店屋卖与金友玉。关于这方面，有两份契约，其一为王程氏和儿子王贺元出具的杜断卖推契：

　　立杜断卖推契人王程氏同男贺元，今因男大婚娶，正用无措，自情愿将故夫遗置土名南港口镇上中街坐东朝西店一全堂，毗连三进，厨房左边糕房、碓口、厕所，一并在内，系经理似此［字］二百三十一号起，至二百三十四号止，计基地税四分五厘。又于五年分收基税二分一厘五毫，其屋东至协兴店屋，西至街心，南至鼎利店屋，北至润源店屋，四至之内，上至椽瓦，下至地骨，四围墙壁、天井、明堂、出入路道、装修柜台、楼梯楼板、寸木寸石寸铁，丝毫不留。今凭中杜断卖，推与金友玉名下为业，三面言订［定］，时值契价曹平纹银一百五十两正，其银当日亲手收足无欠，其屋听凭受人执契管业，召租无阻，其税在三十一都二图港镇庄王福荣户，推入本都本图本庄金友玉户收税，完粮供差，不必面同关会，亦不必另立推单。自卖之后，两无悔异，永无增价、回赎。倘有来历不明，及亲房内外人声说等情情（疑衍），尽身支当，不涉受人之事。今欲有凭，立此杜断卖推契，永远存据。

光绪十七年七月　日　立杜断卖推契人王程氏　十

同男贺元　押

凭中胞叔　王福章　押　叔　王笃其　押

王瑞发　押　　　汪茂祥　押

胡俊儒　押　　　程品三　押

金祥庆　押　　　金静江　押

程永康　押

上件契内价银，当日亲手收足无欠，此批。

文末的"十"，为王程氏的画押。第二份契约是"王程氏同男贺元出卖推断与金友玉加找断契"：

立加找断卖推契人王程氏同男贺元，今因男大，婚娶无措，自情愿将故夫遗置土名南港口镇上中街，坐东朝西店一全堂，毗连三进，厨房左边糕房、碓口、厕所一并在内，系经理似此［字］二百卅一号起，至二百卅四号止，计基地税四分五厘，又于五年分收基税二分一厘五毫，其屋东至协兴店屋，西至街心，南至鼎利店屋，北至润源店屋，四至之内，上至椽瓦，下至地骨，四围墙壁、天井、明堂、出入路道、装修柜抬〔台〕、楼梯、楼板俱全，前经故夫生前于同治六年急用无措，自将前项店屋全堂，凭中立契，出典与金友玉为业，当收典价光洋三百元正。不意故夫亡后，突被兰邑邵聚泉于同治十三年控争身业，禀蒙张县宪恩讯，断给邵聚泉光洋一百六十元正，谕氏缴出，店屋归氏管业。奈氏无力措办，沭〔沐〕县宪劝谕金友玉近〔边〕代付光洋一百六十元正缴案，押令邵聚泉具结领洋，该店屋尽归氏业。氏当日凭中，将金友玉代付之洋，立契加典。今因赎取无力，男婚无措，自情愿将前项所典店屋一全堂，寸木寸石寸铁丝毫不留，凭中加立加找断契，推卖与金友玉名下为业，三面言定，时值找价光洋一百廿元正，其洋当日亲手收足无欠，其屋听凭受人执契管业，召租无阻，其税在三十一都二图港镇庄王福荣户，推入本都本图本庄金友玉户收税纳粮供差，不必面同关会，亦不必另立推单。自卖之后，两无翻悔，永无加价、回赎。倘有亲房内外人声说等情，尽身支当，不涉买人之事。今欲有凭，立此加找杜断卖推契，久远存据。

光绪十七年七月　日　立找杜断卖推契人王程氏　十
同男贺元　押

凭中胞叔　　王福章　押　　　叔笃其　押
　　　　　　程品三　押　　　王瑞发　押
　　　　　　金祥庆　押　　　汪茂祥　押
　　　　　　胡俊儒　押　　　金静江　押
　　　　　　程永康　押

对照以上两份契约，绝大部分的内容是相同的。可见，光绪十七年（1891 年）七月，同时出具了"杜断卖推契"和"找杜断卖推契"。根据范金民最近的研究，至迟到康熙十年（1671年），苏州的房产交易中就已出现了一次性书立各种文契的现象，"卖主为了急于获得全部房价，或者一次性地收取了包括正契银和历次推收杜绝银、添加银等全部房价，一应文书形式上看似订立于房产交易后价银的不断添找过程中，实则具立于议定卖房条款的同时，或具立于双方约定的房产交割转移的具体时间"①。而由本案的记录来看，晚清时期的浙西也有类似的现象。

三、结　语

综合前述的渐次推演可以大致勾勒出本案的发展脉络：在此案中，太平天国战争结束之初，应鞏斋当是乘乱将暂时无主的店屋出卖与王炳章。后者则因对方的身份为武举人，产权交易中又有绅董作为中人，所以深信不疑。此后数年的产权及经营权传承脉络清晰，形成了看似合法的既成事实。至于邵聚泉方面，咸丰十一年（1861 年）邵父因兵燹战乱逃往上海。当时，邵聚泉年

① 范金民：《从分立各契到总书一契——清代苏州房产交易文契的书立》，原载《历史研究》2014 年第 3 期，收入氏著《国计民生：明清社会经济探析》，江苏人民出版社 2018 年版，第 524 页。

仅七岁，可能对于父辈店屋之产权并无多少概念。及至同治十二年（1873年），邵聚泉已十九岁。或许是此时其母忽然翻出父亲遗留下的一批契约，遂令其执此契前来淳安港口镇主张权力，也由此引发了这一场官司诉讼。

总之，《福元店屋讼底抄稿》虽为残本，但其故事情节却颇为完整。从福元号店址来看，该处位于淳安港口镇上中街，坐东朝西，"其屋东至协兴店屋，西至街心，南至鼎利店屋，北至润源店屋"，可见此店应地处比较繁华的商业街区，而港口镇之店铺产权交易及经营权更替亦极为频繁。此一案例说明，太平天国时期的兵燹战乱对于江南社会产生了深远的影响。在战争期间，除了不少契据被焚毁、遗失之外，还有因原主人死亡或逃亡，而使得不少产业之权属出现空白。兵燹战后，一些人乘乱占据了无主或暂时找不到主人的产业，并在此后的一段时间内频繁过割，等到原主人因各种原因回归主张权属时，相关的纠纷亦遂在所难免。

另外，从本案来看，王程氏于太平天国战后通过买卖获得店业，并持有店业十余年，产权转让看似传承有序，无懈可击。而另一方的邵聚泉，则信心满满地主张战前的产权。最后，官方虽然站在邵氏一边，坚信后者的产权主张，但在最终对该案的判决中，亦只能通过维持现状，并予另一方相应的补偿，从而兼顾到了各方的利益。

晚清徽商与宁波新安会馆之建立

一、晚清徽商与宁波

晚清民国时期，宁波是中国东南沿海一个重要的商埠，大批商人鳞集麋至，其中，亦有不少徽商活跃其间。徽商年谱抄本《履扬自述平生及妻王氏事迹》中，就有清咸丰十一年（1861年）前往宁波运销茶叶和笺纸的记载：

> 十一年，五十二岁。正月，闻逆退去，即同汪盈竹伙（字寿山）由玉过常山，打听一路平靖，即转店商发车，将茶篓及笺纸赶快至常，往义桥售。不期行市不好，运到宁波，谁知庄头不对，本处不消红茶，因此滞钝。至四月，料夷人消去，置办墨鱼、绿带，着汪寿山伙全宏陞汪静波兄，运至百官，起一半，仍者运到义桥看势，走徽河而上。

《履扬自述平生及妻王氏事迹》抄本之作者叫程国僖，是个徽州黟县的监生，当时，他将茶叶和笺纸运往宁波一带销售。

关于徽商与宁波的贸易，太平天国之后的《捐厘新章》刊本中，就有"上下水起验卡局"，其中涉及徽州与宁波贸易的诸多规则：

自徽州入境至下水者，威平〔坪〕起，义桥验，曹娥起，宁波验；

……

宁波办货至徽者，宁波起，百官验，义桥起，严州验，威平〔坪〕照票；

……

上述内容，也提及义桥、宁波和百官等，可以与《履扬自述平生及妻王氏事迹》抄本比照而观。在《捐厘新章》中，备载了百货的起验捐数，包括"绸缎绫罗呢羽类""绣货类""皮货类""布匹类""锡箔纸札类""铜铁铅锡类""磁器类""食物类""药材类""油类""木竹类"和"杂货类"等，反映了从新安江—钱塘江流域至浙东各地的贸易流通。

除了刊本之外，当时的徽商还编纂或抄录了大批的商书（商业书和商人书），其中也有不少涉及宁波贸易的资料。例如，《杂货便览》抄本 1 册①和《便览草集》②稿本 1 册，皆系署名为"明章氏"的商人所作。《杂货便览》抄本首列"宁波秤则"，继为"海菜出处并定砠""各货字语""兰行称规""兰行另折""兰邑捐厘总数""甬至义桥各货船价""兰规扣码中秋前例""过中秋规例""火炮规列［例］""规兰售甬来""甬庄规列期"和"南货宁上折头用钱"等。其中提及"甬至义桥各货船价"等，即反映了宁波与义桥等地的经济联系，这些，亦可与前揭黟县徽商"程国儓相关文书"中的记载相对照。而《便览草集》一书，则抄录了"明章氏"与友朋的信函，其中涉及的地名主要有兰溪、龙游、罗埠、游埠、杨埠、湖镇、衢州及徽州等地。此外，《南货规口》③、《宁波甬江各货秤则》④和《杂货名目》⑤诸书，也或多或少与当时的宁波贸易有关。

关于徽商在宁波活动的著名个案，首推歙县南乡周邦头的周氏家族。在歙南，晚近以来民间素有"周漆吴茶潘酱园"之谚，这句话的意思是说——周邦头的周氏、昌溪的吴氏和大阜的潘氏，分别以徽漆、茶叶和酱园业蜚声远近。关于"周漆"，民国年间编纂的《周邦头周氏族谱正宗》中，有吴玉书撰写的《永几

---

① 封面除书名外，题作"明章氏录"。本文所引文献，凡未注明收藏单位者，皆为私人收藏。

② 封面除书名外，亦题作"明章氏录"。

③ 抄本 1 册，全书抄写于蓝丝栏账册上。前一部分为南货出处，似以宁波、兰溪一带为中心。其后则是抄录书信活套。

④ 抄本 1 册，书写于"陈益和"朱丝账册上，封面无题，首篇为"宁波甬江各货秤则"，故暂名。其后有"申江秤规""宁波咸货秤规""兰邑各货行规"和"申江规兑"等。

⑤ 抄本 1 册，主要抄录各货出处，后面为"甬江各路规目"。

公传》：

> 公讳嘉誉，字永几，明遗老二衡公之子，今友君之七世
> 祖也。幼聪敏，好学能文，性质直，慷慨有远志，藉其祖荫
> 业儒，冠后弃儒就商，精计然术，远游各省。过浙东之宁
> 波，见富庶甲他埠，逆知将来商务必发达，遂驻焉，创设永
> 几茶漆字号于东门大街，运徽严之漆，往来浙、皖间，道途
> 奔驰，不辞劳瘁，贸易诚信无欺，货求其精，制务其良，以
> 是营业日盛以固，非独宁人知徽漆之美，即西人亦莫不以宁
> 漆为佳也。公之深谋远虑，能使徽制之漆驰名海外，购办恐
> 后，其绩伟矣！而永几老店，子孙绳绳勿替，至今二百余年
> 巍然存在，岂非公之懿德余荫欤！①

从谱传来看，周嘉誉（1665—1747）大约在康熙年间于宁
波东门大街创设永几茶漆号，主要贩运徽严生漆，永几茶漆号
一直经营至民国时期，前后历时二百余年。文中的"友君"，为
周嘉誉之七世孙周友仲（1874—1945）。关于此人，在徽州民间
日用类书《酬世汇编》抄本中，就有一篇《周友仲先生暨夫人潘
氏七十双寿》，其中提及："友仲先生暨淑配夫人潘氏，诗书华
胄，阀阅名门，懿德可风，嘉猷可则。抱大道而经商战，声名早
溢夫苏、杭。（在宁波、海门、温州、杭州开有十余店业，颇兴

---

① 《周邦头周氏族谱正宗》卷 16《新传》。同卷《常吉公传》："公之祖父永几
公曾建业于宁波，父与诸兄世守经营，贸易颇盛。"

隆）"①以上括号部分为文中小字。此一寿序作于 1943 年，作者是歙县大阜一带小有名气的文人吕龙光，也是《酬世汇编》一书的编纂者，他当时在周友仲家担任私塾先生。据载，周友仲字允仪，又名孝侯，祖、父辈皆在浙江经营茶漆店。其人少壮时即弃儒从商，协理店务，每年赴四川、陕西和湖北等地采购生漆。民国初年，他在湖北老河口开设了"利生裕漆店"，继又在杭州、绍兴、临海、宁波等地新设六家漆店，生意兴隆。1930 年，他投股上海万里油漆厂股份有限公司，并总理该厂帆船牌各色磁漆在宁波的销售业务。直到抗日战争爆发后，才因商业受挫而返归故里。此外，他还"为同善社主教，其徒甚多"。同善社活跃于宁波一带，在民国年间的浙东一带颇为著名。在周友仲前后，活跃在宁波的周邦头周氏相当不少，他们从事的生理，也以漆业最为重要②。1930 年，由周友仲主持纂修的《周邦头周氏族谱正宗》编成后，共印刷了三十二部，其中，宁波碧梧堂、鄞县致远堂周氏共领去五部③，这说明周邦头周氏之部分成员已在宁波落地生根，开枝散叶。

　　除此之外，在徽州文书中，有关徽商在宁波活动的资料，尚

---

① 抄本《酬世汇编》卷 1《寿序、喜乐》。
② 周德灿：《渭滨公传》："族兄德陞，字渭滨，……成童后，母令就商于宁波成泰茶漆号，藉其祖荫，一志贸易，遇事不屈不挠，言必当理，人咸敬之。冠后综理店务，措施得宜，商业因以日盛，饶有积蓄。"（见《周邦头周氏族谱正宗》卷 16《新传》）周德陞为晚清时人。
③ 《周邦头周氏族谱正宗》卷 18《领谱小引》、卷末《周邦头周氏族谱正宗跋》。

有一些零星的记载。^① 目前所见比较集中的资料，以宁波新安会馆及相关的归厚堂资料最为重要。

二、宁波新安会馆之建立

清光绪十九年（1893年），徽州绩溪县人、宁波知府胡元洁撰有《新安会馆碑记》：

> 我新安六邑，僻处山陬，少田可耕，故多作客于他省，而寄迹于宁郡者，亦不乏人。幸而利逐蝇头，老旋故里；不幸而遭逢不偶，病殁他乡，骸骨难归，殡葬无地。先辈好义，曾于嘉庆念四年在安宁会内，置甬东六图梅山池头水墨园民田二亩七分，创建厝屋三楹，以停旅榇。又于道光二十八年捐置东乡九都栗树塘民山八亩，名曰义胜会，作为新安义山，俾久停之柩无力扶归者，以时掩埋。至咸丰五年，蒙道宪段公题其所曰"归厚堂"，及"故旧不遗"匾

---

① 例如，民国时期歙县私塾先生李印珍之父就在宁波经商。关于这一点，其人所著《述古山房诗草》（抄本）卷上中有诗曰："严君贸易在宁波，劳苦风尘受劫磨，名著申江真赫赫，陶朱端木比如何。"（《父贸四明》），"老父经营在四明，慈亲家政在权衡，教子成名方窦孟，高堂不亚古时英。"（《父商母持家》）"为父为商子贡才，申江左右独称魁，花甲延龄康且健，如梭日月莫相催。"（《父商甬名播申》）。又如，佚名所编的徽州歙县诉讼案卷集成抄本中，就有一例提及歙县南乡人在宁波务工经商引发的诉讼纠纷。

额。嗣因厝屋狭隘，多榇难容，于十一年间兴工，续造厝屋六间。工未竣，适发逆窜郡矣。至同治元年，蜂烟既息，重议募捐，所赖茶商、漆号踊跃乐输，以致前续造厝屋六间，及义所前河桩河磅三面围墙，并义山修造庄屋，俱各工兴告竣。又添置粟树塘义山十四亩，并置市房数所，将逐年租息，作每岁埋葬旅榇、春秋冬至祭扫之需，及助盘棺回籍资费。种种善举，出于预筹，无虞匮乏。三十年来，勤勤恳恳如一日也。兹于各项支销外尚有赢余，乃复鸠工庀材，宁城后市起造新安会馆，式扩前模，增广旧制，俾后之任事者率循有自，无忘桑梓之情，矩镬恪遵，永保馨香之荐，余有厚望焉，因撮其缘起而识之。钦加三品衔补用道、特授宁波府正堂加三级随带加六级纪录三次绩溪胡元洁敬书。大清光绪十九年岁次癸巳孟冬月谷旦。

上文指出，徽州地瘠人稠，多外出贸易，前往浙江宁波者也相当不少。徽州同乡曾于嘉庆二十四年（1819 年），在当地创建停放旅榇的厝屋三楹，到咸丰三年（1853 年）命名为"归厚堂"，并书有"故旧不遗"的匾额。此后，又开始扩建，但因咸同兵燹而被打断。及至太平天国动乱之后，同治元年（1862 年），又在徽州茶商、漆商的资助下续造厝屋六间，又添置数所市房出租牟利，这为徽商在宁波一带从事的慈善事业，提供了较为充足的资金来源。及至胡元洁撰写碑记的光绪十九年（1893 年），离同治元年又过了三十年，在宁波的徽商实力应大为增加，故而此时在宁波府城后市开始建造新安会馆。

关于宁波新安会馆的兴建，在著名的歙县芳坑江氏文书中，就有一封涉及此一事件的信函：

久怀慕兰，未遂瞻韩。恭惟△△乡台翁大人德业春回，宏图日永，盛名早播乎中外，恺泽已遍夫乡间。鸿仪在望，雀跃奚如？同人等同游甬水，愧无经济之才，言念故乡，时切枌榆之感。宁地前起创建义所，以安旅榇，置买义山，以埋暴露，凡诸善举，业经刊分征信录，布告同仁，已在诸君子洞鉴之中，毋待重陈颠末矣。客春同人等公议，谓非殡舍无以寄榇，非会馆不能办公，二者不可或缺者也。爰奉诸太尊胡练溪先生，遽蒙踊跃称善，慨许捐廉，遂度地相材，于宁城后市地方建造新安会馆一所。计自去年二月兴工，至十月一切规模粗

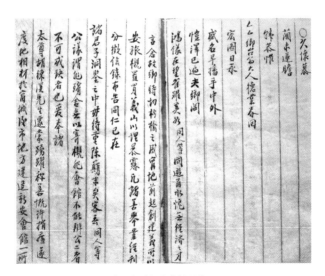

有关宁波新安会馆的信函

具，除历年积有三千余金，并道宪吴公、太尊胡公捐廉外，度支实属不敷。第念会馆为桑梓善举，凡我同乡仁人义士，不吝解囊，驻甬各商号，业已另刊章程，慨助杂货厘金。爱思箱茶为我帮巨业，宜一体仰求诸乡台各宝号踊跃输将，无分畛域。谨附章程，布呈公鉴，敬盼鸿施，惟是经费浩繁，全赖源源伙助，造塔合尖，又不得不仰仗于诸君子矣。肃贺春禧，敬请财安！伏乞垂鉴。甲午宁郡新安会馆同人等名正肃①。

"甲午"即光绪二十年（1894 年）。从《庚午年浙省杭城建造安徽会馆捐输倡首台甫》②来看，胡元洁字练溪，故此处的"太尊胡练溪"即宁波知府胡元洁。从上揭一信可见，在宁波一地，最早建有义所，及至光绪十九年（1893 年）二月开始兴建新安会馆，到当年十月就已初具规模。当时，在宁波一带的徽帮商业中，以箱茶最为重要，因此在捐助资金兴建会馆的活动中，茶商始终扮演着相当重要的角色。

此后，新安会馆及其附属产业的规模仍在持续增大。《光绪二十一年新安会馆收捐清册》③卷首，就有"光绪二十一年三月新安会馆公启"：

敬启者，我徽之贸易于宁郡者，承先辈厚意，曾经造立厝屋九间，置买义山二十二亩。俾客地游魂，或暂羁而归正首邱，或不归则妥安泉壤，诚仁人之用心，固已法良意美。

---

① 江耀华手抄尺牍之二。
②③ 亦见歙县芳坑江氏文书。

嗣于年前，同人又在宁城后市地方创造新安会馆一所，因经买不敷，乃请于茶商及杂货、南号、漆铺各业解囊倾助，庶造塔合尖，功成一篑。惟蒙各宝号踊跃输将，俯如所请，虽蝇头之微润，实鳌戴以难名。今将光绪二十年经收各宝号捐款，先行刊印清单，送呈公览，以昭核实。此外收付各款，拟俟会馆落成并妥议章程后，刻征信录布告同人。惟是会馆既立，在在尚需布置，拟筹善后之策，所向经费不敷，仍冀集腋成裘，克全善举，是尤同人所心香盼祷者耳。

此一公启反映出，及至光绪二十一年（1895年），宁波一带的徽商已置有义山二十二亩。从这份"公启"来看，在当地贸易的徽商，除了茶商和漆铺外，还有杂货、南号各业。可见，像周邦头周氏那样的茶漆商人，在会馆的兴建过程中扮演着重要的角色。

根据《光绪二十一年新安会馆收捐清册》记载，光绪十九年（1893年）十月起到年终止，"上水杂货"以及"下水纸札"，计有罗源昌、万昌、合兴、汪道生、余泉、元记勤泰、福泰、润森馨、生泰、万丰、义丰、郑万森、永泰、恒记、复源性、汪天和、汪宏陞、汪福新、汪福生、汪福泰、舒永成、永盛德、叶启新、江怡盛、晋丰、万丰、裕生隆、汪怡丰、洪泰源、程隆昌、江正泰、叶泰丰、谦裕、永豫、潘正美、潘正隆、潘元记、潘源美、义泰兴、郑仁泰、查德懋、王正丰、鼎丰裕和鼎隆泰等三十余家徽商店铺捐资105380文。另外，书中还分门别类地记录了光绪二十年（1894年）宁波徽商各业的捐款数目。

光绪二十年（1894 年）宁波徽商各业之捐款

分类	茶 号	计钱（文）	经收者	总计（文）
箱茶	洪裕大、义泰隆、永隆祥、馨记、洪永达、查裕隆、余天泰、震达、永茂昌、张长春、查德发、信芳、查德茂、孙怡大、裕生、永芬、查德盛、宏茂公记、益芳、谦吉祥、永和春、隆泰昌、生元泰、詹正隆、孙永春、义昌、森元、森泰、馨馨、裕昌馨、永昌椿、郎永馨、和记、余春茂、查裕丰、彩盛、宝和、怡和（寿记）、永祥、公同馨、公泰和、余永升、永昌福、瑞芳、恒记、同源茂	183930	老协记	838926 文
	鼎盛、裕昌馨、森元、森泰、源源福、保太和、詹永茂、宏昌、春牲荣、兰馨、森盛祥、源馨祥、祥丰、林茂昌、余自香、余来宜、余裕馨、瑞荣、怡和、馥馨祥、程同福、森盛恒、同泰、詹保和、公大昌、协泰昌、余萃香、聚丰义、詹远馨、洪利、春泰恒、宏茂（囚记）、詹彩盛、方殿记、聚兴隆、朱新记、同日新、和记、和茂祥、永福春、方萃昌、永昌福、叶同春、詹春茂、宋广盛、同和元、永隆祥、李祥记、益珍和、詹源生、福生和、有成、亿中祥、永芬、孙怡大、益茂昌、谦吉祥、方怡昌、鼎源泰、汪广生、正大元、同复亨、泰和、春香、孙馥春、永昌椿	421580	宝盛祥	
	仁和、瑞芳、洪裕大、义泰隆、裕泰隆、大有、胜和成、源源福、致中和、亿中祥、裕大和、益大、永祥、广生、公泰和、馨记、义昌、怡昌祥、永昌椿、义祥隆、恒隆、源昌生、恒大隆、吴永馨、益馨昌、广馨祥、源馨祥、福生和、裕昌馨、裕昌	154038	程裕记	

分类	茶　　　　号	计钱（文）	经收者	总计（文）
箱茶	汪萃茂、萃茂昌、恒茂昌、张正茂、福生和、义源永、同复亨、聚兴祥、裕昌馨、瑞芳、公大昌、怡和、聚丰义、裕泰隆、张正源、仁和、源馨祥、义隆祥	79440	江管记	838926 文
篓茶	恒源义、隆泰、永茂、吴大昌、吴永茂、太昌发	8670		
桶漆	长源泰、恒升寅号、恒升裕号、恒利、长新、成泰、裕新、利和、恒豫	34880		
药材	吴容川、余永元、吴利元、方永祥、凌和记、方裕顺、姚大生、胡永和、吴鸿银、吴绍三、周圣泰	1790		

　　说明：此据《光绪二十年新安会馆收捐清册》中的"光绪贰拾年箱茶捐数""光绪贰拾年篓茶捐数""光绪贰拾年桶漆捐数""光绪二十年药材捐数"。

　　上表中的各商号，是活跃在宁波的徽商店铺名单。其中，除了箱茶、篓茶和桶漆之外，还单列有药材，而后者应属杂货之列 ①。根据民国时期的调查，产自安徽潜山一带的茯苓，作为重要的药材，曾运销宁波 ②。而早在清代，徽商就曾在潜山一带从事茯苓的采购与运销 ③。综合上述的信息，宁波亦是徽州药商活

---

① 光绪年间吴趼人在《沪上百多谈》就指出："衙门里师爷多绍兴人，剃头司务多句容人，典当朝奉多徽州人。……卖土挑膏多广东人，卖熏肠熏猪多无锡人，卖拳多山东人，收纸锭灰多绍兴人，酱园多海盐人，药店多宁波人……"（吴趼人著、海风主编：《吴趼人全集》第 8 卷，哈尔滨：北方文艺出版社 1998 年版，第 241 页）可见，宁波药店在江南极负盛名，药材经营在当地相当繁盛。

② 施亮功：《潜山物产调查记》，载《安徽实业杂志》续刊第 4 期，1917 年。

③ 参见王振忠：《晚清徽商在皖西大别山区的贸易与纠纷——以〈照抄知单议约禀帖告示稿〉抄本为中心》，载《安徽史学》2020 年第 4 期，已收入本书。

动的重要地点之一。另外，从上表可见，茶叶在当时的新安会馆捐款中占有最为重要的地位，这与光绪年间税收办法的变化密切相关。当时，清政府在杭州经嘉兴到上海的途中，设卡征收浙江塘工捐银，规定茶每引应纳银五钱。有鉴于此，徽州茶商纷纷改道。当时的歙县知县何润生在《徽属茶务条陈》[1]中，就颇为细致地介绍了茶运改道的线路，即经浙江绍兴内河抵义桥，搬运过塘，到曹娥过坝，又过百官坝至余姚，过河清、横山、马车、陡门等堰，抵达宁波，然后再改装海轮到上海。根据稍后东亚同文会所编《安徽省志》[2]，"徽州茶之贸易路径虽大部集合于屯溪，……然后由水路东下入浙江杭州，在以前杭州尚未开放时悉由宁波出口，迨杭州开放以后，则所有徽州茶尽由杭州运上海，或直接由杭州出口矣"。换言之，在光绪年间，宁波成为茶叶运输的要冲。

三、新安归厚堂的慈善活动

前文提及，光绪年间徽商在宁波兴建了新安会馆，而新安会馆的功能之一就是负责徽州同乡的善后。十数年前，笔者在安徽

---

[1] 浙东宜今室编辑：《徽属茶务条陈》，《商务新论》卷7，见宜今室主人编《皇朝经济文编》，沈云龙主编"近代中国史料丛刊"三编第29号，文海出版社1989年版，284册，第191页。

[2] 民国传抄本。

黄山市歙县南乡读到一份相关的资料，颇具史料价值：

新安归厚堂

今据（歙）县经手（周利和）现居　　　　送来

（歙）邑（南）乡　　　　都（黄山源）村

　　故人（吴金月）灵柩一具，安厝殡舍，本议堂规三年为期，孩棺一年为期，若过期不领不带者，即在本堂义山埋葬，以一棺一冢立石标明，便其亲属日后迁领。如已历三年之柩，内有自欲择地安葬，或迟日带徽者，特［持］此票到堂，另换堂票，容留一期，如逾二次之后，不得再留本堂，一定编葬。若葬后起迁费及带回徽费，棺属自出本堂，概不助费。如实系无力之者，每年冬至前，协同保人携票到堂，缴销编号，给换领柩票，经本堂春间助资，装载送徽，凭领柩票对号查明，领回安葬，特此预白。

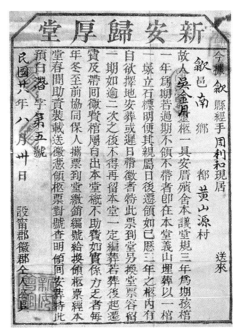

"新安归厚堂"票

（潜）字（第五）号。

民国廿八年八月卅日　设宁郡徽郡仝人公具。

上揭《新安归厚堂》之主要内容是——一位在宁波故世的歙县南乡黄山源村人吴金月，由歙县人周利和经手，暂时埋葬在新安归厚堂内的义山上，并立石标明身份，以便将来其人的亲属前来认领。这份《新安归厚堂》票还规定，暂葬义山之柩通常以三年为期，期限过后，则由归厚堂统一编号安葬。倘若由归厚堂葬后，仍欲另行安葬或将尸体起迁带回徽州的，归厚堂酌情对那些没有经济实力者予以适当资助。这是一份印刷品，文中括号内为毛笔填写，其他部分均为印刷格式，字体为蓝色，末尾"仝人公具"四字上钤有"新安会馆"之朱印。另外，其上的"民国廿八年"及"八月"两处，另各盖有"新安会馆"之半印。与此同时见到的还有一枚徽章，正面上有五星及麦穗等图案，中间一蓝地"德"字，反面则有"旅甬新安俭德会特别会员"字样。值得注意的是，从前引的《新安会馆碑记》来看，宁波的徽商先后组织过"安宁会""义胜会"，若再加上此处的"俭德会"，可见在不同阶段徽商都以会组织的形式筹措资金。而从诸多会馆及同乡会征信录来看，"特别会员"应是捐款较多者的一种荣誉。

晚清以后，徽州各地的会馆善堂出现了联合的态势。而在众多会馆善堂中，上海的徽宁会馆思恭堂和汉口新安会馆之笃谊堂，成了各地徽州会馆竞相模仿的对象。根据前引《新安会馆碑记》的记载，"新安归厚堂"之得名，始于清咸丰五年（1855

区域社会史脉络下的徽州文书研究

旅甬新安俭德会简章

年），应是宁波府新安会馆附设的善堂，主要负责同乡的旅榇归乡。新安会馆及其附属的归厚堂之设立，显然反映了在宁波从商的徽州人数量已极具规模。另外，从《婺源回皖运动特辑》[①]来看，至少到1946年，宁波新安会馆仍然相当活跃。

旅甬新安俭德会特别会员徽章，王振忠摄

---

① 1946年7月婺源县回皖运动委员会编印，石印本1册，现藏婺源县档案馆。

后记

　　本书卷首的"前言"[1]，主要阐述我对民间历史文献（尤其是徽州文书）收集、整理与研究的一些基本看法。其中，首先讨论了来自旧书市场的文书价值，指出：近数十年来，国内各地民间文献大批发现，但同质化的土地契约仍占绝大多数。而就史料的多样性、内容之丰富性而言，徽州文书无疑是迄今所知南宋以来所有地域文书中质量最高的一类文书。面对巨量的民间文献，辨伪求真本是历史学者的基本功之一，文书之真赝，并不构成困扰专业研究者的大问题。历史文献之流转，本身就是个不断淘汰、流失的过程，我们应重视徽州独特的商业传统，并正视文献流转的客观现实。不少来自市场的文书，经过收藏家之精心挑选，也具有极高的史料价值。针对民间文献的"归户性"与"史料环境"之总体把握，笔者认为：不同类型的文书，对于史料文献脉

---

[1]　王振忠：《徽州文书收集、整理与研究的方法及实践》，发表于"澎湃私家历史"，2022 年 11 月 17 日。

络之要求并不相同。关键是要找到文献之间的相互联系，将新见的民间文献置诸整体"史料环境"之恰当位置，在区域社会史研究的脉络中加以恰如其分的解读。在此过程中，以契约文书为基本线索，从事实地调查，藉助田野考察所获的感性认识，进一步收集其他文献，从而加深对文本的理解，在制度史的观照下，对区域社会之嬗变做出合理的阐释。学术研究不能急于求成，收集资料亦同样如此。资料的出现是随机的，但学者的工作却是有选择的。在我看来，难以做研究的资料不必去收集，而做不了的研究也不必勉强。我们以徽州文书为基本史料的研究，绝非仅仅着眼于徽州地方史，而是希望透过区域研究，深入理解明清以来的中国社会，立足于徽州区域研究提供的丰富内涵，深化对整体中国的认识，解释中国的大历史。

在"前言"之后，全书分为"徽州文书与区域社会研究"和"徽州文书与旅外徽商研究"两部分，由十二篇相关论文整合而成。

全书第一篇《明代徽州分家书〈曹氏本素轩创承遗绩〉研究》，利用的是16世纪中叶的一种珍稀稿本，该书前有序，后有跋，并有相关的时事年表，在明代的徽州分家书中别具一格。论文对稿本所涉内容作了较为细致的考述，指出：《曹氏本素轩创承遗绩》一书，反映了嘉靖年间一个大户人家的财产状况与社会生活，对于研究明代中叶婺源山乡一个家庭的经营状况、日常生活、赋役负担以及县以下社会治安、行政建置等方面，都具有一定的资料价值。稿本标题中的"创承"，是指"创业守承"或"创业垂统"，意为创建功业、流传于后世，此一说法，在徽州分家书中时常可见，与明代中叶以后徽商之崛起并无直接联系，毋须像以往的思想史研究者那样过度解读。稿本"记事"部分，涉及赣、皖、浙边境地区在 16 世纪中叶的社会治安状况，特别是有关大鳙巡检司设立的背景资料，具有重要的学术价值。另外，16 世纪是徽州社会发生重要变化的时期，此一时期迄至明末，区域社会始终处于一种变动不居的状态，各类文本体例亦皆呈现出动态的调整趋势。作为阄书之一种，《曹氏本素轩创承遗绩》也为我们探讨明代分家文书体例之变化，提供了一种可资参照的文本。

《"立会补约"：清代前期一个徽州乡约的运作实态》一文，利用新近披露的文书抄本《赤桥约规》，聚焦于祁门县赤桥村的登高约。研究表明：明代中叶以后，徽州乡约由官府大力倡导和推动。明清鼎革之后，清初政府迅速恢复了乡约组织，通过宣讲乡约灌输正统意识形态，以期达到稳定社会秩序的目的。而民间社会则因其与固有的乡里组织规范颇相契合，而积极接受此类的制度安排。论文指出：赤桥约之运作，实与明初的洪武礼制颇有渊源。当时，乡约与一般的社、会组织相结合，内部具有固定的祭祀仪式，并有相应田产加以支持，故而长期盛行不衰。"立会补约"使得乡约内化于民间社会，成为民间基层长期存在的重要组织之一。

《太平天国以后徽州祭祀礼仪的重整》一文，详细论述了抄本《祭神祀祖大例集记》所涉相关内容，并以此为基础展开分析，指出：歙县北岸"正月半""八月一"祭祀，是传统时代徽歙南乡最为盛大的迎神赛会。每年此时的"里做祭，外做戏"之热闹场景，引起了县域之内民众的极大关注。在较长的历史发展过程中，北岸吴氏改造了元代以来江南流行的李王信仰，创造出具有地方特色的老、嫩李王，将之附会成南宋名将吴玠、吴璘两兄弟，并与自己的祖先建立了直接的联系，从而拉近了神明与家族的关系。围绕着李王信仰，在歙南形成了与之相关的求子及诞育习俗。歙县北岸的迎神赛会，从一个侧面反映了区域社会历史发展的进程。及至 19 世纪中叶，太平天国动乱席卷全国，徽州亦创深痛巨，影响深远。兵燹战乱之余，人们纷纷殚思竭虑地采取各类措施藉以恢复、善后。其中，素重慎终追远的徽州人，对于礼仪之重整亦倾注了全力。透过礼仪的嬗变，可以揭示徽州地方社会发展的一些侧面。

《从稿本〈开检可观〉看晚清民国徽州的日常生活与乡村治理》一文，较为详细地展示了祁门云村的日常生活，并藉以考察 19 世纪末叶以来徽州的乡村治理。从中可见，徽州乡村的不少民事惯例源远流长。及至晚清民国时期，当地出现了一些新的变化，最为突出的是在社区生活中，外来棚民已作为重要的一员，受到当地土著之接纳，从而参与到地方的公共事务中。此外，佃仆也逐渐开豁为良，原先的佃仆、小姓通过捐输，被允许进入都约，书院、考棚、文会也出现了有限开放的倾向。所有这一切，皆与祁门西乡所处的地理环境密切相关，这也反映出晚清以来徽州群际关系之变化与祁门农村社会的弹性与包容。此一研究表明，晚清民国时期的徽州，社会艰难而缓慢地从传统迈向现代。如果说以"文堂乡约"著称的陈氏，代表了祁门西乡传统的世家大族，那么，从《开检可观》一书所见的云村李氏，则是清代以来新兴的较小规模之宗族组织。两种不同类型之形成，与各该宗族所处地区的自然条件、移民背景以及人文环境密切相关。

《晚清黟县胥吏眼中的徽州社会》一文，利用私人收藏的珍稀文献，探讨稿本《扫愁帚笔谈》之成书过程。该文分析了撰作者的生平经历及其精神状态，并透过书中讲述的各类故事，较为细致地展示了晚清时期徽州社会的民情、风俗。文章指出《扫愁帚笔谈》一书，从其自序、创作手法及部分故事情节来看，皆在刻意模仿蒲松龄的《聊斋志异》，但二者之间也存在着根本性的差异：除了作品写作时代、作者生活的地域大不相同之外，相对而言，《扫愁帚笔谈》的记录更具写实性，半生沦落的作者缺乏蒲松龄时常流露出的浪漫情怀，在他笔下，更多的细节皆在反映重商背景下大、小徽州社会的阴暗面，折射出科举时代一个读书人的苦闷与绝望①。

在传统中国研究中，族谱一向是探讨宗族史的主要史料，但在正式刊刻的族谱之外，族谱编修过程中所形成的相关文书并不多见，却往往具有特殊的学术研究价值。《民国时期徽州宗族的修谱、理主活动》一文，其所聚焦的歙县南乡东源张叙伦祠文书抄稿本，是反映 20 世纪 20 年代徽州修谱、理主的民间历史文献，内容具体而微，从中可见民间修谱之实际运作。特别是书中收录了大批信函，为我们了解民间修谱之复杂过程，提供了不少生动的细节。由此可见，在温情脉脉的宗情族谊背后，宗族成员

---

① 此文发表于《徽学》第 10 辑，社会科学文献出版社 2018 年版。另，在此之前，对《扫愁帚笔谈》的初步介绍，曾以"豆棚瓜架语如丝"为题，以随笔形式连载于《东方早报·上海书评》2016 年 12 月 18 日、25 日。

之间有着诸多讨价还价甚至恶语相向的对话与谈判。较之正式刊刻的族谱文本，该文书抄稿本展示了宗族社会背景下颇为真实的一面——民国时期，旅外商人与桑梓故里亲族之关系呈现出松弛的迹象。而之所以出现此种现象，存在着多方面的原因：一是迁居外地的支派，有不少已将生活重心由祖籍地缘转向了新的社会圈，他们以侨寓地为中心重修族谱、重建祠堂。随着岁月的流逝，不少人由最初的侨寓转而逐渐土著化，年深日远，对于故土乡族之感情日趋淡薄，对桑梓旧里之修谱活动亦不再热衷。二是由于故土乡亲对于异乡侨居族人之资金支持存在着过高的期待，但在其时年年军阀混战、传统商业普遍不景气的时代背景下，一味要求后者为远在数百里之外的修谱活动提供太多支持，显然极为困难。因此，在修谱过程中，宗情族谊与经济利益时常发生矛盾，彼此之间的冲突遂在所难免。

以上六篇文章，皆以新近所见民间文献为核心史料，分别探讨了徽州的乡约运作、礼仪变迁、乡村治理、族谱编修、分家书制作以及下层文人的生存状态等，从诸多侧面反映了传统社会的实态。

本书的第二部分，主要是利用民间文献研究徽商的经营活动。首先通过考述迄今所见的三种同名《商贾格言》，梳理了此一同名商书（商业书和商人书）之成书脉络，指出：明清以来，商书为商界阅历中人所编，一般情况下最初是以抄本形式呈现，其后则经过不断修改及系统整理，并最终刊行于世。刊本形成之后，仍然会有不少抄本行世。这些抄本，有的就是依据刊本重新抄录或辗转抄录而成，在此过程中，时常伴有一些删改、补充。

随着商书的大批出现，商书之编纂亦愈益精细和多样化。与此同时，也出现了不少歌谣式和格言化的商书。《商贾格言》之出现、刊刻及其再抄录，即反映了商书编纂的总体趋势。

接着的其他五篇，也利用最新所见民间文献，探讨徽商在各地的贸易活动及相关问题。例如，关于明清时代江西的市镇，此前学界对四大名镇（景德镇、河口镇、樟树镇和吴城镇）的研究颇多，但对于省内其他市镇之探讨则相对少见。《清代徽商在江西鄱阳县石门镇的活动》一文，利用一册佚名无题抄本，聚焦于以往较少关注的皖赣交界处之石门镇，论述了徽商活动的三个案例：鄱阳县石门镇与徽州府婺源县之土布贸易及相关纠纷，乾嘉时代江西北部和东北部一带的低潮银问题，以及在当地围绕着兴建徽州会馆而引发的诉讼，等等。因有关石门镇相关的史料颇为罕见，此一文书抄本，为我们展示了徽商在侨寓地贸易的诸多侧面，具有较为重要的学术价值。

与长江中下游的不少地方相似，皖西大别山区也是明清徽商重点经营的区域。此处为长江一带跨区域茯苓贸易的重要一环，来自皖南黟县的药商颇为活跃。《晚清徽商在皖西大别山区的贸易与纠纷》一文，聚焦于民间文献抄本《照抄知单议约禀帖告示稿》，探讨了黟县商人在大别山区的贸易及与当地土著挑夫之纠纷，由诉讼纠纷之渐次演进中，考察外地商帮、土著挑夫、在地士绅和地方官府之不同立场及其应对策略。从中可见，在传统时代，客商外出居廛列肆、负贩商贾，在长途或短途的贸易运输中，最常打交道的就是处于社会底层的码头工人（时称挑夫、埠夫或土夫等）。明代以来，徽商在各地纷纷建立会馆，相互汲引、互为奥援；而与此同时，各地的码头工人亦抱团取暖，形成了纷繁复杂的同业组织。随着人口压力的增大，生存竞争日趋激烈，双方为了维护彼此的相关权益，时常展开持续而紧张的博弈。在此类博弈中，作为纠纷之仲裁者，地方官府在平衡商人与土著挑夫诉求和权益时，竭力维护地方社会之稳定始终是最为重要的关注点。

除了长江中下游地区之外，浙西更是徽商重要活动的区域。《从清代簿册看徽商在浙江龙游的典业经营》一文，即利用抄本《清同治歙县岩镇夏官第许氏辑录道光许惇大号典规文约簿册》，较为细致地探讨了19世纪中叶徽商许氏在浙江龙游的典业经营。论文透过对"许惇大号"之股权转让、重组以及典规的分析，推断该典当铺的内部分工组织及其基本规模。在此基础上，进一步讨论了龙游商人与徽商之盛衰递嬗，指出俗谚之"遍地龙游"的盛况主要是在明代，自清代以来，在龙游商人的桑梓故里，徽商之活动亦极为活跃，这或许也从一个侧面印证了龙游商人之衰落。

新安江是徽州的母亲河，从皖南经由新安江东下，便到了浙西的金、衢、严地区。在传统时代，这一带有相当多的徽商活跃其间。其中，淳安、遂安等地是徽商活动的重点区域，在迄今尚存的徽州文书中，有不少资料即与此有关。例如，《福元店屋讼底抄稿》便是在徽州发现的诉讼案卷抄本，该书反映了太平天国之后浙江淳安县港口镇的徽商活动与诉讼纠纷。对此，《太平天国之后淳安港口镇的徽商活动与诉讼纠纷》一文，就详细分析了此一案例。论文指出太平天国时期的兵燹战乱对于江南社会产生了深远的影响。在战争期间，除了不少契据被焚毁、遗失之外，还有因原主人死亡或逃亡，而使得不少产业之权属出现了空窗。兵燹战后，一些人乘乱占据了无主或暂时找不到主人的产业，并在此后的一段时间内频繁过割，形成了貌似传承有序的既成事实。等到原主人因各种原因回归当地主张权属时，相关的纠纷遂在所难免。而官方在此类诉讼的处理过程中，只能斟酌时宜，殚精竭虑地兼顾到各方的利益。

晚清时期徽商在宁波的活动，学界此前并未见有专文论述。《晚清徽商与宁波新安会馆之建立》一文，收集徽州文书、碑刻、族谱及实物资料，对徽商与宁波新安会馆之建立，以及新安会馆附属的归厚堂之相关活动，作了较为细致的探讨。此一研究，揭示了浙东徽州会馆之实态，亦从一些侧面进一步诠释了江南各地"无徽不成镇"的内涵。

以上六篇文章，除了探讨商书的传承脉络之外，还重点涉及长江中下游、浙西和浙东的徽商活动及相关问题。希望在前贤成果的基础上，透过具体个案之细致分析，进一步推进商业史研究的深入。

在上述文章的撰写与公开发表的过程中，曾得到唐力行、辛德勇、周晓光、刘道胜、冯剑辉、张朝胜、郝红暖、朱绛、吴启琳、张小坡和陈琪等诸位学界同行的帮助。另外，书中各文之插图，承安徽大学徽学研究中心李甜副教授协助清绘，在此一并谨申谢忱！

壬寅岁末于沪上新江湾

图书在版编目(CIP)数据

区域社会史脉络下的徽州文书研究/王振忠著.——
上海:上海人民出版社,2023
(王振忠著作集)
ISBN 978-7-208-18459-6

Ⅰ.①区⋯ Ⅱ.①王⋯ Ⅲ.①文书档案-徽州地区-
史料 Ⅳ.①G279.275.42

中国国家版本馆 CIP 数据核字(2023)第 148986 号

责任编辑 马瑞瑞 杨 清
封扉设计 人马艺术设计·储平

王振忠著作集
区域社会史脉络下的徽州文书研究
王振忠 著

出 版 上海人民出版社
     (201101 上海市闵行区号景路 159 弄 C 座)
发 行 上海人民出版社发行中心
印 刷 上海中华印刷有限公司
开 本 890×1240 1/32
印 张 13.75
插 页 9
字 数 290,000
版 次 2023 年 9 月第 1 版
印 次 2023 年 9 月第 1 次印刷
ISBN 978-7-208-18459-6/K·3308
定 价 85.00 元